中国城市广告的文化意识研究

钟正武 ◎ 著

北京理工大学出版社
BEIJING INSTITUTE OF TECHNOLOGY PRESS

内容提要

本书通过对中西方现代广告与城市文化意识的关系及影响的历史进程、现实状态和发展前景的深入研究，客观地总结与阐释了中西方现代广告与城市文化之间的传播方式、文化特征、现实意义等。为从理论上加深我国现代广告的文化传播内涵、增强我国现代广告与城市文化之间互动的创新活力、提高我国广告传播与城市文化国际影响力等方面，进行具有创新性和前瞻性的探索，并为构建一个符合我国实际的，且可解读的我国现代广告与城市文化互动关系的理论提纲，提供一个例证范式。

图书在版编目（CIP）数据

中国城市广告的文化意识研究 / 钟正武著. —北京：北京理工大学出版社，2018.1

ISBN 978-7-5682-4227-1

Ⅰ.①中…　Ⅱ.①钟…　Ⅲ.①城市－广告文化－研究－中国　Ⅳ.①F713.80

中国版本图书馆CIP数据核字(2017)第151763号

出版发行 / 北京理工大学出版社有限责任公司
社　　址 / 北京市海淀区中关村南大街5号
邮　　编 / 100081
电　　话 / （010）68914775(总编室)
　　　　　（010）82562903(教材售后服务热线)
　　　　　（010）68948351(其他图书服务热线)
网　　址 / http://www.bitpress.com.cn
经　　销 / 全国各地新华书店
印　　刷 / 北京紫瑞利印刷有限公司
开　　本 / 710毫米×1000毫米　1/16
印　　张 / 11
字　　数 / 209千字
版　　次 / 2018年1月第1版　2018年1月第1次印刷
定　　价 / 68.00元

责任编辑 / 李玉昌
文案编辑 / 韩艳方
责任校对 / 周瑞红
责任印制 / 边心超

前　言 Preface

广告一般指的是一种由广告主付出某种代价，通过传播媒介将经过科学提炼和艺术加工的特定信息传达给目标受众，以达到影响、改变或强化目标受众观念和行为目的的、公开的、非面对面的信息传播活动。但现代广告（包括商业广告、政治广告、军事广告、社会广告、公关广告等）所蕴含的内容和作用绝不仅仅停留于上述的“信息传播活动”层面，它还是一个国家文化的载体、一个国家现代文明的标志。以现代商业广告为例，它虽是以宣传推销为目的，以改变或强化人们的消费意向和消费行为为宗旨，但其实质是一个承载、反映、传播和影响社会文化（尤其是城市文化）的行为过程。

1979年至今，中国广告业恰逢当代中国社会转型，遭遇了市场化、工业化与现代化以及社会主义制度改革的三重重大变革，经济体制转轨和社会结构转型并存。旧的价值体系和产业模式被打破，新的体系和模式尚未建立。广告业也完成了从“商业情报传达机能”到“消费诱导机能”，再到“文化传播机能”的三级跳跃。

对中国广告业来说，深刻的思考更应该来自观念形态的考察。社会转型期各种价值观念的冲突和碰撞较常态社会要激烈、复杂得多，因而这又是一个特别适合考察社会意识问题的时期。社会意识表层的迅速流动常常与深层意识的僵化静止并行不悖，广告在其中所扮演的角色和发挥的作用究竟如何？不可否认，中国人的消费意识、品牌意识、时尚意识都与广告密切相关。广告作为时代的镜像已经得到普遍认可，特别值得强调的是，转型期广告作为镜像的呈现力度直接受社会意识的影响，广告镜像不仅呈现出消费欲望的表征，更带有价值观的更迭。

为适应中国社会及广告业发展的新形势，广告学研究必须及时转换视野、调整方向，在与现实的积极对话中就广告本体进行深入反思和探讨。

本书为湖南省哲学社会科学基金项目“商业广告设计中的伦理问题研究”的研究内容，项目号：2015YBA475。

由于笔者水平有限，本书在编写过程中存在的不足之处，敬请广大读者批评指正。

著　者

目 录 Contents

第一章　城市、文化与广告

研究城市文化可以有多种视角。考古学家通过搜索物质性遗迹来考察城市的起源或再现城市的远古文明；文化学家则通过关注不同阶段的社会风貌，来对城市的历史性、地域性的文化特征进行总结；而如火如荼的交叉学科研究，为从生态学视野研究城市文化提供了可行性。作为一种新兴的经济形态，近代以来业已成熟的“文化产业”证明了文化对于城市经济的贡献与价值。

人们还可以从现代广告与城市文化之间长期的发展与演进中，看到两者之间的交集与不断互动。回眸城市文化漫长厚重的发展史，从原始商品贩卖、城市拱廊设计与建造、城市经济发展与新阶层的出现，到市民生活方式的改变、现代零售业的出现、邮购与货到付款的大胆尝试，人们不仅可以清晰地看到城市商业文化的前兆与变迁，还见证了现代广告在不断变化的城市文化环境中，如何深受城市文化的影响而诞生，又是如何在发展、成熟中与城市文化形成了密切良性互动的。

第一节　城市的起源、演变与商业发展

作为著名的城市理论家、社会哲学家，刘易斯·芒福德在其影响深远的作品《城市发展史》的开篇中曾这样发问：“城市是什么？它是如何产生的？又经历了哪些过程？有些什么功能？它起些什么作用？达到哪些目的？”面对这些问题，芒福德不禁感叹道：“它(城市)的表现形式非常之多，很难用一种定义来概括。城市的发展，从其胚胎时期的社会核心到它成熟期的复杂形式，以及衰老期的分崩离析，很难用一种解释来说明。城市的起源至今还不甚了然，它的发展史，相当大的一部分还埋在地下，或已消磨得难以考证了，而它的发展前景又是那样难以估量。”

虽然准确界定“城市”的内涵困难重重，不少研究学者还是努力给出了参照性答案。韦伯认为，如果采用社会学的观点，则可以将城市理解为“是个住所空间封闭的聚落”；假如从纯粹经济角度来定义，那么城市就是一个“其居民主要是依赖商业及手工业为生的聚落”。韦伯由此提出经济概念的城市，它本质上是个“市场

聚落”，“市场之所以能存在，经常是由于领主或君侯的让步及予以保护的诺言。这些政治权力者之所以愿意如此做，一方面是他们对于市场税及法律诉讼规费极感兴趣；另一方面他们也许希望可以从居住在此聚落而(的)有缴税能力的匠人和商人，以及围绕着市场兴起的聚落所带来的地租那儿获益。这些都是货币收入，可以增加领主贵金属的窖藏”。由此可见，城市从本质上来说是支持商业与市场存在的。

即便对于“城市”的定义尚且存在一定的争议，但是大量的史料还是可以帮助人们了解城市漫长而厚重的发展历史。旧石器时代的洞穴中，有披戴动物皮毛或骨头配饰的人物形象，这些被后代推测为男巫祭祀礼仪活动，表明人类城市文明生活方式在那时就已开始萌芽，岩洞礼仪中的古代社会性和宗教性推动力协同作用，促成了人类城市的最终形成。

作为城市史上三个特征显著的阶段，希腊城邦的“理想国”与市民公共空间的生活实践、中世纪城市的商业扩张与变迁、现代城市经济繁荣促成消费社会的形成是人们研究城市商业发展的几个立足点。

一、古希腊城邦的公共空间

城市作为农村的对立物，大约产生于公元前3500年，即人类社会从野蛮向文明过渡时期。马克思说：“物质劳动和精神劳动最大的一次分工，就是城市和乡村的分离。城乡之间的对立是随着野蛮向文明的过渡、部落制度向国家的过渡而开始的，它贯穿全部文明的历史并一直延续到现在。”从早期萌芽状态，到城邦雏形初现，城市经历了漫长的等待；从初显特征到发展繁荣，城市又经历了更漫长的演变。

古希腊城邦的典型性使其可以被称为远古城市的一个代表或缩影。它属于开放型城市，向周围的农村开放，与农村处于平等地位。可以说，古希腊城市是一个城市加上它周围辽阔的农村。这是因为当时的城市刚刚诞生，刚从混沌的农村中脱颖而出；更重要的是，产业分工这一将在后世造成城乡不和的原因当时还不存在。

大约公元前7世纪，希腊城市作为一个聚合点而形成，最初它是农夫和渔夫的冬季永久性居住地，在这里可以逃离荒凉寒冷时期所遭遇的毫无防御的状态。公元前6世纪末，希腊城市已经开始成形，但它的形式尚且带有乡村风味，而且往往是天然形成的，而这个容器中所包含的生活却比容器本身更有意义。至公元前4世纪，如果不包括小亚细亚地区，那么阿蒂卡地区最引以为荣的希腊城市，在其街道布局和建筑物等方面，也就像一个农村城镇。只是到了这一世纪末，当人们举目向雅典卫城望去，看到新落成的帕特农神庙周围列柱的中厅和以雕刻装饰的山形墙时，人们才会相信这里的确发生了某种意料之外的东西：智慧再次启开了混沌。与城邦建筑群落相随相生的，是古希腊哲学家的思辨对城市管理的启迪，如柏拉图的《理想国》，使得希腊城邦越发独特。

芒福德在溯源城市历史时惊喜地发现："有将近一代人的时间——从公元前480年到前430年(姑且这样粗略地划定一下)，城邦破天荒第一次具有了使之不同于早期古代村落和城市的理想形式：一种主要不是用石料而是用血和肉筑成的理想形式。新的城市形式，即理想城市，经过数代市民的努力，逐渐显形了，它超越了古旧的轮廓和那些难以理解的常规，以及自身那些自以为是的偏执。因为希腊人给城市增添了一种新成分，这种成分是古代文化中几乎不曾有过的，是任何专制制度或秘密权威都很害怕的：希腊人产生出了自由市民。市民认为，城市所拥有的一切，都是他自己与生俱来的权力，这至少是一种理想。"希腊城邦的历史事实证明，市民的自由也是一种实践，虽然这种自由是建立在大量奴隶不自由基础之上的，以奴隶们的辛苦劳作换来市民的闲暇。如黑格尔所言："雅典那时有一种活泼的自由，以及礼节、风俗和精神、文化上活泼的平等……在不违背这种平等和在这种自由的范围以内，一切性格和才能上的不同以及一切特质上的参差，都取得最无拘束的发展，都在它的环境里取得最丰富的刺激，来发扬光大。"

在回顾希腊城邦发展史时，不妨在城市建筑与市民文化之外，关注一下另外一些线索：雅典的商品发展与货币媒介的使用，广场作为聚集交流的场所，工匠与商人地位的变迁等，这些变化是否可以视为后期消费社会与广告诞生的最早渊源？

公元前7世纪以后，随着金银铸币作为新的交换媒介问世，贸易变成了城市生活中更为重要的因素。公元前5世纪的经济活动中，广场如果可以恰当地被称作商业市场，那么它最古老、最经久的功能则是公共的会面场所。法国著名学者维达尔·那奎特对城邦公共空间如是说："城邦创造了一种全新的社会空间——一个以市政广场及其公共建筑为中心的公共空间。在这里，人们就涉及共同利益的问题进行争论。权力不再限于王宫之中，而是置于这个公共空间的中心。"那个时期的市场，只是消费者聚集的一种副产品，他们聚集到一起不仅仅为做生意，还有许多其他原因，例如，荷马在《伊利亚特》中描述到，市场是一个"聚会的场所"，市民们汇聚在这里，但这次汇聚的目的是断定一个杀人者是否已经向被害者的亲属偿付了相应的血债。这类聚会地点大约位于一棵圣树下或圣泉边，而且必定早就存在于村庄中了；地方足够宽敞，因而村民的舞会和运动会也能在这里举行。广场所有的这些功能后来都传给了城市，在复杂的城市环境中呈现出多种多样的表现形式。由于早期的广场就具有人流聚集与货品交换的功能，这个显著特征奠定了广场在此后发展中的基调，随着商业规模与范围的扩大，更多买卖在广场展开，为了营造更为有利的贸易交流条件，出现了如瓦尔特·本杰明所谈到的19世纪巴黎的“拱廊”，有效排除了变化多端的自然条件限制，从而促成了现代意义上商场的出现。

公元前4世纪的诗人尤勃勒斯(Eubolus)说，“在雅典，你可以在同一个地点买到一切：无花果、一串串的葡萄、萝卜、梨子、苹果、玫瑰、粥、蜜蜂窝、鹰嘴豆、诉讼状、占卜器、蝴蝶花、油灯、滴漏……”由此可见，早在古希腊城邦时期，商品交易初现繁盛。但是，由于市民的收入除维持温饱外，已无多少剩余，因此他们对工业产品的需求极小，强大的企业、大家庭工业甚至工厂在那时是无法出现的。古代世界，一个城邦的建立都是基于政治与军事的考虑，其未来的发展更因军事进展而定，与经济的关系只是间接的，关键性的因素是城邦政治命运，以及其所能提供利润的机会——经由包税的契约，以及以追求奴隶、领土等战利品为目的的战争。当地中海世界首先在大希腊时代，接着在罗马帝国时达成大一统后，古代城市变成了经济利益取向的中心，原有仅雏形的商人及工匠的组合开始发展茁壮。

在古希腊城邦，市场的大批商业设施掌握在外国人(即所谓的“mastics”，是城市中享有一定城市特权的外国居住者)手中，这些人没有市民权利，政治上受排挤，唯一的权利就是赚钱，出于无奈只能把全部精力花在赚钱和钱能买到的各种东西上。在理想的城邦中，商业对希腊市民来说仍是个不受欢迎的入侵者，它与贵族生活方式和农业生活方式都格格不入。古希腊对待商人的这种态度，与现代商业社会截然相反，人们的出身与血缘远远优于后天的精明能干，那个时代，尚不以商界中的成败论英雄，因此人们也不具备现代人所追捧的彰显身份的消费观念。

关于古希腊城邦的灭亡，芒福德分析出诸多因素。例如，希腊人丧失超于城市自然局限性的动力，从个人概念到集体形式转变时迷失了方向，人们的精神被空虚而无营养的东西填得太满等。其中，与商业有关的一个原因大约是未能在适当控制下把货物运送到生活富裕的地区去，并使商业道德化。这种原因同奴隶制的传播或未能应付各大帝国的攻击具有同样严重的性质。由于未能把商人变成市民，最终使得市民地位变成连商人也不如了。

二、中世纪后期的商业扩张

在西方，现代意义上的城市的产生，是从中世纪逐步出现资本主义萌芽时开始的。马克思说：“中世纪(日耳曼时代)是从乡村这个历史舞台出发的，然后，它的进一步发展是在城市和乡村的对立中进行的。”正是这种城乡对立，形成了与古希腊城邦的显著差异，中世纪城市属于封闭型城市，其本身就是一个整体，一个微型的、排他的国家。

关于中世纪，目前越来越少的学者使用“黑暗时代”这个定语，他们普遍认为该定语有失偏颇。芒福德在《城市文化》一书中，首先澄清了现代许多人对欧洲中世纪的偏见与“刻板印象”，他在开篇中讲道：“在以往一连许多个世代中，欧洲中世纪这段历史都被一些不实之词的外衣包裹着，因而，要探究中世纪城镇，我们首先得揭开歪曲中世纪历史的这些伪装……。有一种认识认为，从10世纪到16世纪这段历史是一个充满了无知、肮脏、野蛮和迷信的时期。首先，我们先得撇开这个偏见，因为这样的描述和论断，总体上不符合欧洲的生活实际，甚至也不符合它那段时代的历史实际。”

正是基于这样一种对历史的客观立场，芒福德指出：“在评价中世纪城镇时，我们应避免两个极端：一个极端，把意图当作已完成的事实，把理想当作已实现的现实；另一个极端，与此相反，如果我们因为中世纪有宗教法庭并公开烧死异教徒和罪犯，就把中世纪文化整个摒弃，那我们也应该彻底揭露我们时代文明的全部假面具。在某些方面，中世纪城镇取得了过去城市文化从未获得的成功：城市中的大多数居民第一次成为自由人，市民们自觉服从规定，遵守纪律，但是，赖以取得这些成就的信仰和教条阻碍着这个社会继续向前发展。”

与中世纪城市的宗教高压控制、民主自由倒退形成鲜明对比的是后期的文艺复兴运动，资本原始积累得以实现，资本主义工商业茁壮发展起来，为此后新航路的开辟、宗教改革以及资产阶级革命或改革提供了必要条件。大多数中古城市是从王公或庄园领主的领地上的聚落发展起来的。这些领主希望能从城镇收到地租、市厘及法律规费。就这点而言，城镇是市场的继承者，因为原先这些税都是由获得特许经营的市场负担的。随着市场的发展，城市的振兴从11世纪起开始加快。这一振兴与乡村的发展齐头并进，城市权利往往脱胎于农村的集体特权。城市通常是对农村的一种改组，顺理成章地把乡村政治和社会权力的代表者——领主、王公和教士带进新兴的城市。如果没有农村经济生活的全面恢复和货币经济的普遍扩张，改组不可能发生。

当中世纪后期出现宗教与商业的合谋时，也正是城市商业快速发展与扩张的黄金时期。芒福德用史实向人们证明：“伦敦皇家交易所也许可以称作商业贸易的修道院，是中世纪形式非中世纪目的而仍坚持存在的另一证明。16世纪时的交易所大楼表明，由货币促进的商品经济改变为与商品间接有关的货币经济。冒险性投机和迅速周转成为积聚巨大财富的关键。克里斯托弗·雷恩在伦敦大火之后提出的重建伦敦规划中，不是把圣保罗大教堂而是把英格兰银行安排在最重要的中心位置，这是新资本主义的有机规划。这里看到的极其宽敞的内部空间成了后来许多机构的样板，宏伟的国家银行可以说是资本主义虔诚的崇拜中心。购物场所商品琳琅满目，使上街购物成为引人入胜的日常任务，而新的大橱窗使商品在玻璃内公开展览，吸引人们来浏览。购物或浏览商品一旦与坐车结合在一起，就逐渐使每条大街变成了商业大街。”

中世纪后期的文艺复兴与思想启蒙运动，不仅促进了城市政治、文化的全面发展，而且刺激了资本主义经济发展与商业贸易的扩张。在这种激奋人心的社会背景下，旧时代的广告伴随着商品经济开始萌发。其实，根据史料记载，早在中世纪早中期，有意识的广告已经走向商业街头，“中世纪的英国，顾客可以借助金色的靴子找到鞋匠，借助一束麦子找到面包师，借助眼镜找到眼镜商。要做广告的人也通过散发手书传单或张贴招贴画来吸引人们的注意力。14 世纪时，牧师、讲演者、教师和其他专业人员则张挂传单推出他们能够提供的服务，这种做法很像现在的征求广告。”

三、工业革命后的城市变革

18 世纪中叶，工业革命始于英国，并迅速影响多个国家，最终技术的进步也导致城市发生了巨大变革。到 19 世纪中叶，英国已经初步实现了城市化，全国一半以上人口居住在城镇里。作为世界上第一个城市化国家，英国率先探索出一条城市现代化的道路，逐渐完善了城市功能与城市管理，对西方城市社会产生了持久而深远的影响。在此之前，英国的城市街道曲折狭窄，大多仍是中世纪市场集镇式的狭街小巷，也没有专门的人行道或车道；住宅更是参差不齐，豪宅与陋室并立街头，普通居民的居住条件差，有的房子终年不见阳光，大多数住宅拥挤简陋，诉说着近代城市对居民生活的挤压。这种城市状况，引发了英国管理者的不满，他们开始了城市建设各方面的积极探索，使城市管理摆脱了中世纪的寡头统治，进入了民主监督与管理时代。由此，城市的发展在经历了第一个阶段的数量扩张后，进入质量的增长时期，开始迈向现代化城市。英国城市在 19 世纪发生的翻天覆地变化，可以视为城市现代化探索的一个极具代表性的缩影。

工业革命之前，商业界几乎不需要通过做广告来吸引顾客，大多数的人也没钱可花。小小的家庭工作环境所生产的物品数量少得可怜，而且到村子的集市上就可以碰见买主。大多数家庭可以靠他们的农场维持生计，可以种植和制作自己需要的几乎所有产品。要是卖掉一小部分剩余产品，那么卖得的收入大部分用来换取咖啡、食盐、衣服和工具。由于雇主经常提供房间和伙食换取劳动力，所能提供的工钱也就微乎其微了。那时，大多数广告都集中在有关土地买卖、捕捉逃亡者(徒工和奴隶)和车辆运输上，其余的则是有关遗失的物品、书籍、商人的货品清单等。这些广告通常是仅仅解答两个基本问题的启事：什么地点和什么时间。

工业革命之后，伦敦虽然还是以前的伦敦，但那里已经有了新的咖啡馆，除了常规用途之外，咖啡馆还是商业活动的票据交换所。每座咖啡馆吸引着不同的顾客群，不仅招待商业投资者，也提供商业信息(如轮船的起航与到达、股票行情等之类)，因而扮演了最早的报纸角色，正式的报纸不久问世，成为城市之声。随着报纸的诞生与发展，以此为商业信息传播媒介的广告，也逐渐以“现代”的身份登上历史舞台。

此外，在工业革命的推动下，工厂开始使用蒸汽机作为动力源，探索性使用流水线的合作方式，从而使得城市居民有史以来第一次体验到，人们买产品要比自己制造商品花钱更少，刺激了消费需求的增长。水路、公路与铁路运输网络的开辟，极大地降低了商品运输的费用，成就了更多新的市场。19 世纪 20 年代开始的经济繁荣造就了富有的都市阶级，他们心甘情愿地支持迅速发展的城市的艺术、建筑、博物馆、科学、体育、城市公园的建设，以及时装业兴起的消费风尚、食品业兴起的超越农业市场的新型购物方式。工业革命所引发的技术进步，导致从采用金属印刷机以来传播媒介的最伟大的变革。

大众传播时代到来后，社会变得更为城市化和工业化，人们受到更好的教育，生活步调更快，此时的城市已经开始进入现代化。当 19 世纪人们开始建设新城镇时，几乎已没有一个人再想到中世纪的城镇了。老城镇里的生活已经慢慢地干枯了，它们的城墙也成了一个空壳，城内的一些机构也只是个空壳。可以说，随着欧洲各大城市在新兴中产阶级如商人、小贩、投机者的影响下变为金融中心，世界从以封建采邑为基础，正式走向以城市为基础。由此，新时代的新城市便出现这样一种景象：杂货商步入规模化经营，城市化改变了零售业的面貌，城市居民的文化水平提高，印刷业成本降低后成功打破知识垄断，信息面向大众传播有了适宜的媒介，从而形成现代意义上的消费者群体，广告因此有了新的目标受众。

第二节　城市商业文化的表现与时代变迁

本·哈莫(Ben Highmore)指出：“如果城市被体验为一种活的想象(或多种想象)，那么信仰、艺术、知识等，将是这样经验的最好材料。对文化的人类学诠释不是对文化文本的简单整合，它改变了评价的基础。如果在重新审视城市文化研究时人类学起了一定的作用，这是因为它允许对文化进行全面的重估。它从迥然不同的体系着手，我希望视‘城市’为经验密布的文化(densely experienced culture)，‘密度’‘厚度’和‘复杂性’可看作文化描述者试图要增强的某种评价理念，以期再现文化中的社会。”受哈莫对城市文化思考的启发，在前面有关城市起源与商业发展分析的基础上，可以尝试性地继续从城市商业文化随时代发生变迁的视角，去侧面解读城市文化，以期探索现代广告与城市文化互为影响、协同发展的历史渊源。

一、城市文化的侧面解读

前言已经对“城市文化”的基本概念进行了界定，这一节主要介绍城市文化中的商业文化是如何随着时代的发展而逐渐在诸多文化构成要素中脱颖而出，并成为当今城市文化中一支至为重要的影响力量的。

关于城市文化与工业、产业、商业等内容无法割舍的联系，一些研究者早已从各个角度展开过论述。例如，雷蒙·威廉斯提出：“当下聚焦于‘文化’一词含义的所有问题，的确都是由‘工业’‘民主’‘阶级’等词义变迁所代表的巨大历史变革所引发的。‘文化’一词的发展记录了我们对社会、经济、政治、生活领域的这些变革所做出的一系列重要而持续的反应。”

马克思也曾经说过，“工业文明是一本打开了的体现着人类本质力量的书，这本书的灵魂就是产业哲学，它的骨骼与内容是一幅徐徐展开的体现着人类本质力量的人文画卷，那就是城市文化。”城市的资源存量与资源配置方式是城市文化的基础，城市的经济结构和生产方式是产业哲学的基础。城市文化是一座城市的生活方式与生产方式、发展理念与行为方式所形成的社会风习以及物质生活、精神生活的基本内容与载体。而产业哲学则是一个城市发展道路、财富形象及创新模式的体现。城市文化与产业哲学有着必然的内在联系，有着千丝万缕的关联。

从中世纪开始，随着商品生产方式的改变与交易方式的多样化尝试，城市区别于乡村最重要的商业特征越发明显。机器化与新动力源的使用帮助企业实现规模生产，丰富廉价的商品迫切需要面向广大的市场销售出去；工人阶级平等意识觉醒后，争取权利取得初步胜利，可支配收入与闲暇时间实现双增长，从而为购买大量商品提供了可能；城市完善水、陆、空立体交通网络促进了频繁的商品交易，打破了狭隘的城市边界限制，跨区域商品流通繁盛；为了谋取更多的利益，生产商开始注重产品推销，经销商开始重视终端布置，于是，广告实现了跨越式发展。

广告媒介从传统的户外广告一枝独秀发展成大众传媒百花齐放，报纸、杂志、广播以及随后的电视相继超越户外媒体，成为更受广告主青睐的“四大媒体”。广告宣传的内容也逐渐告别单纯的功能性信息，开始有了更新城市居民传统保守之文化观念的企图，传播有关“向中产阶级生活方式看齐”“商品的符号功能”“提前尝试性消费”等新时代的商业文化观点，借助语言文字与图片音像的创造性使用，不仅开创了一种新的生活方式，而且增添了城市居民新的交流内容，树起城市消费文化、时尚文化的风向标。城市商业中的各种要素与广告相互作用，对城市居民的物质生活方式与精神意识形态产生影响，继而体现在衣食住行、语言、休闲娱乐活动等方面。在城市文化各种力量的博弈中，商业文化开始崭露头角，继而独领风骚。

二、城市符号与精神生活

城市符号与城市的血脉相联系，城市依靠符号来记忆。城市文化符号是最能代表这座城市文化软实力的最显赫特征的一系列凝练、突出而具有高度影响力的象征式系统，是城市文化中最具代表性又最通俗易懂的层面，包含了地理、历史、民风、建筑、艺术等“众美兼具”的“集合之美”，蕴蓄着更加内隐的生活价值系统，通过日常生活体验而缓慢地濡染进个体身心。随着城市的商业发达，人类社会逐步进入消费社会，不少城市不仅在寻找、开发原有符号的商业价值，如北京的四合院胡同、法国的埃菲尔铁塔、英国的大英博物馆、美国的自由女神像、法国的罗浮宫等旅游地的号召力，而且接纳了部分商业大腕的品牌符号，无论是统一的视觉识别系统(VIS)还是美轮美奂的店面形象设计都成功融入现代城市，成为价值不菲的“吸金”符号。例如，“肯德基”的品牌形象，早已成为时尚消费城市的一个代表性餐饮符号，虽然消弭了城市之间独特的个性，却足以与千万个这样的品牌符号一起，构成城市街头一道亮丽风景。

西美尔在《大都会与精神生活》中写道：“原始状态下生产服务于订购货品的顾客，以至于生产者与顾客相互熟悉。而现代都市的供应几乎完全来自市场，也即为从未进入生产者实际视野的全然不熟悉的购买者而生产。借此种匿名性，每一团体的利益都带有残酷的务实性，而且由于个人间的各种关系无法加以衡量，双方经济上的利己主义都不用担心任何偏斜。货币经济主宰着都市，它已完全取代了家庭生产和直接的实物交易，它显著地把顾客订购的工作量减缩到最低。务实态度与货币经济的关系如此密切，以至于无人能说清楚是理性的心理状态促进了货币经济，还是后者决定着前者。大都会的生活方式无疑是这种相互作用的沃土，这一点我只要引用最杰出的英国宪法历史学家的论断就可以说明，通观英国的发展史，伦敦从来没有成为过英格兰的心脏，但经常充当英格兰的智囊和钱袋。”如果说在英国历史上，伦敦未能成为其心脏，但在现代消费社会中，伦敦凭借其成熟的商业城市形象绝对已是英国的中心，产生这种变化的原因，正是西美尔所指责的物质驾驭的精神生活，在城市商业文化的冲击下，变化得面目全非。

西美尔批判“现代文化的发展是以凌驾于精神文化之上的物质文化主导为基础的，在自身的理性发展过程中，个人不完全地并以不断增加的距离跟随着这种精神。”他将其归因于“劳动分工”，认为个人在技艺上的单方面发展，会导致他们丧失对物质文化过度繁荣的抵御能力。这种观点虽然有失偏颇，倒也促人警醒：城市商业主导的文化环境中，市民的精神生活应该何去何从？因消费而起的商业文化，其对城市的影响力量，远远胜过劳动方式的改变，城市早期的以生产为主导的方式与埋头苦干精神，现在已被消费主导的方式取代，市民精神的满足越来越依赖于物质的占有与享受，贴近平民的日常消费生活所展现的商业文化逐渐跻身于城市主流文化。

三、商业文化与城市形象

城市的繁荣景象，离不开商业的呐喊助威，商业文化早在中世纪就已经成为城市文化的重要组成部分。18 世纪的不断运作把中世纪公共市场和生产者自己的店铺转化成了专门化的商店。在巴黎，即使在路易十五统治下的很早时期，一个叫克朗姆的银行家就创立了一个有两三百雇员的百货商店。1844 年一家现代百货商店——“法国商城”(Ville de France)在巴黎开张，有 150 名雇员。现代城市经过 100 多年的发展，更加突显出商业文化的价值，商业甚至已成为评价一个城市地位的主导性因素。2007 年由英国品牌专家西蒙·安霍尔特联合全球市场调研全方位整合解决方案供应商 GMI 做的“全球年度城市品牌指数报告”中，有 60 个知名城市上榜，其中以上海为例，上海首次上榜的一个重要原因即其显示的商业价值，受访者认为上海的商业机遇与就业机会甚至超过排名在前面的北京。悉尼、伦敦、巴黎位列前三的城市，哪一个不是以商业发达而闻名于世？新兴的商业文化与年代久远的独特历史文化一起构成了这些城市文化的重要组成部分。

奥利弗·吉勒姆在其著作《无边的城市：论战城市蔓延》中认为“蔓延是 20 世纪城市化的一种形式，具有跳跃式开发、商业走廊引导、低密度建设等特征”，其原因是“较低的土地价格和方便的交通通信允许城市蔓延的发生”。与城市地理边界一同蔓延的，还有源于城市历史的商业文化。以西方城市每年最能刺激消费的节日——“圣诞节”为例，早已于 20 世纪八九十年代，成功蔓延到我国，虽然关于圣诞节中国既没有文化传统也没有法定假期，但成为商家主导引领的购物“狂欢节”，为中国年轻人纵情消费营造了足够独特的环境，年年刷新交易记录，创下销售新高。

现今，越来越多的城市规划与建筑景观设计，都将商业作为中心点，一些有大都市旅游情结的人感叹，徜徉在繁华的商业街头，常常会有“身在何处”的疑惑。千篇一律的摩天大楼下挤满了购物中心与各类商店，鳞次栉比的商业街道已越来越缺少城市文化特征，几乎如出一辙的世界顶级品牌店面装饰设计与各家商店全球统一的品牌识别符号系统的导入，消弭了城市之间的形象差异，如麦克卢汉所谓的“地球村”，在这个“村庄”里，商业文化有惊人的一致，追逐利益的功利目的越来越占主导地位。

“星巴克”在故宫九卿值房“驻扎”8 年之久，终于在激烈的口水战中于 2007 年 7 月撤出，虽然星巴克的全球总裁兼 CEO 吉姆·唐纳德称“在故宫开的这家分店，是抱着对紫禁城文化历史传统的尊重和高度敏感开设的，表达了对当地的历史文化和社会风俗的尊重。”但更多的人认为，这与京城的历史文化形象实在是谬以千里，许多西方人来到故宫后，特地找到星巴克合影，随后把照片发布在网上，觉得很滑稽。2012 年 9 月，星巴克又一家杭州新开门店引发热议，原因是新店门前的易拉宝广告文字赫然写着“热烈庆贺星巴克杭州灵隐寺店盛大开幕”，不明就里的网友们议论纷纷，有人联想到五年前北京故宫门店风波说：“星巴克是入不了皇城，只有遁入空门。”有网友评论道：“进入这家星巴克店后，服务生会微笑地问，施主，您是大悲还是超大悲，或者是大慈大悲？当然，也会有顾客问，我能续悲吗？”更多人谴责道：“灵隐寺的香火混着咖啡，那一定是浓浓的商业气息。”虽然后来澄清所谓“灵隐寺店”并不在灵隐寺景区中，却已经对城市形象与品牌形象双双造成了不良影响。

星巴克的两个门店先后在中国遭遇“舆论风波”的案例说明，企业单纯培育自己的品牌文化是不够的，还应尊重城市深厚的历史文化，注重不同国家、城市居民的文化心理。这也再次提醒，商业气息越发浓郁的当代城市，如何能在更好地发展经济的同时，利于塑造独特的城市形象，让商业文化更好地融入城市历史文化之中，尽量减少被误读的可能。

第三节 现代广告诞生的城市文化渊源

广告作为一种全新产业的兴起与发展，是其所处社会的政治、经济和文化发展到一定阶段而产生对其需求的自然和必然结果。而任何一项新兴产业的出现与发展通常都首先引发或肇始于人口密集、生产力和文化科技水平相对最为先进的城市中，并深刻地影响着城市的政治、经济和文化的进步与发展。

现代意义的广告作为一种新的社会信息传播的载体和活动，它萌发于第一次工业革命(18 世纪中叶)后的西欧工业化国家；而作为一项新兴的现代文化产业，它则形成于第二次工业革命(19 世纪末)后的西方资本经济发达的城市，并逐渐随西方资本列强的“外侵”而传播或传输到东方。它是现代社会的工业化、城市化和市场化浪潮引发各先进国家的大众传播事业迅速崛起、发展导致广告(包括商业广告和非商业广告)日益成为社会与行业急需的产物。

一、商品生产与营销加快城市化进程

促使现代广告产业的诞生与快速发展的动因之一，是广告主急于面向大众公开推销自己的商品。工业革命在欧洲多国如火如荼地展开时，城市的面貌发生了翻天覆地的变化，由于采用新的生产方式——大机器生产，商业服务业获得前所未有的发展，商品极大丰富，低成本扫除市民积极购买的障碍，商品从初期在嘈杂的广场街头大量随意的聚积，到后来在购物超市里以一种崭新的货架密集、有序排列、自由选购方式的尝试，开启了城市商业营销的新时代。现代广告经过缜密调研论证与消费文化内容的深度挖掘，借助大众传媒对城市商业摇旗呐喊，加快了商品流通与企业资金回笼速度，加快了城市步入现代化的进程。

汪民安在《街道的面孔》中指出："街道一旦成为商品的积聚之地，那么，它的交通功能和意识形态功能就会大大减弱，政治建筑不会置身于此，一些繁华的街道甚至禁止车辆通行，这样，它就变成一种完全的买卖和景观场所。"著名繁华的城市商业街道，不仅是本地市民消费的主要场所，而且成为吸引外地游客的景点之一，有时甚至成为到当地旅游的唯一原因，这恐怕是最初的城市规划设计者们所始料未及的。近年来，中国居民由于进口商品关税较高、消费观念的改变以及其他多种原因，去国外疯狂购物的风气渐浓，对于他们中的很多人而言，选择到某个城市旅游，其实是为了去消费。数据显示，平均每个中国游客在美国一次旅行花费约 7 200 美元，每个中国游客最后都是拉着装满美国货的行李箱回国的；每年大约有 15 万中国游客去英国旅游购物，他们在伦敦最知名的百货商店"哈罗德"的平均消费是美国游客的 5 倍，很多中国游客到英国并不是为了去看大笨钟(Big Ben，也有称作大本钟)，而是去购物，买名牌。英国媒体称，"当然，他们也去逛一下出名的景点，但也就是留张影而已"。由此，国际著名城市的商业街与名牌商品，对中国人的吸引力可见一斑。

由于广告与商业街道合作推销商品，它们的这种功利性动机与对城市的影响，遭到一些学者的批判。他们认为："商品及其广告，凭借它的符号和形象，顽固地保持着对街道的装饰功能。现在，商品越来越不满足于安静地待在店铺的一隅，等待着某个顾客兴之所至的偶然光临。相反，它们力图挣扎出来，溢出寂静的角落，奋力在街头获得自身的光亮和可见性……街道的建筑本身就失去了它的固有色泽。街道，就被这些商品形象和广告严密地包裹起来。广告的色彩，就是街道的色彩；广告的形象，就是街道的形象。'广告无所不在的陈示，垄断了大众的生活……这是今天唯一的建筑。巨大的屏幕上闪烁着运动中的原子、粒子和分子。已经没有公众活动的场景或真正的公共活动空间，只有庞大的旋转、交换和短暂联结的场。'广告不是布满了街道，而是占领了街道。"商品与广告一起，成就了城市的经济利益，却模糊了现代化城市的面孔；现代广告伴随城市规模化商业的兴起而诞生，也因现代城市日益狭隘的商业主导观点而渐失光环。创意独特的现代广告与现代商品，理应而且可以让城市变得更加美好。

二、民主理想刺激广告媒体的发展

在过去的几个世纪里，要是没有印刷业，没有工业革命，没有都市化，没有其他一些起到工具作用的社会组织，没有大众传播媒介的不断发展，现代城市就不能发展。这些合力作用，最终导致了100多年前广告机构的建立，并为广告业的发展注入了新的动力。

中世纪后期的思想启蒙运动，也助推了现代广告业的发展。虽然很多城市在18世纪还尚未实现诸如妇女的选举权，没能克服不同种族公民在基本权利方面的平等，但当时的公共教育已经成功打破知识垄断，城市市民能读文写字，他们对政治的热衷也促使了大众传媒的发展。报纸首先应运而生，销售成本的一再下调，最终促成报纸成为市民争相阅读的大众媒介，较大的发行量为广告面向大众市场传播信息奠定了基础。不过，也正因为广告的加盟，摊薄了报纸的销售成本，“廉价报”的经营实践才从理论到现实上都有了可能。报纸的“二次贩卖”开创了“三赢”局面，在把报纸卖给受众之后，将读者的注意力作为资源卖给广告商，因此可以实现三方均受益，即报社赢得广告商的媒体投放费用，广告主赢得将商品信息面向大众快速传播，读者赢得以较低的价格购买报纸获取多种信息。

随后相继出现的大众传播媒体，分别从不同的方面克服了报纸的劣势，追求民主、自由、平等的城市公民，通过这些媒体，增长了见闻，开阔了眼界，知晓了商品，同时也增加了欲望。城市居民起初追求的民主理想，因知识教育与媒介使用而逐渐接近，但在消费社会来临后，新的阶层分化又开始加剧，附着在商品符号上的关乎身份、地位、品味、格调等内容，再次拉大了城市居民之间的距离。用商品定义生活方式的消费等级制度现在比阶级经济关系更清楚地标明了一个人的地位。地位是容易识别的，因为必要的信息已经通过广告向全国发布。而且对于很多人，自我建构涉及商品的获取。如果世界通过商品而被认识，那么个体的身份就取决于一个人通过选择一套明确的个性化商品来组成连贯的自我形象的能力。在被威廉姆斯描绘为“高强度市场场景”的商业化的当代社会环境中，广告已经用明确的产品确定了特定心理和社会条件，心理和产品的持续分裂强迫消费者纠缠于将其身份与个人完整性结合在一起的斗争中，消费是完成这个任务和取得至少是短暂性解决的最容易的方式。城市居民在追求民主理想的刺激下，接受了负载、传播各种信息的大众媒体，顺便接纳了刊播于其中的各种广告。然而，连广告商都诧异的是，原本单纯的销售商品的宣传动机，经过近百年的发展进化，竟然生发出控制人心的欲望，深深影响甚至改变了与现代广告同行的现代城市文化。

三、广告创作从城市文化中汲取灵感

城市积淀的丰厚文化是广告人一直以来汲取创意灵感的主要源泉。广告最终的目的是促成产品销售，因此越贴合受众的文化心理需求，就越容易引发他们的情感共鸣。早在美国内战后，当时的广告人就开始宣扬维多利亚时代的城市中产阶级理想化的家庭形象，镶花边的紧身衣、做工精致的时装、沁人心脾的香水等为推广这种华而不实的城市文化提供了物质基础。在信息爆炸的当代社会，从城市文化那里“寻根”的广告，依然容易击中消费者柔软的内心。在此选取几个案例，借以简要说明。

城市中的著名建筑、有故事的景观或街道、见证过大事件的历史遗迹、畅销小说中虚拟的场景，甚至难以考证的神话传说等，都可以是广告创意中信手拈来的核心素材。例如，自由女神手中握着某品牌的产品，蒙娜丽莎露出迷人微笑的原因被某商家大胆猜测后篡改，广告模特身着黄袍拿着某商品出现在故宫，“南方黑芝麻糊”广告中那清脆的叫卖声在幽暗古朴的石板街巷里响起……都可以将人们的记忆拉回到有关这个城市诸多文化想象的久远的过去。即使有些现代商品出现在“寻根”的城市文化广告中，会显得有些牵强与滑稽。

城市家庭文化的生活场景也是现代广告中最常出现的镜头，因为城市家庭相较于农村家庭，更符合现代消费社会所塑造的生活典范形象。城市具备更加完善的配套设施，拥有更好的经济基础，城市居民更加自由开放，消费观念时尚超前，这里适合发生“一见钟情”的爱情故事，也适合展示“2＋1”或“4＋1”的家庭人口居住模式。城市主导文化就是围绕着各种消费而展开的，小到一针一线，大到住房汽车，在城市中这全部需要花钱购买，因此，家庭里每一笔消费都关乎快感与幸福生活。

与城市的家庭文化类似，城市的审美艺术也是广告中津津乐道的话题。例如，城市白领女性普遍认可“以瘦为美”的身体审美取向，曼妙玲珑、性感美丽的S形曲线，不仅在与其直接相关的减肥瘦身商品广告中频繁出现，而且广泛出现于香水、化妆品、服装、珠宝、鞋、包，甚至洗发水、饮料、电视机、橱柜等商品广告中，或者说，几乎对于一切商品广告都适用。所以，才有广告界总结的“3B原则”(美女、动物、婴儿)。瘦身女性就是城市女性的理想形象，她们基本远离繁重的体力劳动，作为“被看”的对象，“手无缚鸡之力”更易惹人怜惜。

随着互联网的发展，如今城市中流行的网络语言也点亮了广告人创作的灵感。例如，“京都念慈庵”在电视广告中大声喊出“奶奶，爷爷喊你回家吃饭!”，熟悉这个流行网络文化的人都知道这句话的出处：2009 年网络游戏《魔兽世界》的百度贴吧里一个帖子的标题是“贾君鹏，你妈妈喊你回家吃饭!”，此帖一出，红极网络，商家趁机利用网络热点文化，将广告语以相似的形式表达出来，以此引发受众关注。2011 年奥巴马在网上发帖子，宣布要参加竞选下一届总统的消息，这是政治广告利用自媒体平台发布信息，从而成功融入城市网络文化的又一个案例。

“中粮集团”利用微博发布广告取得惊人的成功，“七喜”新年许愿的网络互动广告引发“病毒传播”，广告创意发布于新的媒体方式上，不仅促成了商品的销售、迅速提升了品牌知名度，而且促进了城市商业文化的繁荣。广告一方面从商业文化中获得滋养，另一方面也在创造流行文化，大大丰富了城市的文化生活。这也许正是现代广告与城市文化互动的内在动因和现实表现！

第二章　现代广告与城市文化互动历史

由于历史文化、经济水平、政治制度等国情不同，世界各国广告产业的起源、路径、水平等也不尽相同，它们对各自国家城市化进程的历史也由此产生迥异的影响。本章分别以西方与中国早期现代广告兴起的原因与发展走向做对比，来探讨各个时期的现代广告是如何与城市文化形成互动的。

第一节　西方早期现代广告的兴起与繁荣

世界范围的现代广告及现代广告的产业化，兴起于第一次工业革命之后的西方工业化国家。

18 世纪的欧洲(主要是西欧)，在经历人类第一次工业革命后，迅速进入了工业化、城市化和市场化时代。至 19 世纪中叶，随着金属印刷技术(1438 年)的普及，机器造纸业的出现(1820 年)，电报(1837 年)、照相(1838 年)与电话(1876 年)的先后发明，轮船(1807 年)与铁路(1825 年)的商业运营，欧美海底电缆的开通(1850 年)，邮政及电话、电报等信息传输系统的建立这一系列“划时代事件”的聚合效应引发了世界范围的革命性“质”变，并极大地刺激了欧、美、日(明治维新后)等地印刷报刊业的快速兴起，由此各种以印刷刊物为介质的现代广告大量涌现并不断繁荣，西方国家也因此于 19 世纪下半叶迅速地进入了大众传媒时代和现代广告时代。

一、19 世纪末：西方报业的快速发展

现代报业肇始于“西欧的工场手工业向机器大工业过渡”的 17、18 世纪，发展于传媒技术(如印刷、造纸、电报、照相、电话等)较为先进的 19 世纪下半叶。而现代报业的发达则是现代广告兴起与繁荣的主要条件和物质基础。为此，有必要首先来认知西方报业发展的历史进程。

据《不列颠百科全书》对欧洲早期出版的印刷报纸的研究和确认，早在 17 世纪初，欧洲诸多国家就已出现了具有近代意义的印刷报纸，如荷兰安特卫普的《新闻

报》(*Nieuwe Tijdinghen*，1609 年创刊)、德国的《通告报》(*Relation oder Zeitung*，1609 年创刊)、英国的《每周新闻》(*Weekly News*，1621 年创刊)，以及法国的《公报》(*La Gazette*，1631 年创刊)等。因此，一般认为，世界上最早的报纸诞生在 17 世纪初期的西欧。而至 18 世纪中叶的第一次工业革命后，已走向近代工业化的英、法、德、美等国几乎都在这段时间完成了它们走向近代报业大国的历程。

(一)英、法是西方近代报业的鼻祖

英国是老牌资本主义国家，第一次工业革命就诞生在英国，英国也是世界近代印刷报纸最早面世的国家之一。早在 1621 年 8 月 13 日，英国就出刊了它的第一份定期出版的新闻书——《每周新闻》；1665 年 11 月 16 日，英国历史上第一张真正意义上的报纸——《牛津公报》(*Oxford Gazette*)正式出刊(首次使用"Newspaper"一词)；1702 年 3 月 11 日，英国的第一份日报《每日报》(*The Daily Courant*，1702—1735)在伦敦创刊；1706 年，英国的第一份晚报《晚邮报》(*The Evening Post*)在伦敦街头发行。之后，《观察家报》(*The Observer*，1791 年)、《每日电讯报》(*The Daily Telegraph*，1855 年)、《金融时报》(*The Financial Times*，1888 年)等报纸先后创刊于伦敦。同时，许多具有近代意义的印刷杂志也在英国街头出现。1731 年英国出版的《绅士杂志》最早使用"magazine"一词称呼期刊，而《旁观者》(*The Spectator*，1828 年)、《经济学家》(*The Economist*，1843 年)等期刊也在 19 世纪上半叶先后在英国创刊发行。

英国近代报业的发展速度也十分惊人。1700 年全英有 25 家报纸，发行量总计为 50 万份；1753 年各种报纸的发行量为 740 多万份；1760 年为 946 万份；1767 年为 1 130 万份；1790 年为 1 403 万份；1792 年为 1 500 万份……到 1800 年，全英报纸数增长到 258 家，发行量总计达 1 608 万份。而诞生于 1785 年的《泰晤士报》(*The Times*)在 1814 年的发行量仅有 7 000 余份；至 1847 年时，该报发行量达 20 000 多份；到 1855 年时则更超过 60 000 份，这一数字在当时已是非常可观。

作为欧洲另一老牌资本主义国家的法国，也于 1631 年 1 月在巴黎创刊第一份周刊《各地见闻》，1665 年创刊了周刊《学者报》……1777 年创刊了法国的第一份日报《巴黎新闻》(*Journal de Paris*)；而 1854 年由亨利·德·威尔梅桑(Henri de Villemesant)创办的《费加罗报》(*Le Figaro*)，现已成了历经 160 多年的世界著名的、法国最大的日报。

(二)美国也是西方近代报业的肇始地之一

美国是欧洲的"移民"国家，早在其独立战争(American War of Independence，1775—1783 年)之前，美国东部地区的欧洲"移民"就将西方的思想文化与印刷技术引进了这片所谓的"新大陆"。1689 年，马萨诸塞州的波士顿出现了美国的第一份报纸——《国外国内公共纪闻报》(*Occurrences Both Foreign and Domestic*)；1704年4月24日，美洲大陆的第一份定期报纸《波士顿新闻通讯》(*The Boston Newsletter*)在波士顿创刊；1729年《宾夕法尼亚日报》(*Pennsylvania Gazette*，1729—1748年)也在美国东部发行。美国独立战争之后，美国的资本主义经济快速发展，其报业随之大量创刊发行：1833年美国第一张廉价报刊《纽约太阳报》(*The Sun of New York*)问世；1844年美国第一本杂志《南方信使》(*Southern Messenger*)发刊……1830年当时人口仅为2 350万的美国已拥有了800种各类报纸，其中有50种为日报。南北战争(American Civil War，1861—1865年)之后，美国成为世界上经济发展最快的资本主义国家，其也成为世界近代报业发展最快的国家之一。

(三)日本是西方近代报业兴起的后起之秀

19世纪中叶，在西方列强的炮舰下，日本被迫放弃"锁国"政策而向西方"开放"并被强行纳入世界资本主义体系。明治维新(1868年)后，日本的资本主义经济开始迅速崛起，在社会政治与商业因素的巨大吸引下，日本的近代报刊业兴起并逐步走上了资本性质的产业化经营之路，一批具有近代意义的印刷报纸在日本如雨后春笋般出现。英国人汉莎德(A. W. Hawsard)早在1861年6月就在长崎创办了日本最早的外文报纸《长崎航讯》(*The Nagasaki Express*)，同年11月该报迁往横滨，改名为《日本信使》。此间，在日本的横滨还陆续出现了《日本快邮》《日本商业广告新闻》《日本时报》等专为外国人服务的外文报刊。1865年日本第一家由一位日裔美籍人滨田彦藏个人创办的日文报纸《海外新闻》出刊。而日本国内真正意义上的第一份日文报纸《横滨每日新闻》则于1870年问世，接着《每日新闻》于1872年、《读卖新闻》于1874年、《日本经济新闻》于1876年、《朝日新闻》于1879年、《时事新报》于1882年也纷纷创办……

至19世纪末，日本已是亚洲近代报刊业最为发达的国家之一。与此同时，世界报业在西方大国中呈迅速发展之势，仅英、美两国发行的各类报纸就达2 000多种；而杂志的种类更多，内容更丰富，面向的读者更广泛，发行量也更大。美国在1865年时已有700多种杂志，到1885年时发展到3 300多种，刊物的发行总量每周高达1 500万份。

报纸、杂志的大量发行、普及和市场化的运作，为各国报纸广告产业的萌芽与发展创造了充足的空间，催生了西欧、北美、东亚等地区印刷广告产业的兴起和发达。可以说，19世纪末至20世纪初，报刊已成为西方向社会公众进行传播的主要大众媒体，也为近代广告产业的形成和发展奠定了物质基础。

二、19世纪末：西方早期现代广告的兴起

欧、美、日等地印刷报刊业的快速兴起，引发了各种现代印刷广告的不断涌

现，由此，西方国家率先进入了现代广告时代。而现代广告时代的到来，则是以近代报纸为介质的“报纸广告”之兴起为主要标志的。

早在1472年，英国一个名叫威廉·坎克斯顿(William Caxton)的出版商印制了推销宗教书籍的广告，并张贴在伦敦街头，这应是西方印刷广告的开端。但作为一种具有近代意义的广告产业，则最初是伴随着西方报业的发展而兴起的，即由新创的西方报刊在其各个版面上大量刊登各类商业广告而直接推动了近代广告产业的出现、发展与繁荣。

至19世纪末，世界范围现代意义的广告产业空前发展，许多新兴资本主义国家(如美国、日本等)已成为世界级的广告大国，但老牌资本主义的英、法等国不仅是西方近代报业的鼻祖之一，而且依然是19世纪末20世纪初世界广告产业的中心之一。

(一)现代报刊广告迅速发展

西方城市报业的发展同许多社会因素的作用与影响有关，经济是影响报纸发展的因素之一，当商业化运作氛围下廉价报纸频繁出现时，广告、现代印刷技术以及为广大读者服务的新型记者构成了当代西方大型城市报业的三个主要特征。

1. 英国是世界印刷广告最早兴起的地方之一

早在1625年，《英国信使报》(*English Mercurie*)就刊登了图书出版广告，这被学者认为是世界上最早的报纸广告。1657年，《公众报道》(*Public Advertiser*)刊出了一则咖啡广告，这是世界上最早的商品广告之一。1665年英国的《牛津公报》(后改名《伦敦报》)在其第2年就开辟了该报的广告专栏……

进入19世纪后，为适应经济的发展和人们对信息的大量需求，报纸、杂志等媒体在加速向大众化发展的同时，也相继成了当时主要的广告媒介。

19世纪的英国报刊广告业已相当发达。由于英国近代报纸创刊早、发行量大，促进了英国报纸广告业务的增多，而报纸广告业务的增多反过来也刺激了英国报业的繁荣。以英国《泰晤士报》为例，其1815年的日发行量为5 000份，每天登载广告约100多条；其1854年的日发行量则达到51 648份，广告量也达到每天400多条……广告量的增加，刺激了广告代理商的相继出现。1812年，世界第一家广告专业公司在伦敦开业；1849年，英国已拥有“美瑟暨克劳瑟广告公司”(Mather&Gowther，奥美广告公司的前身)，其员工近100人，该公司不仅向广告客户提供报纸版面，而且可以为客户提供广告设计等方面的综合性服务。

2. 19世纪美国的广告业处于繁荣时期

美国也是西方近代报业广告的肇始地之一。在独立战争之前，美国东部地区的资本主义经济已相当发达，许多商业广告于18世纪初叶就频繁出现在该地区的多份报纸和杂志上。如1704年出版的《波士顿新闻通讯》即在其第三期的内页上刊登了三条告示，这是已知的美国最早的付费广告；1729年由本杰明·富兰克林创办的《宾夕法尼亚日报》则在其创刊号的第一版上，刊登了一则关于肥皂的广告。而美国的杂志广告也于1741年在一份叫《民众杂志》(*General Magazine*)的5月号上第一次出现了。

南北战争后，经过近半个世纪的努力，至19世纪末20世纪初，美国在完成第二次工业革命并跻身于世界一流工业强国后，在商业因素与市场竞争的强烈刺激下，其广告业出现了空前的繁荣。此时的美国，企业的广告观念已经相当成熟，以可口可乐为例：1886年可口可乐试生产时，每年的销售额是50美元，却拿出46美元做广告；1892年，公司正式成立时，每年销售额只有5万美元，而广告费就达到了1.14万美元。再以《纽约时报》(1851年创刊)为例：19世纪末时，其广告篇幅几乎占该报整个篇幅的62%左右。19世纪美国报刊广告业的繁荣还体现在美国广告收入的急剧增加上：1867年，美国的报刊广告收入的总额接近1 000万美元；而到20世纪初，其广告产业规模已位居世界第一；仅在1900年，美国报刊广告收入总额已近1亿美元；至1919年时激增至5亿多美元；而到1927年时其数额已高达15亿美元……20世纪30年代的美国，广告业已是它的一个庞大的支柱产业，此时的美国，无疑是世界的广告大国。

3. 19世纪下半叶日本是新兴的广告大国

19世纪下半叶，正当英、美等工业化大国的广告产业迅速发展之际，近代意义的广告产业也在亚洲的日本悄然崛起。1853年，美国海军舰队进入了江户湾(今东京湾)岸的浦贺；1854年，日本被迫与美国签订了神奈川《日美亲善条约》(又名《神奈川条约》)，同意向美国开放除长崎之外的下田和箱馆(函馆)两个港口，并给予美国最惠国待遇等。日本的国门由此洞开并随之产生的一个重要后果就是西方报纸在日本的创刊和发行，日本的报纸广告业迅速兴起。

1861年，长崎出现了英文报纸《长崎航讯》(*The Nagasaki Express*)，同年11月，该报迁往横滨，改名为《日本信使》。其间，在日本的横滨还陆续出现了《日本快邮》《日本时报》等专为外国人服务的外文报刊。而同时(1861年)在横滨发刊的《日本商业广告新闻》(外文报纸)则是日本最早专为外国人服务的英文版广告报纸。1867年，由英国牧师贝里创办的日文报纸《万国新闻》在报道日本国内新闻时已大量插登广告，这是日本最早的日文报纸广告。1868年明治维新后，在西方的政治、经济和文化的影响下，日本人自己开办的近代报业兴起，并成为当时日本最重要的广告媒体。这一时期的药品、化妆品、书籍、食品等广告纷纷出现在报纸的各个版面上。最早在报纸上专门刊又说明“广告”意义并鼓吹“广告”作用的是日本的著名启蒙思想家和学者——福泽谕吉，他于1883年10月在《时事新报》的一篇社论中曾这样评价当时日本报纸广告的意义："对于报纸买卖来说，广告犹如士兵的武器一样重要。"而该年由福泽谕吉主持的《时事新报》的广告收入即已占到该报总收入的23%，以后的几年间该报的广告收入一直在不断增加。19世纪日本报纸广告的迅速崛起并随着报纸广告媒介的成熟和壮大，专业广告公司开始兴起，这一切标志着日本的现代广告业开始走向成熟和繁荣。

(二)现代意义的专业广告公司大量涌现

现代报刊广告业的迅速发展、报刊广告业务量的大幅增大和报刊广告市场的进一步扩展，市场经济的规律和商人的敏感嗅觉，必然使报刊广告的配套服务机构——广告代理业开始在美国、西欧、日本等广告业发达国家中涌现。

1841年，沃尔尼·帕尔默(Volney B. Palmer)在费城开办了自己的广告代理业务，他与当地的《米勒》报纸签约，以折扣价批量购买广告版面，然后以略高的价格将版面零售给广告主(当时的广告主一般都由自己准备广告文案或图案)，这是美国乃至世界上最初的广告代理商的雏形。

1865年，乔治·罗威尔(George P. Rowell)在波士顿开办了与沃尔尼·帕尔默广告代理业务类似的广告代理公司，他从报纸、杂志社大量购进版面，随后以略高的价格转卖给广告主。他的广告活动在当时很受报刊出版商的欢迎。

特别是1869年，美国费城出现了具有现代意义的广告公司——艾尔父子广告公司(N. W. Ayer&Son)，他们不仅从报纸和杂志出版商那里大量购进版面，随后以略高的价格转卖给广告主，而且为客户提供广告设计、广告文案、广告建议和广告媒体安排等多种综合性服务，到1888年该公司营业额达到了100万美元。这种具有现代意义的广告公司被当今广告史学家誉为"现代广告公司的先驱"。

据统计，这一时期在美国建立的广告代理公司约有1 200家，可见19世纪以美国为代表的广告代理业正在快速发展。

在美国专业广告公司不断崛起的同时，日本报业广告的快速发展，也刺激了日本广告代理商的出现。1880年，日本第一家广告代理商"空气堂租"在东京正式开业，随后"弘报堂"(1886年)、"三成社"(1888年)、"正喜路社"(1890年)等专业广告代理公司等纷纷创立；1895年10月"博报堂"的正式开业与1901年7月"日本广告株式会社"("电通"前身)的成立更是日本早期广告业发展与繁荣的重要标志。

(三)广告学术著作不断出版

在广告产业和广告传播媒介迅速向职业化、专业化发展的同时，19世纪以来专业广告公司的形成、普及和发展，引发和加快了广告业界与广告学界对广告本质及其内在规律研究的进程。

一般认为，世界上已知最早的广告著作是在美国出版的。而早在1866年，英国伦敦皮卡迪利大街的约翰·卡姆登·哈顿书局(John Camden Hotten，Piccadilly，London)就出版了拉乌德(Jacob Larwood)与哈顿(John Camden Hotten，也是该出版书局的老板)合著的《路牌广告的历史》(*The Histtory of Signboards：from the Earliest Times to the Present Day*)一书，并在1908年由伦敦的查托＆温都斯书局(Chatto and Windus)(注：哈顿死后，其书局就被查托＆温都斯书局接收)再版了该书。

1875年，伦敦的查托＆温都斯书局出版了由亨利·萨博逊(Henry Sampson)著的《早期广告史》(*A history of advertising from the earliest times*)一书。该书通过大量真实的轶事(anecdotes)、有趣的范例(curious specimens)及传记笔记(biographical notes)等第一手资料，对17、18世纪的报纸广告、街头广告、幽默广告、虚假广告等做了非常详尽的介绍和评论，尤其是该书还在其15章和19章中对美国的《华盛顿邮报》和美国殖民地的广告做了大量介绍和评论。

而1898年，由美国学者E. S. 刘易斯提出的“AIDA”这一广告受众法则，则成了当时业界十分关注的一项广告理论。他认为，广告说服消费者的功能是通过广告信息刺激受众而实现的。一个广告要引起人们的关注并取得预期的效果，一般要经历受众对广告产生“注意”“兴趣”“欲望”及购买“行为”这四步递进过程。E. S. 刘易斯提出的AIDA法则对后人产生很大影响，以后逐渐发展成为AIDCA公式并一直沿用至今，是当今传统的“AIDMA”模式与日本电通的“AISAS”模式的理论基础与来源。

20世纪初叶，美国国内有关广告方面的著作不断面世，例如，1900年，哈洛·盖尔(Harlow Gale)著的《广告心理学》(*On the Psychology of Advertising*)在明尼苏达州由明尼波力斯(Minneapolis，Minn)出版商出版；1903年，瓦尔特·狄尔·斯科特(Walter Dill Scott)著的《广告理论》(*The Theory of Advertising*)由波士顿的小梅纳德公司(Small，Maynard＆Co.)出版；1910年，瓦尔特·狄尔·斯科特(Walter Dill Scott)的另外一部广告学著作《广告心理学》(*The Psychology of Advertising*)也由波士顿的小梅纳德公司出版。1900年至1930年，美国相继出版了近20部各种广告理论学术著作。

(四)广告管理规制相继出台

英国不仅是19世纪时期世界广告业最为发达的国家，也是世界上最早颁布成文广告法的国家。

早在1889年，英国就颁布成文的《不当广告法》(*Indecent Advertisements Act*)，只不过这部广告法涉及的内容较为单一，形式也过于简单。但到了1907年，为了进一步规范日益发达的广告业，英国政府又颁布了成文的《广告管理法》(*Advertisements Regulation Act*)，它是通过国家正式的立法来对英国当时广告产业所经营的范围、内容和形式等进行严格的规定和限制而形成的一部国家级法律。上述的这两部广告法在时间节点上是目前已知世界上最早的比较完备的广告法，它们分别比美国最早的1911年颁布的《普令泰因克广告法草案》足足早了22年和4年。

美国有关广告的立法源于其地方政府。1911年出台的《普令泰因克广告法案》(*Printer's Ink Statute*)是美国最早的地方广告法案。该法案规定：任何人、任何企业和广告代理不得进行欺骗性的广告传播，任何不真实或令人误解的广告，都将以诈骗罪论处。

1914年，美国国会通过了《联邦贸易委员会法案》(*Federal Trade Commission* Act，简称FTC)，该法案进一步规定了虚假广告的含义、法律责任、管理机构、处罚程度等，并根据该法成立了由总统任命、经参议院推荐和批准的管理委员会。1938年，美国国会又通过了《惠勒—李修正案》(*Wheeler-Lea Amendment*)，对虚假广告做了更为严格的界定与处罚，同时赋予联邦贸易委员会在广告管理方面更大的权力。

上述一系列涉及广告管理的法案法规的出台，标志着20世纪上半叶的英、美等国的广告产业在政府监管与法律控制下，已从“无序”竞争进入了“有序”发展的新阶段。

综上所述，19世纪末的欧美日等国几乎同时涌现的广告学术著作、广告法律法规、广告自律组织、广告代理公司等客观现象，已毫无疑问地说明：西方的近代广告产业首先在诸多的大城市中初步形成，并呈迅速发展之势，而西方广告产业的发展则自然也必然深刻地影响着该时期的这些国家的城市与城市文化。

三、20世纪初：西方早期现代广告的繁荣

从政治学或历史学的角度来说，20世纪初的第一次世界大战结束后，世界进入了现代社会，而人们又通常将20世纪上半叶(即第二次世界大战之间的这段时间)称为“早期现代”社会，该时期(或谓20世纪上半叶)是近代广告走向现代广告的重要转型与发展时期。

(一)广告产业空前繁荣

20世纪初，随着西方资本主义经济的高速发展，西方发达国家的广告产业出现了空前的繁荣，尤其是新老资本主义国家的广告产业获得了突飞猛进。仅以20世纪初的新兴西方列强——美国为例，其广告产业规模此时已超过老牌资本主义强国——英国，位居世界第一。

1900年，美国的报刊广告收入总额就达近1亿美元(占该年美国广告总额4.5

亿美元的22.2%)，1919年激增至5亿多美元(占该年美国广告总额19.3亿美元的25.9%)，1927年时其数额高达15亿美元(占该年美国广告总额22亿美元的68.1%)。如以创刊于1922年的著名杂志《读者文摘》为例，其时它每月以16种文字出版26种版本，发行3 000万册，它的广告总篇幅几近占到了该杂志整个版面的40%。

仅就其产业而言，广告已是20世纪二三十年代美国的一个新兴庞大支柱产业。1920年，美国广告产业的税收总额高达12.95亿美元；到1929年，这一数字更达到了19.63亿美元(是1920年的1.5倍)……此时的美国，无疑是世界的广告大国。

(二)广告规制日趋完善

广告产业的发展，市场经济的法则必然要求广告行业的运行有自己的管理和规制。于是，随着英国资本主义经济的发展和广告产业的繁荣，英国政府便在1889年《反不当广告法》和1907年《广告管理法》的基础上，于1925年正式颁布了《广告法》，之后，《广告法》的内容不断修订和扩展，期间英国其他许多有关广告管理的规定散布于相关法律中。这些不断充实的法律条文构成了对英国广告产业进行严格管理的广告法规体系，致使英国成为欧洲乃至世界上对广告管理最为严厉且最为成功的典范国家之一。据统计，目前在英国已有40多部法律和法规涉及对各类广告活动的规制和管理。

美国的广告管理在这时期也得到充分加强。从1911年开始，美国发动了反对虚假广告主要是药品广告的改革运动。1914年，美国成立了商业改进局(BBB)，负责监督商业包括广告的经营；作为美国广告联合会前身的美国联合广告俱乐部，主张要为广告的真实性和道德性而斗争，提出了"广告就是事实"的口号，并针对虚假广告制定了相关的广告道德法规。

(三)广告行业自律组织纷纷成立

广告产业的蓬勃发展也使西方的广告行业自律组织因此油然而生，而广告行业组织从自发到自觉的建成过程，也从一个侧面反映和标志着一个地区广告产业的成熟和发达。

1910年，美国的广告商们在纽约成立了自己的行业组织——"美国广告主协会"(Association of National Advertisers，简称ANA)。该协会的主要成员为广告主，该协会成立的宗旨是为入会的广告主提供服务，其主要任务是促进广告主保持一种积极的商业气氛和良好的商业信誉，同时还为广告主提供信息交流的平台，帮助广告主与有关媒介及消费者之间建立良好的合作关系。

1917年，至今闻名业界的"美国广告代理商协会"(American Association of Advertising Agencies，简称4A)在纽约成立。与上述"美国广告主协会"不同的是

“美国广告代理商协会”的成员主要为广告业界的代理商(或谓广告公司)，其宗旨是“为广大广告客户提供市场调查、广告策划、制订媒介组合计划和促销活动计划、设计和制作广告等，并能评估和测定广告效果等专业服务”，其任务是“建立一个较为健全的法制和透过对会员进行指导和帮助来建立一套广告和销售的识别系统”。该协会成立后，“广告公司从单纯的媒介代理和创作服务，逐渐发展为全面的广告代理服务公司，也称为综合性广告代理公司”。4A 的出现是现代广告公司的一个标志性的进步和发展，也是美国广告产业达到一个新阶段的实践体现。

如果说美国早在 1910 年就于纽约成立了它的第一个广告行业组织“美国广告主协会”，那么，英国则在 1900 年(比美国早 10 年)于伦敦成立了它的第一个广告行业组织——“广告主保护协会”(Advertisers Protection Society，简称 APS)，后来更名为“英国广告商联合会”(Incorporated Society of British Advertisers，简称 ISBA)。ISBA 成立的初衷是“为了保护处于广告市场前端的诸多广告主在媒介市场上的商业自由与权益”。该组织代表英国当时所有的广告主，包括当时与广告业有关的出版界、户外媒体、新闻媒介和主办者的利益。英国的“广告协会”(The Advertising Association，简称 AA)则于 1926 年成立，它是唯一代表英国广告业界共同利益的非营利性组织。

另外，1931 年 10 月，英国广告商联合会(ISBA)借鉴美国模式，发起并成立了具有很大影响力的“发行稽核局”(Audit Bureau of Circulations，简称 ABC)。它是一个由广告代理商、广告主和出版商等联合组成的非营利性机构，其职责是以独立身份来规范英国报业和广告市场秩序，该组织的成立为完善英国的广告诚信体系发挥了重要作用，而且 ISBA 具有相当权威性，在当时的英国，当一个广告客户和报社谈判广告业务时，广告客户首先要看的不是该报社的广告价目表，而是一份由发行稽核局(ABC)出具的该报发行量稽核证书。

(四)广告制作技术越加先进

近代广告向现代广告发展的另一个重要表现是新技术在广告领域的应用，使广告的形式多样化起来，即广告已成为当时新技术首先被应用的主要实践空间。

1853 年，在摄影技术发明不到几年的时间里，纽约的《每日论坛报》第一次采用照片为一家帽子店做广告。从此，摄影图片成了广告的重要表现手段。

美国第一家最大规模的服装店创始人约翰·瓦纳把 100 英尺[①]长的大招牌悬挂在宾夕法尼亚州的铁路线上，并采用气球、宣传车和实物馈赠的方式作为广告的手段。

1891 年，可口可乐公司在投产五年后就开始用挂历做广告，这是世界上最早

① 1英尺=30.48厘米。

的挂历广告。可口可乐广告挂历自从进入人们的生活开始，就成为不可缺少的物件，这个传统一直延续了 100 多年。

1910 年夏末，在巴黎举行了一次国际汽车展览会，展览采用了荧光灯管装饰，美丽的彩色灯光令人大为惊奇。一年后，在巴黎蒙马特林荫大道的时装店，安装了第一个霓虹灯广告招牌。这个招牌是用弯曲成字母形状的荧光灯制作的，霓虹灯广告从此风行世界。1923 年美国的一位汽车经销商从法国引进霓虹灯后，霓虹灯广告立即在美国蓬勃发展起来。1932—1934 年，芝加哥百年进步博览会上，仅霓虹灯厂就为各客商安装了 4 万副灯管。

第二节　中国早期现代广告的缘起与发展

对于中国而言，其早期现代化在很大程度上指的是沿海各对外通商日岸的资本主义化，具体表现为中国沿海大城市(如上海、广州、福州、香港、澳门、天津等)的城市化进程，而中国早期现代广告则恰恰源自或发轫于中国在外力冲击下而被迫进入现代化进程的近代沿海城市。

鸦片战争后，西方列强在向积贫积弱的旧中国输入其“物质文明”的同时，也将其所谓的“文化文明”输入中国。当西方近代文明进入中国并与中国传统文化发生“冲撞”与“融汇”之时，中国原有的政治结构、社会秩序和民众生态都由此发生了前所未有的深刻巨变，而人们在接触、观察、了解和接受这种文明与巨变的一种最便捷、最现实和最有力的途径之一，就是阅读已在各大城市纷纷涌现的现代大众传媒——报纸。由此，以大量发行的印刷报纸为主要信息传播载体，并作为近代报纸生存之第一经济要素的报纸广告便首先在中国沿海的大城市中应运而生并迅速发展，而包括报纸广告在内的各种广告中所蕴含的文化哲理却有意或无意地深刻影响着这些城市的政治、经济、文化和社会的方方面面。

一、中国早期现代广告的诞生背景与表现

中国的现代广告作为一种主要的大众传播活动和一项新兴的重要产业，主要源自中国的近代报纸广告，可以说，近代报纸的涌现是中国现代广告产业兴起的主要物质基础。

中国最早承载近代广告——这一以“自觉”(非“自发”)为特征的信息传播活动的大众媒介就是印刷报纸，它是随着西方来华人员在中国沿海大城市里创办大批具有近代意义的外文报纸和中文报纸，进而借助该媒体来刊登各种广告而开始出现并迅速兴起的。

(一)中国近代报纸的涌现

中国的近代报业是以外国人在华创办的外文和中文报纸为滥觞的。

1. 19 世纪末至 20 世纪初，外国人在华创办了大量外文和中文报纸

早在鸦片战争之前的 19 世纪上半叶，逐渐东来的外国人就在其最先进入的中国沿海城市兴办了以他们熟悉的母语为主要文字的大批外文报纸。如 1822 年葡萄牙人就在澳门创办了中国境内第一份外文(葡萄牙文)报纸《蜜蜂华报》(*Abelhada China*)；1927 年英国鸦片商人马地臣在广州创办了英文报纸《广州记录报》(*Canton Register*)；1831 年美国人在广州创办了英文报纸《中国差报与广州钞报》；1832 年美国传教士裨治文在广州创办了英文报纸《中国丛报》(*Chinese Repository*)……

鸦片战争后，大批外国人进入中国，各种外文报纸在中国大量刊发，至 1894 年，新出版的外文报纸，除葡文报外，累计有 100 种左右，绝大多数是英文报，办报人多是英国人，其余是法文、德文、日文报纸。出版地点也由原来的广州、澳门，向香港、上海、天津等城市扩展。如在上海，1850 年 8 月英商《北华捷报》(*North China Herald*)出刊，它是上海第一张近代报纸；1864 年 6 月《字林西报》(*North China Daily News*)创刊，成为公共租界工部局的喉舌，该报于 1951 年 3 月 31 日停刊，是在我国出版历史最久的英文报纸；1867 年美商《大美晚报》(*Shanghai Evening Post Mercury*)在上海出版……除英文报纸之外，自 19 世纪 70 年代起，法文、德文、日文报纸相继在上海出刊，其中，1870 年第一张法文报纸《上海新闻》、1886 年第一张德文报纸《德文新报》、1890 年第一张日文报纸《上海新报》先后在上海面世。至此，上海成为在华外文报纸的出版中心。除上海之外，在天津、汉口、福州、厦门、烟台等地也出刊了一批英文报纸，如《中国时报》(天津，1886)、《汉口时报》(1866)、《福州每日广告报》(1873)、《厦门航运报道》(1872)、《芝罘快报》(烟台，1894)等。

外国人在华创办大批外文报纸的同时，也创办了许多中文报纸，当然，必须指出的是 1815—1894 年外国人在中国创办的中文报纸，是在外国侵华过程中发展起来的。

鸦片战争之前，外国传教士纷纷东来中国传教，该时期的中文报纸主要是由他们创办起来的。1815 年 8 月，英国传教士米怜在马六甲创刊了近代中国最早的中文月刊《察世俗每月统记传》；1833 年，英国传教士郭士立在广州创刊了中国境内第一份近代杂志《东西洋考每月统记传》。

鸦片战争后，中文报纸在中国的香港、上海、宁波、广州、福州等沿海“条约口岸”城市中大量出现。这些中文报纸一般有两类：一类是外国传教士办的，主要有《遐迩贯珍》《六合丛谈》《中外新报》《中西闻见录》等，特别是 1868 年英美传教士在上海出版的《中国教会新报》(1874 年 9 月 5 日改名为《万国公报》，1907 年 7 月停刊)是外国传教士在我国创办的历史最久、影响最大的中文报纸；另一类是外国人办的商业性报纸，其主要有 1857 年在香港创刊的《香港船头货价纸》，及以后陆续出刊的《中外新报》《近事编录》《华字日报》《上海新报》和《申报》等中文报纸。至甲午战争前夕，外国人在中国新创办的中文报纸多达四十余种。在上海，英商创办的《字林沪报》和《新闻报》相继创刊，在华北、华中地区，西方外国人也开始创办各类中文商业性报纸。

上述的这些外国人创办的外文和中文报纸，一方面它们大都是为其本国在华利益服务的，并鼓吹干涉中国内政，但另一方面它们在客观上对中国民众的思想和文化走向“现代化”起了意想不到的重要推动作用，同时也对中国人自己创办现代报纸起了重要的刺激和启发作用。

2. 19 世纪末至 20 世纪初中国人自己创办了大量中文报纸

鸦片战争后，随着中国近代知识分子的崛起和各阶层现代意识的增强，并在西方在华创办的各类近代报纸的影响下，中国人也在 19 世纪下半叶至 20 世纪上半叶的这段时间里创办了自己的各类报纸，这些报刊的背景特点主要有官办和民办两大类。

(1)中国官办的各类报纸。清末(1900 年前后至 1911 年)，在其深陷危机的这 10 余年间，由各级政府和中枢各部门主办的铅印报纸相继出刊。据统计，至 1911 年前，中国有 60 余种官报报纸面世，它们“有综合性的，也有商务、教育、法政、禁烟等专业性的”，其中创刊最早的是 1900 年上海的《江南商务报》，而影响最大的是 1901 年在天津创刊的《北洋官报》，其次是同年在武昌创刊的《湖北官报》。在官报中地位最高的则是 1907 年创刊的《政治官报》(日报)，其他比较重要的官报还有《南洋官报》《商务官报》《学部官报》《四川官报》《黑龙江官报》《陕西官报》《山西官报》等。由于中国的近代官报主要行销于各级政府部门和官绅阶层，即非大众化报纸，因此它们在当时的社会上影响力不大。

(2)中国民办的各类报纸。中国民间自己办的报纸在国内则主要始于 19 世纪 70 年代鸦片战争及《南京条约》之后的香港、上海、广州、宁波、厦门等被迫对外通商的沿海大城市中。其时，具有代表性的有艾小梅在汉口创办的《昭文新报》(1873)、王韬在香港主办的《循环日报》(1874)、容闳在上海创办的《汇报》(1874)，还有上海官商合办的《新报》(1876)及广州的《述报》(1884)、《广报》(1886)等。

在 19 世纪末 20 世纪初的中国，也出现了具有近代意义的妇女报纸。如 1898 年康同薇等人在上海创刊了中国近代第一份妇女报《女学报》，从而开启了宣传妇女解放为主要内容的专门妇女报纸。之后，提倡女学、男女平等、妇女参政的各种报纸纷纷创刊，至 1919 年时，中国累计已有 50 多种各类民办妇女报纸，仅上海就有《女子世界》(1904)、《中国女报》(1907)、《神州女报》(1907)、《天足会报》(1907)和《妇女时代》(1911)等面向女性读者的专门报纸。

同时期，在上海、杭州、北京、天津、长沙、成都等大城市还出版了140多种以刊载图画和照片为主的各类画报，其中以上海为最多，最有代表性的是由吴友如于1884年主编的《点石斋画报》(旬刊)和1890年自办的《飞影阁画报》(旬刊)，之后著名的画报还有《飞云馆画报》(1895)、《求是斋画报》(1900)、《时事画报》(1908)、《图画日报》(1909)、《醒世画报》(1919)等。截至1919年，仅上海一地出版的画报就不下百种。

上述的这一时期中国人在自己沿海大城市所创刊的具有近代意义的报刊，不仅在政治、经济和文化思想上为中国的近代化做出了不可替代的重要贡献，而且还为中国早期现代广告产业的诞生和发展，起到了至关重要的催化作用和深远影响。

(二)中国近代报刊广告的兴起

当然，中国的大门被西方列强强行打开之后，不仅大量外文报纸和中文报纸先后创刊并发行，而且在19世纪末20世纪初的中国沿海沿江大城市中还涌现出各种各样的路牌广告、招贴海报等商业广告。但必须着重指出的是：如果从产业的角度看，中国的近代广告产业主要还是萌发并演进于中国的近代报纸广告，即中国近代广告业的出现、发展和繁荣主要源自当时在沿海大城市中兴起且大量发行的靠广告收入来维持或保障自己生存与发展的各种民间大众报纸。

1. 中国近代报刊广告的起源

关于近代中国报刊广告的起源有着不同的看法。有人考证，1857年在香港创刊的《香港船头货价纸》是中国境内最早的中文报纸，也是香港地区出版的第一张中文报纸，又是我国最早的中文商业报纸及广告类报纸。也有说法认为我国最早刊载商业广告的期刊是1833年普鲁士传教士郭士立创刊于广州的《东西洋考每月统记传》，该刊第八期增办了《市场篇》专栏，专门刊载市价表，可以说是我国境内中文报纸刊登广告的滥觞。还有人认为中国最早的近代广告出现在1853年英国人在香港创办的第一份中文期刊《遐迩贯珍》上，其增出的附刊“布告篇”专门登载船期、商情和商业广告并开始收费，这也是我国最早的收费广告。

但据笔者所见到的于1838年在澳门创刊的葡文《澳门宪报》，则从1850年起就用中文刊登了大量官方的“告白”“通告”“公示”和私人的“广告”“声明”“启示”等各种广告。

如1851年1月18日(第九号)的《澳门宪报》中就刊登了一则澳葡政府关于猪肉和牛肉专卖的招标广告：“大西洋理事官奉公会命谕各人知悉。因定期出投猪栏，乃是礼拜日不暇办理，今再定本月十九日十一点钟出投猪栏，二十日出投牛栏。有愿承充者，依期到议事厅投充可也。道光三十年十二月十二日谕。”

又如早在1854年12月9日的《澳门宪报》(第八号)上就刊登了一则澳门、香港、广州三地之间新式蒸汽机轮船的船期广告：“兹者香港东藩火船公司议定。自此之后，每逢礼拜二、礼拜四、礼拜六日，有火轮船由港(香港，笔者注)往省(广州，笔者注)，由省来港，礼拜六由省来港之火轮，与礼拜二由港往省之火船，经过澳门下铙(锚)一刻，然后直往。每欲快行到步火船开行之候，不能一时而定，因潮水日日不同之故矣。每船开行之时候，必日日声明于新闻纸内。搭客水脚银照旧一样，船面搭客有遮帐。本公司之火轮船舱位阔大，若有粗货亦可装载，水脚银面议。咸丰四年十月十六日，东藩火船公司大班启。”

再如在苏伊士运河开通后的1880年1月3日(第一号)《澳门宪报》上刊登了一则国际邮政广告，“管理澳门书信馆事务疏沙(R. de Sousa)启者：今有佛兰西火船公司之火船前往印度及泰西各国，谁有书信，可交到本馆转寄，定于十一月二十五日下午三点钟截收。又有铁行火船公司之火船前往印度及泰西各国，谁有书信，可交到本馆转寄，定于十二月初二日下午三点钟截收。特此通知。己卯年十一月二十一日谨启。”

由上，不管近代报刊广告到底源自哪一份报刊，有一点毋庸置疑，那就是在19世纪中叶，中国已经出现了中文版的报纸广告(如上述例证)，这是一个不争的客观事实。

2. 中国近代报刊广告的社会功能与文化影响

中国近代报刊的繁荣与发展，使其不仅在中国近代新闻与报刊史上书写了辉煌的一笔，而且日益成为报刊生存生命线的各种商业广告也对中国近代的政治、经济和社会文化产生了深远的影响。鉴于中国的近代广告是西方文明进入古老的中国大地后，在中西文化的碰撞与融合中产生并发展的。它的起源点注定它的发展进程与文化有着千丝万缕的关系。因此，中国近代报刊广告就具有了它特殊的社会功能与文化影响。

(1)中国近代报刊广告传播了西方文化。传播西方文化可以说是中国近代报刊广告有意识或无意识拥有的最为重要的一项社会功能。其主要表现为：搭建西学东渐的桥梁，传播西式审美观念和生活习惯。

随着西方文化的不断传入，中国原先固有的审美取向和生活习惯开始被批判。从此，日常衣食住行的每个细节都开始了西化之旅，而这西化之旅列车的行启就有部分来自广告的推动。如刊登于1888年创刊的《点石斋画报》的中国第一幅厕所广告，画面上有一个西洋式建筑的公厕，入口处有个叼着烟卷的外国人在收钱，文字说明介绍，进入者必须交一文钱，不交钱者不能入内。里面蹲在马桶上的两个人显然是交了钱的。据称这项市政建设和公厕收费的章程，是由澳葡政府于1888年9月下旬开会决定后实施的。《点石斋画报》在介绍这件新鲜事时，对公厕收费表示不满，不但误以为这是一种税收，而且牢骚发的还颇有水平，说："天下事，有钱则便，无钱则不便。"同年，该报又发表了一幅报道澳门西洋人登报征婚的图文，并评论道"以婚姻大事竟同买卖招徕，滥登广告，奇矣！而愿为之妇者亦但凭一纸报章率行承揽则更奇！至若自炫其富，自表其情，自矜其貌，种种措辞固以奇不胜奇！而莫奇于选格苛求兼及跳舞，此岂名门淑女所擅长哉！抑彼国所谓大家闺范者固非四德所能软？"这篇描述澳门"征婚"的奇文，是澳门新闻史也是中国新闻史上重要的一页，它第一次用图文并茂的形式报道了澳门的征婚事件，向中国读者介绍澳门西洋人的生活方式、价值观念和道德标准，透过编者跋文非常客观地展现了东西方两种文化明显的差异。

1854年12月9日，在《澳门宪报》刊登了澳、港、粤三地新式蒸汽机轮船之船期广告，是中国境内迄今所知的最早的船期广告，此外，《澳门宪报》刊登的中国第一条"猪仔"广告、中国第一项"公益"广告等，都深刻地影响了中国城市社会和城市生活的方方面面。

例如，中国传统的男性审美就遭到了来自西化的挑战，文质彬彬的书生形象已不再走俏，此时的男子应该像报刊广告中所描绘的那般健硕、阳刚，否则"疾病缠身、精神疲弱、虚弱无力，虽有高尚的学问不能求，以至于失业；虽有伟大的事业不能兴，以至于失败；虽有发财的机会不能就，以至于失利"。此外，近代中国卫生文明习惯的倡导也有广告的功劳。众多有关卫生用品的报刊广告庄重地向国人传达了一种观念：在现今时代，人人应注意卫生，并需养成良好的卫生习惯，此事不仅关乎个人形象，更关乎国家形象。广告时刻警醒人们"讲究卫生，时时洁齿，中外人士，天天如此"，不能"乱发蓬松，皮屑纷纷"，要"不生痰、不吐痰"。

此外，近代报刊还大量刊登有关西方文化的书籍以及演出广告。通过呼吁、引导、推崇大家观看西方新兴的各种文艺演出，阅读翻译过来的充满西方思想和西方文明的各类书籍，甚至倡导人们学习英语，阅读英文原版书籍，这一切都使近代中国长期积习的社会陋习得到了净化，长期封闭的民智也有了开化，进而推动了近代中国在文化与精神领域的近代化，大大促进了中西文化的深入交流。

(2)中国近代报刊广告发扬了传统文化。中国的近代报刊广告并不是一味传递西方文化的，中华民族五千年积累下来的优秀传统文化也在当时的报刊广告中得到了重视和传承。虽然当时的报刊广告(包括众多中文报纸的广告)对当时城市社会大量存在的民间陋习进行了抨击，但是对于积极宣扬和弘扬优秀民族文化方面，报刊广告也是不遗余力的。

特别是民国时期的广告既传播商业信息，也传播新文化和传统文化，塑造了富有新时代特色的广告形象，倡导了新的消费理念和生活方式，推动了中国传统文化元素的普及。对"功德林"酒楼的宣传，创意采用"和尚与食客对话"的漫画表达方式，不仅介绍了该酒楼的产品特点、价格优势等，而且宣扬了禁欲、食素、节俭等传统佛教文化与中国的饮食文化。

随着中西方文化的交流，中国传统文化也在不断地近代化。报刊广告就是传统文化近代化的桥梁，它用传统的文体和文字表现方式向世人传递近代化的思潮，通过传统文化的洗涤使人们接触西方更具时代意义的近代文化，可谓一举兼得。

(3)中国近代报刊广告带来的负面影响。中国近代报刊广告对城市的社会与文化所产生的积极意义和进步作用毋庸置疑，但它对于当时城市的社会与文化所产生的潜移默化的负面影响也不容忽视。例如，大量关于西方享乐主义的广告麻痹了人们的神经，使人们甘愿沉浸于声色犬马中以逃避残酷的现实。还有一些广告对于中西方文化孰是孰非的理解有偏差，一味崇拜西方文化，过分贬低中华民族的传统文化，甚至宣扬废除汉语拼音一律使用英语音标，这都是对优秀民族文化的亵渎和破坏。改革开放后的中国仍旧面临着中西文化交融的局面，到底应该如何使两种文化同生共存并保持民族文化不被异化，坚守中华民族的本土特色，这是一个值得深究的问题。近代大众传媒对这个问题的处理方式和经验教训值得人们思考和借鉴。

(三)中国早期现代广告产业的蓬勃发展

随着近代报刊广告的发展，市场经济的规律必然促使城市中的广告产业也随之发达起来。近代中国广告产业蓬勃发展的主要表现和特征是中国近代资本商业较为发达的沿海城市中不断出现并迅速发展的各类广告公司。

1. 上海广告公司蓬勃兴起

20世纪初期，在中国近代报业发达的上海地区出现了一大批规模较大的专业性广告公司。如1904年于上海开办的"闵泰广告社"便是其中之一，它曾为近代英美烟草公司代理在华广告业务。1908年上海广告装潢公司成立，这是中国最早的以"广告公司"命名的民间专业广告公司。1926年华商广告公司开业，1930年联合广告公司初创，很快它们便以自己强大的商务实力和出色的广告业务水平，成为当时上海乃至华东地区广告行业的翘楚。

1911年，上海成立中国广告公会，它是中国最早与世界广告协会联系的唯一全国性广告机构。1927年，上海六家广告社组织成立"中华广告公会"，这是我国广告同业最早的组织。

2. 天津广告产业不断拓展

20世纪二三十年代，天津作为中国近代商业发达的城市，也涌现了许多专业性广告公司。1920 年创立的“新中国广告社”，依其坚实的商业和技术实力几乎垄断了 20 世纪二三十年代天津的报纸广告业务。20 世纪 20 年代成立的“北洋广告社”则专业代理外商的药品广告，并代理报纸、电台广告。20 世纪 20 年代开办的较有实力的“大陆广告社”，则侧重于杂志广告，并出版由自己代理广告业务的刊物《银线画报》。20 世纪 30 年代成立的宝和广告社、春和广告社、协和广告社和祥翔广告社或主营外商汽车、铁幕广告、路牌广告、橱窗广告、装潢广告等多项业务，或承揽报纸广告墨图的绘制和电台广告。这四家广告社被称为代表当时天津广告水平的“三和一祥”。

3. 重庆广告产业呈现繁荣

20 世纪 20 年代，重庆就出现了西方广告社、东方广告社和竟业广告社三家广告社，20 世纪 30 年代初期，重庆本地人又创办了亚东亚广告公司，主要为洋行做石油、香烟等广告。后来又有新光广告社、重庆广告社等专业广告代理商创建。20 世纪 30 年代末期，沦陷区的许多广告公司也纷纷迁移到重庆；至 20 世纪 40 年代初，重庆有太平洋社、现代社、联合社、电声社、陪都社、唯一社、世界社、进风社、大业社、扬子社等大小广告公司约 30 家。

二、中国早期现代广告媒体的丰富与趋新

中国早期现代广告业的繁荣景象，除了报纸广告与广告公司的强势展现外，还表现在广告媒体形态的不断丰富上，即早期现代广告最明显的进步之一是广告媒体的日趋多元化和广告表现形式的日趋多样化。

20 世纪二三十年代，在中国的许多城市中出现了如霓虹灯、玻璃橱窗、月份牌、路牌、广播和电影等运用新技术、新材料、新工艺的广告媒体，这些新媒体的广泛应用大大促进了中国现代广告业的发展。

(一)传统广告媒体的推陈出新

19 世纪末 20 世纪初，传统广告媒体主要是指那些经历时间较长、应用范围较广、已被大众所耳熟能详的大众传播媒体，如报纸、杂志、路牌、橱窗、海报等广告媒体，但随着中国社会现代化进程的发展，上述的这些中国传统广告媒体也在“与时俱进”地不断推陈出新。

1. 报刊

20 世纪二三十年代是中国报刊广告业的鼎盛时期。辛亥革命前，全国就已有 500 多家报社，辛亥革命后更是迅速发展，在短短两三年间，报社发展到 1000 多家，有些外国人主办的报纸也陆续转为中国人主办，如《申报》《新闻报》等。这些报纸不仅增加了广告的篇幅，也开始讲究广告形式与效果，其中 1912 年李叔同主

笔的上海《太平洋报》就首创了中国报纸广告图画的形式，开拓了中国早期现代广告的形式文化。同时，当时报纸广告的表现形式也日趋多样，有漫画广告、分类广告、系列广告等，一些别出心裁的广告标语、广告口号，独特的设计排列形式，使报纸广告千姿百态，增强了报纸广告的艺术性和趣味性。

需要特别指出的是，这个时期中国城市的报纸，由于其发行量大，受众广泛，宣传效果突出，已成为各大商家和企业的首选广告载体，而且工商业界人士普遍重视广告的作用，积极地以广告来拓宽产品销路，提高企业和产品的知名度，如被称为“十里洋场”的上海已成为各国商人在华经商的首选之地，上海的报业广告自然也成了旧中国广告业繁荣的一大缩影。因此，上海的主要报纸如《申报》《新闻报》《商报》等，它们大量刊登广告，广告收入已成为办报的主要经济来源。而这一时期，中国各大城市报纸的广告大多为香烟、保险、药品、美孚油等洋商广告。还需特别指出的是，香烟广告一直是该时期数量最大的商业广告，据统计，仅1943年在重庆报纸上就可经常见到“海鹰”“八百壮士”“银行牌”“美吉时”“胜利塔”“爱的家”“101”“天字第一号”“鸣鸡牌”“普鲁士”“自由花”“祈福”“白金龙”“爱月神”“特使”“吉而喜”“柠檬”“新立克”等品牌的香烟广告。

由于报纸具有广泛的读者群，因此，民国初期的报刊已成为当时城市的一种最主要、最廉价、传播效果最好的广告媒体。但是，报纸毕竟是印刷品，致使任何精致的照片或绘画一般都无法得到清晰的再现效果，而且，对于当时许多不识字的下层群体来说，报纸广告中的文字传播受到较大影响。

2. 橱窗

此时，橱窗已成为民国初期中国城市中的一种表现最直接、视觉最清晰、感受最真切的广告实物媒体。

橱窗广告的前身是店面装饰和店堂陈设，除了流动的商贩和固定的集市外，传统商业经营方式主要以店铺为主。因此，店面的装饰和店堂的布置就成了商家展示商品、招揽生意的广告媒体。

现代意义的橱窗广告是随着大百货公司的诞生而出现的一种广告形式。上海是我国商品经济非常发达的城市，我国最早运用现代大橱窗广告的是开设在上海南京路一带的四大华商百货公司：先施(今时装公司大楼)、永安(今永安百货大楼)、新新(今食品一店大楼)、大新(今第一百货大楼)。该四家大百货公司的老板广东人，思想开放，观念新潮，经营手段灵活新颖，都不惜重金从港、澳等门人才来负责橱窗设计和商品陈列，这些橱窗展示了商家经营的重要商妙构思，设计陈列成富有装饰美的货样群，进行实物广告宣传，以直客。这就促成当时的上海“十里洋场”，转身变为灯光璀璨、色彩的橱窗展示街和陈列着光彩夺目、精致考究的各种时尚商品的聚集地。这些橱窗于是就成了现代城市中一道靓丽“新”风景。

同时，还有许多商家将自己的一部分橱窗供厂商陈列商品来收取租金。20 世纪 30 年代后，一些中小商店也纷纷仿效，改装门面，扩大橱窗，使商品透过明净的大玻璃，在明亮灯光的照射和反衬下，将其琳琅满目和最佳视觉形象最直接、最清晰、最真实地传达给了受众，橱窗也因此而创造了城市的商业文化景观。

毫无疑问，橱窗广告是现代城市经济和文化的一个重要窗口。

3. 月份牌年画

此时，月份牌年画等已成为民国初期中国城市中的一种集艺术、商业与应用为一体的广告创意媒体。

月份牌年画广告简称“月份牌”广告，是一种结合绘画(多为美女)、广告与年历(即附 12 个月节令的年历表)三位一体的商业文化产物。月份牌的一般形式是中间画画，画的两边有日历表，画的上方或下方印上商号、洋行的名称或商品(商品有时也画在两边)。发展到后来，虽然画面上不常见了月历，但人们仍习惯称之为月份牌画，表现风格更趋多样化。

1896 年，上海鸿福来票行发行的《沪景开彩图》广告画，是目前所见最早的、正式标明“月份牌”的广告画，为中国月份牌广告画起源的重要代表。之后的 20 世纪 20 年代，在上海、广州、香港等地的洋行和商号，如烟草公司、火油行、银行、保险公司、酒家、药房、布匹店、化妆品店等，纷纷利用国人喜爱的具有传统年画形式的月份牌并附上商品的广告来大肆推销其产品。他们聘用专职画家用传统国画技法画画，再用彩色石印技术印制，这就成为月份牌画。商家往往在年终岁尾的时候随商品赠送客户，这也就是中国最早出现的商品海报。月份牌画的题材主要以美女为主，分为两种：一是古装美女，以古代四大美女西施、王昭君、貂蝉、杨贵妃最为常见；二是时装美女，即以时人(多为民初女士)作为模特而画成，到后来，如女演员阮玲玉、胡蝶、吕美玉等，也都曾是月份牌中的主角。

民国早期融汇了东西方文化的商业性月份牌广告画对当时城市市民的审美情趣和时尚摩登产生了很大的影响。

4. 路牌

此时，路牌(包括流动路牌)已成为民国初期中国城市中的一种户外空间、商业信息与视觉传达三种结合的广告空间媒体。

路牌广告源于早期的墙壁广告，广告公司用一些石灰将墙壁粉刷成白色，然后用靛蓝在上面书画广告，主要是文字广告，形式简单。例如，酱园广告，墙上写一个大大的“酱”字；当铺广告，墙上写一个“当”字。这时期的路牌广告成本低、施工快，屋主意外获得外墙修缮，也乐于接受，广告商也不用支付租费或少许支付些，你情我愿。后来，由于材料的不断改进，将石灰靛蓝改为油漆，将粉刷改为张贴，将单色改为彩色，将墙壁改为木板、帆布或铁皮……这就成了现代路牌广告。

据平襟亚、陈子谦考证："中国人装置(现代)路牌广告起源于1911年。当时上海有'明泰''又新'两家广告社，雇用漆匠在铁皮上替日本三井洋行绘写人丹的广告，只是加工的性质、技术幼稚。"路牌广告一般竖立在街边要道口、房屋墙壁上及屋顶、铁路沿线及车站周围和风景区等，内容大多为香烟、药品及日用百货等。民国早期的路牌广告大都是由外商广告公司承包装置的，到20世纪二三十年代，路牌广告已经很流行，在整个广告业中占有重要地位。

交通工具是天然的流动路牌广告媒介，发轫于洋商。1902年，英美烟草公司为了推销香烟"翠鸟牌"，刻意创意了一则广告，突出"翠鸟牌"香烟与众不同之处在于其工艺是烤制，便让全上海的人力车夫都穿上印有"烤"字的外背心，一时间，上海的大街小巷都流动着"翠鸟牌"香烟的广告。先施公司为了推销其生产的"先施牙膏"，用公共汽车做广告，大字横幅"先施牙膏千里香"包围着车身；英美烟草公司的"哈德门""大炮台"的巨幅广告也常常包围整个公共汽车。中国最早的车身广告出现在1908年上海第一条有轨电车上。

路牌广告矗立或流动于公共场所，在短暂的时间里给受众以深刻印象，不仅利于和城市市民直接沟通，而且与城市环境紧密相连，成为城市的靓丽风景线；它不仅仅宣传了商品，而且向广大市民展示了更多的传统文化和现代文化。

(二)新型广告媒体的不断呈现

第二次工业革命后，电的发明与应用，使以前闻所未闻的霓虹灯、广播等在20世纪上半叶迅速进入中国的沿海、沿江商业化大城市，并成为上海、广州、香港、重庆等当时著名国际大城市中的具有全新概念的广告"新媒体"。

1. 霓虹灯广告

霓虹灯已成为民国初期中国城市中的一种形式最新颖、色彩最绚丽、技术最先进的广告新锐媒体。

霓虹灯广告属于电子广告的一种，最早出现在1910年的巴黎。上海是我国著名的国际大城市，也是我国最早引进并采用霓虹灯做广告的地方。上海最早在橱窗中运用霓虹灯广告的是1926年在南京东路伊文思图书公司的橱窗内宣传"皇家牌打字机"。1927年上海又开始出现霓虹灯招牌和露天霓虹灯广告的商品是"红锡包"牌香烟，地点是在"大世界"斜对面的屋顶上，建造了一个又高又大的铁架子，中间装一座大钟，周围安装霓虹灯管，效果很好。广告上除"红锡包"三个大字外，还有香烟一包。香烟由烟盒内一支支跳出，最后一支是燃烧着的，烟头上还有青烟缭绕，非常生动逼真，引人注目。此后，"蜂房"牌绒线也用光线闪烁跳动的霓虹灯做广告，远远望去，许多“蜜蜂”翩翩飞舞，新奇鲜艳，引人注目。还有“天厨”味精的霓虹灯广告，矗立在上海“国际饭店”的顶层，是当时上海市最高的霓虹灯广告，霓虹灯以其新颖的形式和绚丽的色彩吸引人们注意。

2. 广播广告

广播已成为民国初期中国城市中的一种传播范围广、速度快、效果好的广告新型媒体。

1922年年底，美商奥斯邦(G. E. Oxborn)在上海设立了中国境内第一座广播电台——奥斯邦电台，这是中国境内第一座广播电台，美商为推销自己经营的商品，在节目中间插播广告，这是中国最早的广播广告，从此拉开了中国广播广告的序幕。广播广告的出现，标志着中国现代广告进入了一个新的历史阶段。广告可以在更广阔的空间向消费者更加迅速地传递商品信息，从而使广告的影响力更大、更广泛，到达率也更高。

1924年5月，美商开洛公司与《申报》合作，建造了呼号为KRC的广播电台。每天上午、晚间各播音一次，约两小时，节目内容除播送中英文新闻、中外音乐、京剧、评剧、名人演讲等节目外，还播报汇兑、市价、商情及公司自己的广告。这座广播电台是早期外商在上海开办的广播电台中时间最长、影响较大的一座，其播音一直持续到1929年10月。

1927年，中国人自办的广播电台——“新新无线电话台”由上海新新百货公司开办，该广播电台除了向人们传播文艺节目外，百货公司的时尚品和无线电业务也成了该广播电台大量播送的各种广告的主要内容。

由于新开办的广播电台非常注意广播广告业务的承揽和播出，因此广播广告这一新生事物为电台运营带来了可观的经济收入，许多新的广播电台不断涌现。有关资料显示，到1937年6月，仅上海的广播电台就有54家，而同一时期美国纽约的广播电台仅为24家。由此不难想象，当年上海的广播电台是多么兴盛。当然，由于私营电台主要靠广告收入来维持生存，结果是当时电台之间对广告客户的竞争十分激烈。

当然，20世纪上半叶中国广播事业的诞生与广播广告的发展不仅是我国新闻事业步入全面发展时期与开始出现结构多元新态势的标志，而且极大地促进了我国广告事业的发展，其影响力主要表现在以下两个方面：

一是广播使广告的空间更广阔。20世纪上半叶，广播的出现和快速发展使得广播广告的影响越来越大，相较于传统的报纸杂志媒体，广播广告因其传播速度快，传收同步，覆盖面广泛，受众对广播广告记忆更牢，制作简单等优势，使得广告客户更愿意在广播上做广告。可以说，广播广告的出现是现代广告史上的一个里程碑，广播广告使得广告的影响更大、更深远。

二是广播逐渐成为最有影响的三大广告媒体之一。到20世纪三四十年代时，广播逐渐与报纸、杂志一起称为当时最有影响力的三大广告媒体，从此，经历了二三百年的以报纸等印刷媒体为代表的大众传播时代，开始走向了以印刷媒体与广播媒体(或谓早期电子媒体)共存、互动、相继发展的早期现代大众传播时代。这是20世纪三四十年代中国城市进入一个具有“质”变意义的“新媒体”时代。

第三节　城市文化助力早期现代广告业发展

从人类的早期传播活动开始，城市便与文化、媒介结成了紧密的关系。在报纸最初的诞生地罗马、威尼斯、奥格斯堡等欧洲城市中，手抄小报、新闻信、新闻书等简单的新闻纸开始出现，虽然散播的信息样式单一，却催生了媒介机构与媒介从业者。媒介从这时候起，便与城市的发展交织在一起，一方面成为城市的组成部分，另一方面也在通过各种方式建构城市的文化形态和人们的生活体验。于是，依托媒介发布商品信息的广告产业，也随着传媒业的发展与城市化进程加快，日益显示出独特的信息沟通传播能力与对城市文化产业独特的贡献价值。

一、经济发展与城市化：促成广告公司与广告教育的兴起

工业革命之后，随着蒸汽机的应用和大机器生产的出现，新兴城市给自由劳动者提供了充足的就业机会和广阔的生存之路，并大大刺激和吸引了乡村农民和无业者纷纷涌入城市。于是，工业城市“像闪电般迅速成长起来”。至19世纪，西方工业化国家进入了城市发展的新时期，即“城市化”时期。而至19世纪末，更由于电的发明及电的应用与电机的产生，使蒸汽时代迅速被新的电气化时代代替，因而人类拉开了其第二次工业革命的序幕，正是在这种工业化、城市化快速发展的背景下，现代意义上的广告业才得以兴盛。19世纪中叶，广告作为一种新职业已在美国出现，虽然那时还没有广告撰稿人、艺术指导、业务经理或者市场营销专业人员，但具有现代意义的广告代理业开始在美国诞生。

任何一门新学科的兴起与发展，都是社会或经济发展到一定阶段的必然产物。20世纪初期，由第二次工业革命浪潮所引发的诸多新兴学科在美、欧、日等地相继涌现，当工程学、经济学、心理学、市场学等新型应用性学科和专业课程在许多发达国家的大学中开设和普及时，诸如法学、商学、新闻学等新兴社会学科的专业教育也在这些国家的大学中迅速创立。而在19世纪末的西方广告产业蓬勃发展的刺激下，也同样催生了19世纪末至20世纪初广告学与广告教育在西方主要广告大国中出现并迅速发展。

19世纪末西方广告产业的繁荣必然带来广告行业对广告人才的需求，而以往那种传统的“作坊式”或“学徒式”培训方式，无论是在“量”上还是在“质”上都已远远满足不了当时广告行业对各类广告专业人才的需求。由此，这种因快速发展而导致人才需求不断短缺的矛盾，大大促进了美、欧、日等这些广告产业发达国家和地区对广告教育的重视，并采取实际措施来加速培养广告人才，现代意义的广告教育即由此应运而生。

因此可以说，如果没有城市经济的飞速发展，现代广告业将难以实现专业化转型；没有城市厚重的历史文化积淀，现代广告的内容表达必然苍白无力；没有现代教育的普及与交叉学科的理论探索，现代广告就几乎很难成为一门独立学科。正是城市在大踏步地迈向现代文明社会的征程中，创造了现代广告产业得以诞生与发展的有利环境，而现代广告也通过自己的努力，为城市文化的繁荣贡献了一己之力，诚如城市文化研究学者沙里守所言“广告已经不仅呈现于城市文化空间的表层，还进一步深入整个后现代城市的文化肌理之中了”。很难想象，假如现代社会没有广告，那城市的街头与繁多的大众媒体中，将是何等空虚与苍白的景象；而缺少广告专业教育的高等学府，又将丧失多少有灵性的艺术气息！

二、城市进步与文化普及：培育了广告目标受众

现代广告业的发展深受城市的政治背景、经济发展与历史文化的影响。城市进步，广告业也随之兴盛；城市假如因遭遇战争重创或经济危机而衰落，广告业也会因此而遭受巨大冲击与影响。广告作为一个“文化因子”，需要在国家、城市的“大环境”中找到合适的生存土壤。

第二次世界大战结束后，美国迅速投入战后经济的恢复中，广告业也重新搭上经济快速发展的顺风车，而此时的意大利，却依然未能从政治阴影的笼罩中彻底脱离出来，受其城市大环境的影响，其国家的广告业就表现出与美国完全不同的景象。一位有广告意识的驻意大利的美国军官迷惑不解地说：“意大利人可以告诉你他们内阁成员的名字，可是意大利名人喜爱的商品他们却说不出来。”他进一步指出，意大利城市的墙上贴满了政治口号，而不是商业广告。他预言，意大利人要开始操心玉米片和香烟的互相竞争，而不是为名人的能力苦恼时，才能实现国内的繁荣和安宁。这虽然过于夸大商业的力量，但是指出了一个不争的事实，即广告业是与城市文化环境相生相随的，只有城市大环境的变化促使受众发生观念转换，广告才能因势利导，培养出符合现代商业需求的目标受众，当然，这需要一个前提：城市市民具备文化基础与经济条件。

与中世纪的城市不同，现代城市在发展的过程中，一方面促进了商品的极大丰富，另一方面也增加了普通市民家庭的收入，同时给予这个庞大的工人阶层群

体部分的闲暇时光，这些变化引发了城市经济与社会文化的连锁反应，商品消费逐渐打破传统阶级与等级的限制，走入寻常百姓家。早期失去土地的男性农民，进入城市后在工厂谋生，每天高强度持续工作，压得他们几乎喘不过来气来，下班之后，作为一种解压方式，常常喝得烂醉如泥后回家倒头大睡，城市中心那些干净透明的商品橱窗与商业街道，基本上是与平民住宅没有关联的独立存在。现代城市发展早期，工人家庭中的妇女也是忙于家务或工作，对于时间紧张、经济拮据的她们而言，每周可以花上一两天时间去悠闲地逛街或到大型商场购物，简直是在做白日梦！

随着城市教育的普及，早期工人阶层所缺失的文化得以补偿，并且逐渐因掌握知识、技能与分工的不同，分化出“蓝领”与“白领”的不同职业，后者很快成为商业消费的中流砥柱。此外，随着工人阶层争取平等与自由权利的呼声渐高，企业主也逐渐意识到“疲劳的周日”之后紧跟着的只能是“乏力的周一”，出于提高工作效率与提供用以促进商品销售的时间的双重考虑，美国的汽车商亨利·福特率先于1926年在他的公司里实施一周“五天工作制”，他的设想终于在最初的反对声中被印证是正确的。更多城市市民享有了宽松的休闲时间后，开始不满足于居家休息，尝试着用消费“充满”或“取悦”自己和家人，他们走向现代商业景观街道，在装饰豪华的大型商场中流连忘返。

现代广告此时的诉求重点也转变为鼓吹消费享乐观念、不断创造人们对于商品无休无止的需求；多种媒体配合地将商品广告信息送上门去，城市市民甚至足不出户就可以“电话订购”。当提前透支刷卡消费不再被视为一种罪恶的纵欲行为，现代城市消费文化为广告产业的发展扫除了最后一道障碍。广告如果还未能促进商品的销售，主要原因大概是未能将广告文化中所建构的世界与消费商品两者巧妙地联合起来，因为城市文化与消费者的关系是双向互动的，一方面，当商品与消费者的价值观以及所处的文化环境相容程度越高时，这样的商品会越受到欢迎；另一方面，文化对消费者购买决策的各个阶段都有实质上的影响。此时，城市文化对现代广告的影响再次发挥强大的作用。

三、城市建设与商业繁荣：改善了广告传播环境

1871年，一场大火不幸引燃了芝加哥市，当时的执政者将罪魁祸首指向建筑所用的木质材料，于是决定采用钢筋水泥重建新城。14年后，全世界第一座摩天大厦落成，这个巨型楼宇不仅掀开了建筑史上重要的一页，而且为现代广告制造了极为醒目的大型户外媒介。

说起摩天大楼，不能不提它的最佳搭档——玻璃幕墙，现代商品之所以能不分昼夜地沿街展示，归功于玻璃与灯光的配合使用。早在中世纪时期，大块玻璃

的生产工艺已经足够先进，可以成功地安装在商店橱窗之中，其窗玻璃之大，足以覆盖建筑物的整个前立面，成为全部的展示中心。此外，商店的内部装潢也极尽设计雕琢之能事，特别是对时髦商品，总是极尽装饰渲染。从17世纪开始，陈列成品商品的销售方式，就接二连三地进入各个行业，由此加快了商品的销售速度，也对消费者视觉诱惑加入额外的保险费。透明的玻璃在商场中大规模使用，从此为琳琅满目的商品创造了亲和的展示环境，它们熠熠的光彩让观者在瞬间尽收眼底，可是，当人们情不自禁地想要伸手去触摸时，玻璃那冷静的材质又会提醒人们，它存在于用金钱堆积出来的另外一个世界。城市人在这里消磨的时间，从1960年的20分钟延长到现在的近3个小时。

巴黎百货商场是1850年后使城市商业景象发生剧烈变化的第一个大规模的消费场所，其发展清楚地显示了从市场经济到以强烈的商品流通为基础的消费者文化的转换。集中在一处的数量庞大的商品使那些习惯于存货有限的小商店的购物者目眩。到了1870年，大型百货商场中规模最大的乐篷马歇商场每天向10 000多名顾客提供品种繁多的商品。而且百货大楼的固定价格改变了市场的社会和心理关系。激烈的讨价还价所暗含的购买义务被"请过来看一下"的邀请所代替，这种购物者成了主动的观看者、孤立的个人、百货大楼里人群中的一张面孔，他们默默地评判着商品。

玛格丽特·克劳福德(Margaret Crawford)也指出，从某种意义上讲，在购物中心安有天窗的穹顶下，现代生活破碎的形式和功能聚合到一起。这意味着一种可能：前现代时期的统一世界可能通过消费媒介来重组。而这种媒介讽刺性地逆转了19世纪傅里叶和欧文等人试图通过集体生产活动和社会重组来寻求统一性的乌托邦思想家的救赎性设计方案。尽管傅里叶的"法郎吉"使带拱廊的商业街道和公共建筑物合并形成了购物中心的雏形，但其玻璃覆盖的过道是用来鼓励社会交流和培育共通情感而非刺激消费的，然而，现代市民更多的是选择在商场喧闹的购物环境中，一边消费一边交流感情，有些恋人甚至依靠消费而增进情感。现代城市与社会的发展方向，早已完全超出18世纪"空想主义者"的假设，却符合现代广告大师的心理预期，李奥·贝纳曾直言不讳地宣称："消费大众并不真正知道自己要什么。直到那些创意以商品方式呈现在他们面前。如果他们能事先告诉自己要什么，今天就不会有轮子、杠杆，甚或汽车、飞机、电视的出现。"

从初期安装有玻璃房顶的拱廊，到现代意义上的商业建筑街区群落与购物休闲为一体的文化景观设计，商业街告别原始的遮风挡雨的自然性动机，越来越强调在城市中的独特作用与文化功能。商品也越来越不安于在橱窗后面静静地等待被选购，早已迫不及待地要借助广告迅速让自己的品牌家喻户晓。城市商业的繁荣为现代广告业的发展提供了最为有利的外部环境；与商品联姻的现代广告，成功地为城市大众制造了色彩斑斓的物质世界，唤醒了他们无穷尽的消费欲望。

四、技术创新与媒体变革：丰富了广告传播载体

当城市中争先恐后地树立起摩天大厦时，现代广告的传播有了更多可以利用的媒体形式：巨大的玻璃幕墙、夜晚装点大厦外墙的霓虹灯、大厦底层商业外街的店铺招牌、大厦电梯间里的海报招贴、大厦里回响的广播、入驻公司安装的电话或制作的宣传单……此外，城市公共交通的发展，逐渐制造出越来越多种“会走动的广告媒体”。

公共汽车这种据说可以至少追溯至1826年的伟大创新，让巴黎成为全球先行的城市(确切地说，是公共马车，因为当时采用的是四轮马车的方式)。1829年7月，真正意义上的公交汽车问世，英国人George Shillibeer的杰作Omnibus出现于伦敦街头，沿新建的“新路”(New Road)往返于帕丁顿与伦敦金融城，经停约克郡的Stingo，每日每个方向4班。不到10年，这一新型交通工具先后在法国、英国及美国东岸各大城市普及。之后的几十年，先进的技术成就了更多城市交通工具，例如，1863年伦敦建造了世界上最早的地铁；1886年1月，德国曼海姆专利局批准卡尔·弗里特立奇·本茨为其在1885年研制成功的三轮汽车申请了专利，由此，现代汽车诞生。公共交通对社会的影响巨大，不仅推动了城市发展，而且依托这些流动的媒体设计制作出多种新型户外广告形式，为城市增添了一道亮丽的风景。值得一提的是，早在1894年，美国已经刊载了第一份汽车广告，这是城市与广告互动发展的最好例证。

对早期现代广告业的发展产生立竿见影影响的，当属城市媒介的不断变革了。从报纸开始面向大众传播信息，到照相技术成熟后城市中出现印刷精美的杂志，到广播里传出热闹的音乐，再到黑白继而彩色电视机的问世，在被施拉姆形象地称为人类辉煌的“最后七分钟”，新旧大众媒体在扬长避短中共荣共存。

这些早期现代大众传播媒体的普及，不仅给城市的社会生活带来巨大变革，而且深深影响到了依托媒介载体传播信息的广告业发展。广告经由无时不有、无处不在的大众传播媒体，走向千家万户，融入现代城市生活的方方面面。广告作为一种文化被大众阅读、接受、理解和传播，正在成为大众文化的必要组成部分，成为建构城市文化的一股强势力量，成为城市文化的叙述者之一。

第三章 现代广告与城市文化互动实况

2001年9月11日，纽约曼哈顿南部的世贸中心双塔遭到恐怖分子袭击后，其地下购物中心一片废墟：盖普(The Gap)的厚玻璃橱窗碎了一地，鲍德斯书店(Borders Books)灯光暗淡，泰诺(Tylenol)的瓶瓶罐罐和黛亚皂业(Dial Soap)的栅栏被埋在杜安里德药店(Duane Reade Drugs)的碎石之下……然而，纽约市长朱利安尼却在电视里号召市民："不要去华尔街地区上班，放一天假，去购物!"美国城市文化研究权威莎朗·佐京教授，听到这番话后目瞪口呆，她不解当今的城市社会，商场怎么就成了疗伤的场所，消费又怎么变成了自我救赎的利器？听一听《电子情缘》电影里汤姆·汉克斯是如何做出回答的："消费让人找到自我"，消费还能让人快乐！

以上正是当代城市文化的一个真实写照。有了这样的城市文化，就有了竭力描画、迎合这种消费社会生活的身体力行者。现代广告是物质享乐文化传播中的重要一员，也正因为有了诸如广告、电影、电视、音乐、网络等多媒体配合传播，今天的城市人群才更加确定"时尚消费"在当下流行文化中的主导地位。

第一节 繁华的广告景象与多彩的城市生活

传播环境学大师麦克卢汉曾经的预言——"地球村""电子时代"和"赛博空间"，都已一个个地在今天变成了现实，他提出的有关传媒、广告与社会文化的诸多观点，也正在被不断发展变迁的城市文化印证为先觉先知，传媒业不再只是谣言绯闻的发源地，不再只是强词夺理的场所，不再只是牟取暴利的超级工厂，而是当代社会最具有创造活力的文化形态，是改变我们生活的最直接的动力……总有一天，历史学家和考古学家将要发现，我们这个时代的广告是日常生活最丰富、最忠实的反映。广告反映生活的一切活动领域，涵盖面之广超过了过去的一切时代。

一、现代广告融入城市流行文化

当今包罗万象的城市文化为现代广告提供了许多创作素材，现代广告也创造出许多城市流行观念与新的文化形态，如一些广告歌曲有时候竟然会“反客为主”，超出仅仅作为影视广告中的配角身份，在爱好者中流传开来，变身流行音乐家族中的一员。好的广告歌曲不仅可以瞬间成为焦点，红极一时，而且可以留在人们的记忆中，甚至成了永久的典藏，为城市居民繁忙的生活添加一抹愉悦的色彩。“立邦漆”的广告歌曲《多么美好的世界》(*What A Wonderful World*)，“别克”汽车的广告歌曲《我相信我能飞翔》(*I Believe I Can Fly*)，“柯达”胶卷的广告歌曲《阳光季节》(*Seasons In The Sun*)，“大众”汽车的广告歌曲《我会来陪你》(*I Will Come To You*)，“芝华士”酒广告的歌曲《我们能在一起》(*We Could Be Together*)，“奥林巴斯”相机的广告歌曲《嗨，朱丽叶》(*Hey Juliet*)……其中不少单曲，甚至挤入国际流行音乐的榜单。影视广告在宣传商品的同时，与音乐进行跨界合作，一方面支付给原创歌曲创作者与演唱者版税，顺便为音乐人做了面向大众的歌曲宣传；另一方面也借助音乐增加了企业品牌传播的感情，拉近了与消费者的心理距离，这倒不失为一种“双赢”的合作模式。

近年来，朗朗上口或者寓意丰富的广告语，也逐渐在城市中流行开来，广告在人们的生活中扮演了越来越重要的角色，不仅可以如同政治话题一般，成为人们茶余饭后的谈资，而且成为他们的口头语、问候语，甚至是引发情感共鸣的生活理念。不论是有文艺腔调的“雷达时表”的广告语“不在乎天长地久，只在乎曾经拥有”，还是直击内心的“丽珠得乐”广告语“其实男人更需要关怀”，或者“龙牡壮骨冲剂”朴实的娓娓道来“补钙新观念，吸收是关键”，李宁的励志名言“一切皆有可能”，联想集团一语双意的外宣词“人类没有联想，世界将会怎样?”……都曾被当代城市人反复回味。当乐百氏为纯净水提出“27 层净化”，百事可乐在新年祝福时喜庆地喊出“祝你百事可乐”，现代人无论从理智上还是情感上，都被这些流淌的液体征服了，同时被现代广告语言独特的情感沟通魔力所震撼！

广告还成了电视、电影创作者的灵感来源。《广告狂人》(*Mad Men*)这部疯狂流行的系列美剧，描述正是坐上了广告界第一把交椅的 Don Draper 与他所任职的 Sterling Cooper 广告公司的同事，在 1960 年的纽约，面对这个满是冲突与矛盾的世界的故事。该剧在 2008 年美国电视艾美奖中，总计获得 16 项提名，摘走了最佳戏剧类影集、最佳编剧、最佳摄影、最佳艺术指导、最佳片头设计、最佳发型造型等六项大奖。电视中广告人的衣食住行不仅反映出那个年代形形色色的男女在传统家庭文化中显现出来的真实人性，而且角色人物所使用的各种道具，还创造了当代城市的流行风尚。更为有趣的是，因这部电视剧非常“卖座”，美泰玩具公司根据剧中的主要角色琼·哈里斯(Joan Harris)、小罗杰·斯特林(Roger Sterling Jr)、唐·德雷珀(Don Draper)以及贝蒂·德雷珀(Betty Draper)的原型，设计了两款“芭比与肯尼”系列，每款售价约 75 美元。为了维护芭比健康美丽的形象，美泰玩具公司在设计中滤掉了香烟美酒等“不良配件”，保留了当时经典的装饰，如檐帽、长大衣、珠宝以及衬垫等。由此，人们再次感受到广告全面融入当今城市流行文化的独特魅力。

冯小刚导演在2001年拍摄的贺岁片《大腕》，以挖苦、嘲讽、戏谑方式，重新演绎了当时热播的流行广告，涉及品牌之多，几乎国内外的大品牌广告商“无一幸免”，有直接点名的，有杜撰的，也有改名的：可口可乐、宝马、SONY摄像机、爱岛VCD、胜利啤酒、丰乳霜、减肥茶、创电通信、极品珠宝、韩国化妆品、意大利家具、钙片、爱心基金组织、法国联合航空公司、超级芯片、西极皇手表、新东方音乐唱片公司、梅地亚手表、杜十娘金项链、铁东尼皮鞋、杀手牌太阳镜、大清神茶、搜狗、房地产、666(555)香烟、菲斯(海飞丝)洗发液、标驴(彪马)运动、报丧(喜)鸟、硕士(博士)伦隐形眼镜、乐哈哈(娃哈哈)纯净水……甚至还有公益广告(打击盗版，维护知识产权)等，让观者在忍俊不禁的同时，思考中国当下林林总总的城市文化现象。后来，有好事者还以“《大腕》中的广告知多少?”为题，给网民布置了一道广告知识考题，以他们的广告记忆成绩来衡量其大脑中的流行时尚指数。

二、城市发展收益反哺广告产业

文化产业在本质上是一种典型的当代城市产业形式，是以文化符号为中介、以审美机能与想象力为内在机制、以精神享受与文化消费为客观需要的高级社会活动，正如亚里士多德说的，人们“为了活得更好，居留于城市”，任何具有文化产业性质的生产活动无不与城市有着密切的关系。文化产业与当代高度发展的大都市和城市群的关系更加密切，城市化进程与文化产业具有高度的同步性，城市化水平越高，文化产业就越发达。

资料显示，全世界文化创意产业每天创造220亿美元的价值，并且还在以5%的速度递增。在英国、美国、丹麦、新加坡等国家，文化创意产业已经成为引领国家产业创新和发展趋势的重要因素。在中国，文化创意产业也越来越得到重视。我国国民经济已进入持续稳定增长、经济结构快速升级、城市化水平迅速提升的新阶段。社会消费结构将向发展型、享受型转变，越来越多的城市居民消费重心向教育、科技、文化、旅游等领域转移，为文化产业的发展提供了快速增长的市场需求。

自20世纪90年代至2016年，全球文化创意产业已经由产业萌芽期走向产业发展期，创意产业种类繁多，规模巨大。以英国为代表的欧美国家为了促进经济的增长，大力支持文化创意产业。广告产业属于文化创意产业的核心产业之一，并且占据着非常重要的地位，广告属于知识密集、技术密集、人才密集的高新技术产业，其发展水平是一个国家或地区市场经济发育程度、科技进步水平、综合经济实力和社会文化质量的重要反映。

实践发展表明，广告产业已经占据着我国文化创意产业的“半壁江山”。从我国广告市场重启到2007年，我国的广告产业年均增长率高达35%，可以说，广告产业是改革开放以来增长速度最快的产业之一。2011年我国广告经营额为3 125亿元，广告经营单位达到29万余户，广告从业人员167万多人，我国广告市场总规模已跃居世界第三。由此可见，广告业对于当今文化产业经济发展贡献的非凡价值。

正是基于城市化进程发展到了新的阶段，为满足社会消费的需求，国家将大量资金投入文化产业，在极大拉动国民经济增长之时，广告业自然是其中的重要受益者。2012年，首批“国家广告产业园区”已经分别签约落户到9个城市，进驻园区的广告公司会享受到国家以及当地配套的多种优惠政策，这对于广告行业的发展极为有利。“十二五”期间，国家广告产业园区将增长至15个，这对新兴的中国广告业而言，又是一个好消息，建设国家级广告创意产业园区的目的，是以期形成广告产业集群，增加中国广告产业的世界市场竞争力。

三、现代广告丰富市民文化生活

现代广告已经全面融入城市的流行文化之中，这势必会极大地丰富市民的文化生活。犹如广告大师威廉·伯恩巴克所言，广告作为一个创意性行业，努力在创作中追求“ROI三原则”：关联性(Relevance)、原创性(Originality)、震撼力(Impact)，有这样一种美好的职业导向，决定了广告会成为城市中一种有趣的文化，虽然这种文化因“带着镣铐跳舞”的商业利润枷锁而饱受指责，但更多市民通过自己的行动，为现代广告投上了赞同票。

几乎每个城市里都有这样一些人，他们痴迷于优秀创意广告，成为懂得欣赏广告的忠实受众，虽然他们主要是广告从业者或研究者，但是很多广告爱好者的加入，让人们看到了这个行业存在的理由与未来的希望。笔者因自己的研究兴趣，近年来一直在浙江理工大学开设“广告创意与创新思维”通识选修课，自开课以来，每学期选课学生人数都超过学校限制的上限。这些来自不同城市、学习不同专业的大学生们，对于一门晚上的通选课持续表现出如此高涨的热情，甚至有同学因为接触到这个专业而爱上广告，原本是学物理学专业，却自主创业开设了一家广告公司，这样的授课效果，真是始料未及，也给广告人带来了莫大安慰。

说到广告欣赏者，特别值得一提的，是如今风靡世界的“广告饕餮之夜”。1980年，法国人玛丽·布尔西科在巴黎一家影院举办了一次名为“甜食”的广告精品播放活动，他连续放映了几百部广告片，引起轰动。从此，这项活动成了巴黎人的一个节日。1984年起，布尔西科开始把“甜食”推向海外。他每年精选出500

部上好广告片制成专辑，这些广告片荟萃了世界各地的情调、优美的景致和不同文化背景上出现的幽默，实实在在地成了“广告大餐”。它们先在巴黎首映，然后到包括中国在内的40多个国家的时尚都市巡回播放。长达4个小时的精彩创意和视听震撼，不仅成为专业人员的年度盛会，也为全球追赶潮流的年轻人提供了一个捕捉环球时尚、享受美好生活的独特平台。“广告大餐”所到之处，肯定出现头戴面具、挥舞气球、连喊带唱的狂欢场面。

1979年，美国广告人Gunnar Broman在斯德哥尔摩的古董店闲逛时，从一个瑞典老式药瓶上获得灵感，随后，瑞典设计师团队进一步改良这个药瓶的设计，晶莹剔透、长颈圆肩、不贴有任何标签的ABSOLUT(绝对伏特加)瓶子跃然而出。事实证明，这个“药瓶”彰显出优雅、独特、简单而富有浓郁的瑞典特色，在历经岁月沉淀之后，它已成为一种文化的代言者，一种精神的象征。绝对伏特加独特的创意广告，更是成为世界最经典、最成功的广告案例之一。“不变的瓶子，变化的主题”，绝对的创意覆盖产品、物品、城市、季节、民俗、艺术、节日、服装设计、影视与文学、时事新闻等十几个大门类，表达简洁、主题鲜明、设计精美，非常具有时尚感。通过广告，绝对伏特加赋予消费者自信、高雅的感觉，并使其被世界各地的博物馆收藏并展览，商业流行文化因此登上了“大雅之堂”。

除了欣赏、收藏优秀的广告作品，广告爱好者们还自发传播广告，主动地参与到广告的制作中。激发他们热诚的不只是广告主悬赏的酬金，也不只是作品获奖后可以荣誉加身，更多的是创意智慧点亮生活的自豪与快乐。

四、城市文化更新广告创作素材

以互联网为信息发布与交流平台的现代社会，可以将草根网民发现或创造的流行文化，迅速传播到城市的每一个角落，这种在熟人圈、点对点、病毒式扩散的速度与冲击力量，是传统大众传播媒介难以比拟的。因此，网络文化成为当今城市中，流行最快、影响范围最广的一种文化。一些敏锐的广告人成功地从这种文化上找到了创意灵感。以2012年10月网络流行语“元芳体”为例。这种语言源于《神探狄仁杰》系列电视剧，剧中狄大人常对李元芳说“元芳，此事你怎么看?”，这一惯有的片段经网友截图吐槽后，迅速遭到跟风与恶搞，主要放在某个句子或语段的末尾，表达质疑、嘲讽或公开征询看法。一时间，很多网络销售店、商场实体门店，都纷纷在商品图片旁边加入这句流行语，以诉求所卖东西质量过关、价格公道、售后满意。

网络文化虽然最为流行，也不能代表整个城市文化，其他诸如文学作品、影视、戏曲、歌舞、活动事件、建筑景观等，都在不断地创造着新的流行文化，现代广告也不断地从中找到新的力量源泉。

不过，当人们置身于五彩斑斓的城市，每天享受着车马喧嚣与流行文化的快感时，也不能就此沉迷于这种生活，忘记高雅文化追求的意义。哈贝马斯担忧地指出："大众文化的崩溃与高度个人化的、消费性的稀奇古怪的样式掺和在一起。文明的垃圾倾倒隐蔽在塑料袋之内。普遍的实质分解成为一种自我陶醉，丧失了每一个个体，沦为复制翻版、千篇一律的东西。"现代人需要借助解压、反讽、张扬个性、创造流行、文化娱乐放松自己紧绷的神经，但也需要听一听这样冷静的批判声音，从而满足消费欲望但不沉沦。现代广告也不能迷失于利用流行文化实现急功近利的表达中，企业长期保持的广告风格、塑造的品牌形象与个性、坚持的品牌定位，不能为了追求"昙花一现"的迅速走红而忘了自己是谁。不是所有的产品都适合这种浅尝辄止的宣传，也不是所有受众都会为尚显粗糙的草根文化买单。

第二节　新媒体广告与城市文化新发展

美国社会学家马克·波斯特对当代文化进行了分期：第一媒介时代，即以电影、广播和电视为标志的时代，其特点是为数不多的制作者将信息通过电波或同轴电缆从少数发送中心传送给为数众多的消费者；第二媒介时代，即以信息高速公路以及卫星技术与电视、计算机和电话的结合为标志的时代，其特点在于制作者、消费者、销售者之间的界限不再分明，它们构成一个全新的系统并且对交往传播系统进行一种新的构型。波斯特认为，两种媒介的融合不仅改变了交流传播，而且改变了社会生活的基本特征。拜高新技术所赐，新的传播媒介在源源不断地涌现，现代广告在第二媒介"当道"的时代，更多创作应该在邀请消费者共同参与的互动中完成，找到在行业里领先发展的未来。

一、新媒体催生新的广告形态

与很多新兴事物一样，"新媒体"因"初来乍到"，刚被命名，还没有严谨的定义。目前，国内外对于新媒体一般有两种理解：一种是对相较于传统媒体，利用新技术改进的媒体形式的统称，如数字杂志、数字报纸、数字广播、移动电视、数字电视、数字电影等；另一种是特指伴随新的技术而出现的全新媒介形式，如手机、网络、触摸媒体、感应媒体等。

"新媒体"一词最早出现于20世纪后半叶，1953年*Queen's Quarterly*上的一篇文章中就已用到此词，但它是与网络热潮、网络空间和交互电视一起兴起的，在20世纪90年代中期成为显要的词语。美国《连线》杂志将新媒体描述为"所有人对所有人的传播"，很形象地指出新媒体的特性，即影响力强、传播面广、参与度高等。

新媒体的出现为现代广告搭建了独特的信息传播平台，因此也有了新媒体广告(New Media Advertising)。可以说，新媒体广告时代开启了受众争取自主选择、互动参与、平等对话的心智，是大众文化挑战精英文化、消费文化跻身主流文化的再次积极尝试，更是企业借助新媒体改变广告强销形象、促进城市文化繁荣的黄金契机。

新媒体“作为人体的延伸”是如何影响了城市文化，以新媒体为载体的广告又是如何传播这种优势文化呢？以网络广告作为例证，当今城市居民，对信息有了更多的自主控制能力，如想要获知明天的天气情况，不必苦苦在电视前等到“七点半”(《新闻联播》之后)，打开计算机，连上网络，进入相关网站，搜索关键词，立刻可以悉知未来七天的天气变化，这正是新媒体为当今人们奉上的“快餐文化”的侧面写照。细心一点的网民，还会在各种打开的网页上发现品类繁多的广告。起初，网络广告追求技术上的新颖，例如，旗帜广告、弹出式广告、“关键词”广告等。随着新媒体广告的发展成熟，目前已经实现具备“窥探潜意识”功能的记忆力超强的“大数据广告”，只要网民搜索过某些商品，必定会留下“痕迹”；只要他们购买过某种商品，必定是为了满足某些需求心理，借此在他们打开的各种网站上发布相关品类的广告信息，必定更能刺激网民的购买行动。这种“如影随形”的、令人迷惑不解的新媒体广告，的确具备超强的魔力。例如，笔者曾在家中计算机上，进入“淘宝网”搜索过“拉杆箱”“围巾”“牛仔裤”等信息，第二天在155导航网站查询天气、在“亲宝网”听儿歌时，两个网页右边醒目的位置，都欢快地跳动着十个“推荐商品信息”，全部是昨天感兴趣的商品，真是让人惊诧的新媒体广告！在网络这个看似无生命的新技术面前，人们体验着被洞察的焦虑，同时也享受着被关心的快感，当代城市人孤独的内心中，因这种无声的交流与陪伴，而多出一丝丝温暖。

二、新媒体广告繁荣城市文化

2010年“中粮”与新浪合作，推出了一个名为“美好生活@中粮”的活动，这个活动完全依托微博媒体完成，开启了微博商用与品牌广告传播的新时代。作为上海世博会的高级赞助商，中粮策划了“发现美好”“相约世博”“世博闪拍”“发现中粮”“粮呈美景”五个子活动，不仅让网民形象地理解了世博会的主题“城市让生活更美好”，而且通过“粮票换礼品”等回馈于民的活动，将中粮品牌与美好生活成功地联系在一起，超过42万名用户挂上了“中粮美好勋章”，超过600万用户参与美好生活分享活动，每个人都可以成为“美好生活”的发现者、分享者，城市因大家的参与变得更加善意、美好。更为成功的是，“中粮美好生活”作为中粮集团的官方微博，其传播活动并没有随世博会的闭幕而结束，而是作为一个固定的品牌传播媒介，至今依然在发挥功效，截止到2016年2月14日18时，该微博已拥有高达 286 488 名“粉丝”，成为传播中国饮食文化、宣扬国民美好生活的互动平台。

如今，越来越多的企业意识到新媒体的威力，开始借助新的技术传播广告信息，如“杜蕾丝宝宝”游戏，既传播了自身品牌，也顺便宣传了 iPhone 手机，这款深受年轻男女欢迎的游戏，将性文化教育以最贴合受众接受的方式成功传达。“吃垮必胜客”是利用社交媒体进行低成本病毒传播的经典案例，企业以开放的心胸鼓励顾客进行创新尝试，将饮食与趣味文化、创新精神、分享观念、主动交流的态度等城市中美好的德行结合起来。

2016 年新春伊始，可口可乐公司的新年互动舞狮广告在上海徐家汇六百易试互动大屏正式亮相，这是可口可乐携手 Posterscope China、易试互动共同合作创意的，只要是第一个走到屏幕前的消费者，就会在屏幕中看到自己头戴舞狮帽的样子，然后可以随着指令和节拍自由发挥，“舞”出自己的新年快乐，最后还能通过扫描二维码或输入六位码的方式，下载自己的舞狮照片，并上传照片到微博与好友们分享。此广告打破常规的单向户外广告传播方式，通过最新的互动技术，让消费者主动参与到广告中来，还实现了线上的二次传播。这不仅是一次主题为“创造快乐新一年”的广告传播活动，也是企业借助新媒体传达传统文化习俗，丰富城市新年生活的大胆创新。

当互动交流与有效传播开始走向社会科学研究的中心，当人们欢呼现代城市正在借助新媒体传播迈向新时代的同时，也应注意到新技术给社会带来的新挑战。正如波斯特所言，“第二媒介时代的信息方式促成了语言的彻底重构，还将现代主体置换成一个多重的、散播的和去中心化的主体。在文化层面上，这种不稳定性还带来种种危险。”

三、当代城市广告的跨文化传播

曼纽尔·卡斯特尔提出“在整个历史进程以及在我们这个时代，城市都始终是文化创造、技术创新、物质文明建设、政治民主化的源泉。通过把来自不同文化的人聚集起来，建立进行合作的交流渠道体系，城市在差异中展开协同合作，在竞争中产生动态稳定，在混乱中建立秩序”。如今，城市之间进行的跨文化传播，正是不同空间与历史文化之间寻找融合的可能性、进行积极沟通的努力尝试。

随着信息时代的到来，城市文化虽然遇到全球化和信息化进程的挑战，但也因多媒体与因特网变得日益丰富多彩。此外，全球化的频繁交流，使得不同城市文化“在持续的文化互动过程中，有了更多的共同成分，文化间的极端差异得以减少。同时，人们在当地正经历着许多不同的文化并对他们自己的文化与外来文化之间的文化碰撞变得更为熟悉。文化全球化过程正在孕育着差别的增生、交叉的美、流徙的美和混杂的美”。为了在这种不断变化的城市文化环境中找到适宜的土壤，也为了在行业竞争日趋激烈的市场环境中发展壮大，越来越多的广告集团或公司走出国门，尝试跨国运作与国际化生存。

当广告公司跨越城市的界限，去设身处地感受另外一个城市，甚至是另一个国家的历史文化时，创作者的表达空间开始逐渐扩大，所代理品牌的广告传播也渐渐具备了跨文化的视野。出生在美国的“耐克”于2004年在中国投放了“恐惧斗室”广告，希望运用“功夫”“飞天”“龙”等形象元素，实现与本土受众的无缝沟通，没想到却遭“禁播”，原因是该广告违反了中国《广播电视广告播放管理暂行办法》第六条“广播电视广告应当维护国家尊严和利益，尊重祖国传统文化”和第七条“不得亵渎民族风俗习惯的内容”的规定。很多国际品牌在进行本土化传播时，都遭遇过类似的失败，贴近性的广告创意与表达，需要有扎根于一个城市的勇气，需要具备深厚的文化积淀，熟悉当地历史、民族、种族、风俗、文化心理、禁忌等知识，才能在广告创作时游刃有余。同样是“耐克”的电视广告，李蔚然创作拍摄的“随时(Anytime)”系列，成功实现了与目标消费者的情感沟通，简单朴实的风格，将这个洋品牌与中国城市的文化生活进行了完美的融合。“如果作为文化特色之源的城市要在一种新的技术范式中生存下去，它就必须变成超级沟通的城市，通过各种各样的交流渠道(符号的、虚拟的、物质的)，既能进行局部交流也能进行全球交流，然后在这些渠道之间架起桥梁。信息时代的城市文化将地方身份和全球网络聚到一起以恢复权力和体验、功能和意义、技术与文化之间的相互作用。”随着越来越多的城市文化研究学者相继提出，在新媒体技术时代唯有城市之间进行不间断的跨文化交流，全球文化的共同进化与繁荣才有可能。这也为当代广告突破“总部所在地”城市边界的地域性文化限制，尝试与国际化受众进行跨文化交流提供了有利的理论和实践的环境。

第三节 现代广告与城市文化互动案例

《纽约简史》一书中这样形容纽约：“没有别的城市对形成美国人民的集体意识贡献更大。埃利斯岛不禁使人联想起我们都是移民的后裔。华尔街意味着金融业，如同第七大道以时尚为其特色一般。麦迪逊大道即与广告业同义，第五大道则表示优雅的购物。”“麦迪逊大道”被很多广告人奉为现代广告的第一“朝圣之地”，这条聚集了美国许多知名广告公司总部的大街，不仅写满了广告神话与商业传奇，还因其独特的贡献成为现代广告与城市文化互动的典范。

一、麦迪逊大道：美国广告业的代名词

麦迪逊大道坐落在纽约市曼哈顿区唯一以总统命名的大街，因为美国许多广

告公司的总部都集中在这条街上，而逐渐成了美国广告业的代名词。麦迪逊大道贯穿一个全是高楼大厦、体面饭店的地区，以及室内两个最好的住宅区，这些地区占了它全长的五分之一，大约从麦迪逊大道200号开始，到500号结束，几乎超过1英里①长。公司大厦鳞次栉比，形成了一般人所称的广告走廊(Ad. alley)或胃溃疡峡谷(ulcer gulch)，或是比较理智的人所讲的传播带(communication belt)。美国广告业兴起之初，广告人主要把关注的中心放在生产者和产品上。到了20世纪后半叶，社会生产效率大大提高，产品变得越来越丰富，广告业迎来了其鼎盛时期，即所谓的“创意时代”。美国广告界出现了诸如大卫·奥格威(David Ogilvy, 1911—1999)、威廉·伯恩巴克(William Bernback, 1911—1982)和李奥·贝纳(Leo Burnett, 1891—1971)等这样的天才广告人。20世纪70年代后，由著名的美国营销专家艾尔·里斯(Al Ries)与杰克·特劳特(Jack Trout)提出来的“定位”理念和品牌形象塑造理论开始在广告业界和广告学界占据了上风。近几年，受到金融危机的影响，美国整个广告业的发展速度放缓，其中电视、报纸、杂志等传统广告媒体收益下降，网络等电子媒体广告支出加速上升。随着新媒体时代的到来，广告业开始思考新的发展方向。

二、麦迪逊大道与纽约文化的互动表现

作为美国广告的风向标，麦迪逊大道与城市文化的互动具体表现在以下四个方面：

(一)麦迪逊大道的广告是纽约都市文化的“篡改者”

从麦迪逊大道的历史来看，广告是纽约社会整个活动领域的最丰富和最忠实的写照。广告以一种理想化的形式构建社会标准、情境与生活方式，使受众对广告产品产生认同。广告拥有微妙和意义深远的反映社会文化价值的方式，即广告的传播方式、广告概念和创意的表达方式，这种“广告的语言”深深嵌入这所城市的文化活动之中。在广告中文化、人种及性别的形象同社会安排及权力结构有着错综复杂的关系。麦迪逊广告的说服力量源于那些才华横溢的广告人，他们运用广告话语权，将文化、消费和娱乐结合在一起，用品牌代言人把产品知识和个人成功结合在一起，并将情境消费演绎为必要的和适当的都市存在方式。除售出商品，创造无所不能的消费经济之外，麦迪逊大道的广告艺术还篡夺了传统上群体成员所扮演的社会化角色。无论是1920年麦迪逊大道的广告业刚刚兴起，还是近年来广告行业的多元化发展趋势，广告本身传递的意识形态注定成为都市文化的“篡改者”。

① 1英里≈1.609千米。

(二)麦迪逊大道的广告在纽约都市文化中的地位

1. 麦迪逊大道的广告文化属于纽约大众文化的一部分

如果把文化分为主流文化、精英文化和大众文化，那么广告文化具有大众文化的特征，应属于大众文化，大众文化以大众为市场，以获取商业利润为主要目的，主要通过大众媒介传播，具有商业性、消费性、无深度、可大量复制等特点，是一种商业化的消费型的文化形态。在麦迪逊大道里，广告对有“智”之士呈现一个多少真实的通俗文化的想象，赚到了他的憎恨与中伤。成功的广告是大众文化的一部分，它的文化水准不会升得太高或降得太低，通常都符合它所针对的人们的教育水平。麦迪逊大道的广告人敢在广告创意上突破传统，但是他们不敢尝试可能将他们与客户的市场切断关系的文化标准。

2. 麦迪逊大道的广告文化创造了纽约都市文化的不安定性

麦迪逊大道的广告作为一种文化形态活跃于纽约都市，虽然大多数的广告必须保留它公众的文化标准，但是广告的商业目的是增加销售，因此必须创造都市文化中的不安定，或者营造一种文化认同来激活消费者的购买冲动。在纽约人看来，或许广告应该为文化做点事，但是它并没有做，纽约广告业确实能做的就是对公众品味做小小的改变。“无病呻吟”或者是“自鸣得意”的广告语言构成纽约广告文化最主要的成分，同时成为都市消费话语的主导，引导着纽约的消费，也促成了纽约社会观念和生活方式的变革。

(三)麦迪逊大道里的广告大师们用激情书写专业神话

1. 广告大师的价值观具有鲜明的美国个人主义特点

个人主义可以说是美国文化的核心，它深深植根于美国的社会历史之中。个人主义价值观之所以被称为美国文化的核心，是因为它包括一系列更为具体的内容。其中有自主动机、自主抉择、自力更生、尊重他人、个性自由、尊重隐私等层面。对于美国广告业标志性人物威廉·伯恩巴克、大卫·奥格威、李奥·贝纳、艾尔·里斯与杰克·特劳特等广告大师而言，广告领域的独创性、自主性、专业性是他们毕生追求的理想。智威汤逊的创始人里索认为“广告不是马戏团中的插科打诨，也不是一种企业，而是这个行业中一种超然的力量以及一种可与法律或医学地位相提并论的专业，因为广告是一种力量”。纽约为广告公司提供了自由宽松的商业环境，麦迪逊广告人怀揣执着的广告信仰，为广告事业倾注热情。他们崇尚创意自由，乐意展现个人才华，用激情书写了一个又一个销售神话。美国广告行业在这批创意狂人的带领下逐步拨开迷雾，成为拥有专门学科知识、规范操作流程和高素质专业人才的主流行业。

2. 麦迪逊大道注重实效的企业文化

广告公司必须对广告主推销它服务的价值，媒体必须对广告公司与广告主两者推销它们身为信息传送者的潜力与效率。广告业界就其整体而言，是为了对消费大众推销货物而存在的。可见，广告公司的使命就是销售，这种“重结果轻过程”的行业信仰正是纽约企业奉行实效主义的体现。为此，每一个广告公司都有自己达到目的的一套行事风格。例如，扬·罗比凯提倡创作人员按照自己的思路创作，没有条条框框的限制；智威汤逊喜欢运用个人和集体的经验解决客户的问题；麦肯·爱瑞克森公司着重于“动机广告”，进行全方位市场营销；李奥·贝纳公司相信“每种产品都存在其固有的吸引人之处，一旦找到了，它就是最吸引人、令人信服的广告素材”；BBDO则戏称“你可以识别奥美广告或达彼思广告，但是你认不出BBDO广告，我们从每家公司那里撷取长处。没有一种BBDO广告风格，对此我感到骄傲，这证明我们认真对待不同的客户的问题”。

（四）麦迪逊广告与消费文化互为依存

广告是一种带有明确销售目的的传播方式。广告创意的内在动力就是用文化的力量引导消费。所以广告不但在宣传一种商品，同时也是在兜售一种思想、一种生活方式、一种文化。关于广告和消费文化的关系，从麦迪逊大道的发展中看可以概括为：

其一，麦迪逊大道的广告影响着纽约消费文化的变迁。可以说，如果没有广告，纽约的消费潮流也就不会那么明显。麦迪逊大道的广告与纽约的消费文化有着一致的目标，即争取更多的受众成为他们的追随者。向每一个人宣传消费需求和消费回报是广告的使命，只有当消费潮流日趋明显，并形成主流文化的时候才能唤醒众多潜在消费者，并控制他们的消费行为，从而使他们对整个社会认识的方式、思维模式以及信仰都发生变化。麦迪逊大道的发展历史证明，广告文化可以改变消费者的心理需求，一旦广告文化被消费者接受，他们就会按照广告主的意愿来理解社会，使广告在很大程度上影响人们的审美观、价值观、生活观和大众信仰。例如，伯恩巴克的“甲壳虫汽车”广告成功转变纽约人的汽车消费观念，掀起了一场朴实无华的汽车消费风潮。

其二，纽约都市的消费文化是麦迪逊大道广告赖以生存的土壤，消费文化既是社会成员的行动标杆，也是广告宣传的文化载体。只有在主张“观念消费”和“符号消费”的都市文化语境中，广告宣扬的概念才能被视作一种文化，并被大众当作参照系来指导消费行为。一旦广告中宣传的观念或符号被大众认可，观念和符号本身将产生不可估量的溢价，例如品牌消费就是品牌标识成为文化代表所产生的聚众效应。因此，麦迪逊大道的广告和纽约消费文化是一种相互依存的关系，两者相互交融，共同发展。

第四章　西方早期现代广告对城市文化的影响

如果100多年前没有人专门从事广告事业，那么谁能创造出今天独特的广告文化？

就其本质而言，广告是一种社会文化现象，广告文化的产生、发展、变化都有其外在的时代背景和其内在的规律性。首先是发生在与其生产力性质相适应的广告文化实物，积累到一定程度便转化为广告文化观念，最后派生出了广告文化的组织制度。这三个层次互相依存、渗透，并综合反映在每一个具体的广告行为中。

广告与城市文化两者是水乳交融的关系，因为不仅广告文化本身就是城市文化的一个重要组成部分，而且广告作为一种信息传播手段，更有力地推动了城市文化的发展。尤其是在西方资本主义市场经济极度自由和活跃的大环境之下，象牙塔里的文学、音乐等高雅文化和精英文化也开始借助并通过广告而走向大众，走向消费市场。纵观西方早期现代广告的发展轨迹，人们可以清晰地发现它们在城市文化的方方面面留下的深深印痕。

第一节　早期广告文化产业的形成

文化产业这一术语产生于20世纪初，最初出现在霍克海默和阿多诺合著的《启蒙辩证法》一书之中。它的英语名称为Culture Industry，也可以译为“文化工业”。文化产业作为一种特殊的文化形态和特殊的经济形态，影响了人们对文化产业的本质把握，不同国家从不同角度看文化产业有不同的理解。联合国教科文组织关于文化产业的定义是：文化产业就是按照工业标准，生产、再生产、储存以及分配文化产品和服务的一系列活动。这一定义是从文化产品的工业标准化生产、流通、分配、消费的角度来对文化产业所进行的学术界定。而广告作为文化产业的重要组成部分，它所特别具有的推销与宣传手段不仅有力地推动了文化产业的发展，而且大大强化了文化产业（包括隶属于文化产业范畴的广告产业）持续发展的内动力和扩张力。

一、早期现代广告代理制度的确立

西方早期现代广告在推动经济发展的同时，也使自己逐渐发展成为文化产业的一个重要组成部分。前文已经从城市文化的视角，对最初的广告代理公司是如何诞生的进行了简要介绍，这里将提供更多广告研究史料，以比较不同城市中广告的诞生背景，对其城市文化产生了怎样的深刻影响。

1841年，美国人帕尔默(Volney R. Palmer)在费城开办了第一家广告公司。同一时期，约翰·胡坡(John L. Hooper)在纽约也开办了一家广告公司。现在，已很难判定谁是第一家，两家公司创立的年份应该只差一年或两年。帕尔默的公司在19世纪50年代几易其手，但胡坡却在广告行业干了30余年。

帕尔默的广告公司与现代意义上的广告公司是有很大差别的。他的广告公司更多的是起到一个中介的桥梁作用，“向广告主提供购买版面的服务，而广告文字和版面设计工作仍由报刊承担，他从中抽取25%的酬金”。帕尔默广告公司这种不完全代理主要还是一种贩卖行为，也可以把从事这种事业的人称为“版面掮客”。即使这样，帕尔默广告公司对后来现代广告的发展影响还是很深远的，毕竟“是广告史上第一家专业广告公司，它标志着作为一种独立的社会职业的现代广告业已经初步得以确立”。

自帕尔默和胡坡开设专门的广告公司之后，美国广告代理业便迅速发展开来，至1860年时全美已经有大约30家广告代理公司，其中约20家设在纽约。

推动现代广告代理制度进一步向前发展的应当是1865年乔治·罗威尔在波士顿建立的罗威尔广告事务所。该事务所的主要运作模式是先将报纸的广告版面买下，然后转售给广告主。在这个过程中，虽然罗威尔事务所所担负的仍然是一个中介作用，但是跟帕尔默的“版面掮客”有所不同。罗威尔广告事务所在其具体操作的形式实际上，使自己不自觉地充当起了报纸杂志的“独家广告经纪人”。当时许多广告代理公司已开始使用类似罗威尔的广告经营方法，即先付费给媒体买下版面和时段，然后转卖给广告客户。此后，广告代理业务更是日趋繁盛，各种广告公司如雨后春笋般地出现在美国各地。“广告代理的出现，有助于广告主集中精力于生产经营，有助于增加大众传媒的收入并提高利用率，因而深受广告主和大众传媒的支持。”

最终使现代广告代理制度得以初步确立的应该是1869年弗朗西斯·艾耶(Francis W. Ayer)在纽约开办的广告公司：N·W·艾耶父子公司。之所以这么说，是因为艾耶父子公司已经由不完全广告代理公司转变为服务型的全面代理公司，不仅帮助客户购买广告版面，还为客户指定广告策略、撰写广告文案、设计广告版面、测定广告效果。此外，艾耶打破了以往广告价格神秘化的局面，在采用罗威尔方式的基础上又开发了一种新的销售方式即“公开合同”。这份合同使客户了解报纸和宗教杂志收费的真实费率，而把自己的佣金价格定在15%。这种制度来确定广告公司、广告主和媒体三者之间契约关系的行为，标志着现代广告代理制度的基本确立，象征着现代广告产业的正式形成。从某种意义上看，艾耶的做法使其自己更像广告主的代理人，相反，在同一时期的L·H·克雷尔却只做报纸的代理人，充当报刊的独家代理，这在一定程度上推动了独立的广告代理业的成熟发展。1893年，美国报纸发行人协会正式决定向经过认可的独立广告代理公司支付佣金，而且不允许给广告客户打任何折扣。

19世纪末日本报业广告的快速发展也刺激了当时日本广告代理商的出现。1880年，日本第一家广告代理商“空气堂租”在东京正式开业，揭开了日本现代化广告代理业的新篇章。随后“弘报堂”(1886年)、“三成社”(1888年)、“正喜路社”(1890年)等广告代理公司等纷纷创立，而且规模强大的报社开始设立自己的专门广告机构，还招聘了大量的专业人员来从事广告业务。而1895年10月“博报堂”的正式开业与1901年7月“日本广告株式会社”(“电通”前身)的成立更是日本早期广告产业发展与繁荣的标志，可以说，19世纪末20世纪初作为一种独立的现代社会行业——广告产业正式在日本诞生。

二、早期现代广告产业规模飞速发展

进入20世纪后，科学技术飞速发展，加之第一次世界大战的推动作用，西方经济迎来了新一轮发展高潮。在这一繁荣的经济背景之下，西方广告更是得到了长足的发展，在管理质量、专业技术、经营水平或理论研究成果等方面，西方现代广告都呈现出一股强劲的发展势头。1867年，美国的广告费仅占国民生产总值的0.7%左右，而到1904年已上升到3.4%，这个发展水平和前行速度一直保持至今。

在这一发展阶段，电波媒体产业的发展是西方整个广告行业的最大推动力量。自1906年12月24日美国科学家费森登发明无线电广播技术后，广播台就开始争相出现于西方经济发达国家。无线广播在诞生之初主要是宣传公共服务信息，但美国很快将其运用于商业活动。因此，美国也是世界上最早发布广播广告的国家。WEAF是美国创建的第一家商业广播电台，其播出的第一条商业广告是推销某地产公司的几座公寓式楼房，播出后取到了非同寻常的效果。自此，广播广告盛行一时。据统计，到1928年，美国的广播广告费已达到了1 050万美元，这在当时是一个非常了不起的货币数字。

除了广播广告，一些以“电”为介质的“新媒体”也开始在工业化国家兴起。摄影、霓虹灯、电视等新技术一经发明便很快被应用到美国、英国、日本等经济发达国家的商业广告当中，成为令人瞩目的广告媒体。此外，路牌广告、橱窗广告、交通广告、飞艇广告、POP、SP等各种广告形式更是花样百出，令人眼花缭乱、目不暇接。广告“新媒体”的涌现，表明现代广告产业的繁荣期到来了。

和美国经济呈现出强劲上升势头一样，从1919到1929年，美国广告费总额就从19.3亿美元飞速上升为28.5亿美元。相关数据显示，现代广告业在20世纪20年代的美国出现了第一次发展高潮，广告的投资和税收在10年中实现巨额增长。1920年，广告业的税收总额为12.95亿美元；到了1929年，这一数字达到了19.63亿美元。

第二次世界大战之后，西方现代广告进入高度繁荣发展期。在这一时期，经济的快速发展和新媒体技术的突飞猛进直接推动了广告业的急剧变革。1945年到1960年，每年的广告费总额就增长了3倍。这一时期广告发展的主要特征有：广告成为消费社会的一种文化景观；广告业从职业化阶段走向产业化阶段；广告理论研究不断深化和多元化；各国纷纷建立了完善的广告管理体系。

三、早期现代广告助推其他文化产业

文化产业大体可以分为报纸产业、杂志产业、图书出版产业、广播电视产业、电影产业、广告产业、唱片产业、会展知识产权产业、体育产业以及近年来新兴起的网络文化产业。虽然每个国家有自己的分类方法，也有自己独特的称呼方式，但文化产业大体上分为以上几类。经济的繁荣促进了广告的诞生和发展，广告的诞生和发展又强劲地推动了社会、经济与文化的繁荣和发展。其中，20世纪初的广告在促进其他文化产业的发展上也表现得非常突出。笔者以西方早期现代广告对电影业的影响为例加以说明。

广告对电影业的影响，笔者认为应该包括两部分内容：一是广告作为一种宣传手段，在电影发行阶段起到重要的推广作用；二是对于制片者来说，电影中的“植入性广告”是“一笔不菲的收入”。

1903年，一部片长仅12分钟的无声娱乐影片《火车大盗》开始了商业性公映，开创了电影作为娱乐手段的新纪元。电影海报从此成为商业广告中的一个重要内容。换句话说，广告中的海报形式开始服务于电影产业的宣传。

其实，不仅是广告中的海报服务于电影的宣传，发展至20世纪，广告的所有形式基本都被应用于电影业。例如广播广告、户外广告的各种宣传牌，空中广告等。

发行于1924年的《巴格达窃贼》(*The Thief of Baghdad*)，由美国联美电影公司制作发行。该电影一经上映便引起了巨大轰动效应。与此同时，查理·卓别林(Charlie Chaplin)的喜剧片也同样深受观众的欢迎，美国的电影业步入黄金时代。

由于电影非凡的魅力，吸引了大批观众，而无孔不入的广告也看中了这诱人的媒体，因此电影成了广告媒介中的重要一员。电影与广告的联姻经过几十年的发展，逐渐实现由自发到自觉的阶段，商品从最初在电影里只是充当从不起眼的道具，到后来开始出资借助广告有意识地向观众推销，从而助推了电影产业的发展。其中，最值得一提的是电影中的植入式广告。这种广告方式最早可追溯至1929年卡通电影《大力水手》中，主角波比因为喜欢吃菠菜而力量强大，成功实现菠菜面向受众的有效宣传。1951年，在《非洲皇后号》影片中出现了戈登杜松子酒的商标，可见已开始具备品牌传播意识；也是在这个时期，希区柯克的悬疑系列影片的开场白中，这个身材发福、语速缓慢、表演欲极强的著名导演总要在稍作故事情节介绍之后，附带上这样的引导：请首先收看我们赞助商有趣的广告，感谢他们的慷慨解囊，让我们这期的故事有机会与大家见面……

第二节　西方早期现代广告对城市大众传媒的影响

广告是大众传媒生存、发展的“血液”，是传媒经济增长的最重要的变量。而具有现代意义广告的诞生，极大地更新了古代自发广告的传播形式和传播内容。因此，西方早期现代广告的出现和迅速发展，在对当时的城市文化产生重要影响的同时，自然也对当时的城市大众传播产生重要影响。

一、广告开启报纸的大众化发展史

1. 廉价报纸的兴起

“廉价报纸”(Cheap Papers)也称“大众化报纸”(Popular Papers)，开始进行工业化的西方资本主义国家。廉价报纸是在政治上公开标榜独立，经济上实行企业化经营，大量刊登新闻和广告，售价低、文字编排简短通俗，发行量以几十万份计的一种新型报刊样式。这一报刊的特点是不以精英阶层为读者对象，而是争取新的平民读者群。19世纪30年代后，随着美国廉价报刊的日益兴盛，美国约有日报400家，周报3 000多家。在这众多的廉价报刊之中，创办成功且具有相当影响力的是以下4份报纸：《纽约太阳报》(1833—1868)、《纽约先驱报》(1835—1924)、《纽约论坛报》(1841—1966)、《纽约时报》(1851年至今)。

廉价报纸的主要特征是：

(1)以广大城市市民为主要读者对象，重点面向社会中下阶层而非上层阶层。

(2)政治上标榜超脱于任何党派，追求话语的独立。

(3)经济上实行经营的全面商业化，广告是其主要收入来源，价格低，在英国通常一便士就可以买到，所以又被称为“便士报”。

(4)内容上，除了少数鼓吹社会改革、宣传改良主义主张以外，一般着重报道以新奇、怪异、反常、耸人听闻为主要特征的“黄色新闻”。

(5)在表达上，廉价报纸喜用通俗易懂的文字，在编排上追求出众，吸引读者的眼球。

2. 广告对报纸外在的影响：销量与价格

《纽约太阳报》(*The Sun*)是美国第一份成功的廉价报纸，由本杰明·戴(Benjamin Day)于1833年9月3日在纽约创办。该报售价为1美分，而同时代大多数报纸的定价是5美分或者6美分。《纽约太阳报》在创办之初就准确地制定了自己的办报方针：大众普及。所以其定价低，确保大多数读者都能够买得起。除此之外，本杰明·代还雇用了报童在街头叫卖报纸，这适应了工业革命时代下工人们流动频繁，无法长期订阅报纸的现状。凭借这些做法，《纽约太阳报》获得了巨大成功，从创刊时的1 000份飙升至三年后的30 000份，与此同时，该报的广告量也急剧增长。本来《纽约太阳报》就因奇闻趣事、耸人听闻的软新闻而深受读者喜爱，现在又增加了大量的供需广告，这更是吸引了大量新读者。《纽约太阳报》的广告是按标题分类的，如“需求”栏，主要是推销日常生活产品；“娱乐”栏，剧院和博物馆定期登载广告，剧院上演新剧通常会刊出全体演员表。如果广告数量增加，报纸页数还将增加，而售价保持不变。第四版全是广告，第三版有一半专门刊登分类广告，甚至第一版也插登广告。

在广告的推动下，1839年《纽约太阳报》的销售量高达32 000份，而同一时期，售价远远高于《纽约太阳报》的其他报纸销售量最多也不过5 000份。在《纽约太阳报》24栏的报纸版面上，广告版面就占了17栏，供需广告更是占了4栏，比例之高由此可见。

广告对《纽约先驱报》的影响似乎更极端一些。美国人詹姆斯·戈登·本内特(James Gordon Bennet)于1835年创办了《纽约先驱报》(*The Herald*)。创办六个月时销量就与《纽约太阳报》不相上下，面对激烈的报业竞争，本内特采取大胆进取的做法，《纽约先驱报》上全是广告，并且调整了广告单元，将其细分为主单元(main unit)和小单元(smaller unit)，主单元压缩到了12行，小单元压缩到8行，并提高了每个单元的广告费率。这一做法取得了显著的效果，19世纪60年代，该报销售量达到60 000份，超过《纽约太阳报》而居美国报业之首。

巨大的广告收入为报纸提供了强大的物资技术上的保证。《纽约太阳报》于1837年起采用了当时最先进的滚筒印刷机，每小时印刷量达4 000份。而报纸的海量发行以及广告成为报纸的主导收入之后，这更是降低了报纸的发行价格，低的发行价格又反过来扩大了报纸的发行量，发行量的扩大又吸引了更多的广告商，形成一种良性循环。

3. 广告对报纸内在的影响：经营方式的全面商业化

业内公认，最早的现代报纸是1665年创刊于英国的《牛津公报》，后更名为《伦敦公报》。1666年，《伦敦公报》正式在报纸上开辟了广告专栏，这是第一个报纸广告专栏，各报争相效仿，广告从此占据了报纸的一席之地，并成为报业最重要的经济来源。自此，报纸和广告结下了不解之缘。

西方早期现代报纸自17世纪诞生，至19世纪末，经过两个世纪的沉淀和积累，已经日益走向成熟。在工业革命提供的雄厚物质基础和强大的技术基础之上，早期现代报刊日趋现代化、大众化，在这一过程中，西方早期现代广告功不可没。

其实，在19世纪80年代之前，早期现代报纸登载广告主要是服务性的“新闻”(广告)来促进销售而获得更大收益。19世纪初，报纸广告的收费标准非常低，当时很多报纸广告版面其实是免费派送给广告主的。也有学者把这一时期的报纸发行称为“发行主导型报纸”，即发行主导型报纸是指通过销售报纸而得的收入占报刊总收入的50%以上。这一现象持续到19世纪80年代才开始出现变化，报纸的广告收入比重开始超过发行收入比重，并逐渐占据了报纸的主导地位。贝克(C. Edwin Baker)根据当时几位主要美国报纸史学家的数据，编制出了1879—1929年广告收入与报纸总收入之比的演变情况。

上面表格数据或许不太准确，但依然可以看到一种趋势：广告收入在报纸总收入中的比重越来越大，也越来越受到人们的重视。也曾有人把这种报纸发行称为“广告主导型报纸”，即直接通过销售报纸版面给广告商(企业)，并间接地将报刊所拥有的在其读者中所建立的影响力销售给广告商，所得广告收入占报刊总收入50%以上。这一变化深刻地影响了19世纪末至20世纪初报纸的经济结构。

首先，广告收入主导报纸总收入之后，报纸在经济上获得较独立的地位，不用再被动地接受政府的补贴，进而获得了话语独立权，从而能够站在更加客观公正的立场上报道新闻事件，这促使了以客观性为主要特征的新闻专业主义的产生。其立场上报道新闻事件，这促使了以客观性为主要特征的新闻专业主义的产生。

其次，广告收入主导报纸总收入之后，报纸的总收入远远大于发行占主导地位时候的收入，报纸物质实力增强，广告投放为报纸提供了雄厚的物质基础，在一定程度上促进了报纸的技术改进、人才培养和设备更新。

最后，报纸的主要收入由发行转移到广告上，这直接降低了报纸的售价，给读者带来了切实的利益好处，从而扩大了读者市场。

广告收入—报价低—惊人发行量三者之间形成了一个完美的循环过程，这就预示着报纸经营全面转入商业化轨道，标志着新闻事业进入现代化的时代进程已经完成。

但是，人们也不得不承认，报纸的转型也带来了一些负面影响。例如，广告主宰了报纸收入，进而也就控制了报纸的内容，读者被边缘化，这就滋生了一系列的新闻丑闻，引发了一些交易新闻等不良现象，这样的宣传导向对城市文化造成了负面的或不利的影响。

从总体上看，广告开启报纸的大众化发展是毋庸置疑的。低价报纸和广告的完美结合，创造了惊人的发行量，这打破了自古城市中贵族与精英阶层对知识的垄断，推动了城市平民文化的普及，迎来了多数人可以阅读报纸的大众传播时代的新开端。

二、广告唤醒杂志的市场经济意识

(一)杂志的现代化和大众化

1665年1月5日，法国德·萨罗在巴黎创办《学者学报》(*Le Journal des Scavans*，后来刊名改为*Journal des Savants*)，被认为世界上最早的杂志。杂志走过步履维艰的萌芽期，进入廉价普及期，经过19世纪到20世纪的进一步发展，逐渐脱离了狭隘的经营观念，开始具备现代产业理念和市场意识，日渐成为和现代市场经济发展息息相关的文化产业部分之一。

在美国，南北战争(1861—1865)爆发前，其国内的杂志已经非常普遍，其中较著名的有《哈勃周刊》(*Harper's Weekly*)、《彼得森》(*Peterson*)和《戈迪女士读物》(*Godey's Lady's Book*)等，这些杂志都标榜自己格调高雅，拒绝刊载广告。但进入19世纪以后，美国杂志发展十分迅速，很快成为美国文化的一部分。据资料记载，1825年美国杂志还不到100种、1850年发展到600种、1870年增加到1 200种、到1880年已达2 400种、1890年则有近3 000种了。不过，在19世纪80年代末之前，美国杂志主要依靠发行售卖收入和出版商的自身财富来维持收支，来确保杂志经营正常运转。出版商主要借助杂志表达观点、传播信息，而不是追求利润。由于当时的杂志主要是面向少数识字的精英人才，所以他们多数都持有传统贵族式的清高品位，强烈拒绝刊登广告。

直到19世纪末，随着资本主义市场经济的发展，生产制造商开始意识到杂志如果能够刊登广告，那么它将是利润丰厚的一块沃土。金斯曼(F. G. Kinsman)是美国缅因州的一位出售特许药的老板，他把杂志与宗教联系起来，资助各个地区的主日学校(Sunday School)创办杂志，而所有这些杂志的封底都是他的特许药广告，从而使他变成了全美最大的主日学校周刊和月刊的出版人，而金斯曼及其特许药公司则从宗教杂志提供的空白版面上获得了巨额的利润。这一行为无疑是给其他出版商做了一个杰出的示范，在难以拒绝的商业利润效应的诱惑下，其他出版商便纷纷开始效仿这种经营方式。于是，“自恃清高”的传统贵族杂志不再是文学精华类的“小众”杂志，而是面向普通大众的日常生活杂志。同样，这些杂志的运转也不再是单纯地依赖自身的发行收入，广告费用已成了它们重要的收入来源。

(二)广告对杂志的综合影响

1. 杂志功能日趋多样化

广告对杂志的影响是深刻的，其对杂志功能的影响尤是多方面的。一是在广告的“冲击”下，诸多杂志即由原来传播知识和消息的单一功能转变为既传播知识消息又推销产品和宣传等多功能；二是在广告的“冲击”下，诸多杂志的经济收入增多且来源广泛。初期，杂志主要是为社会上层少数精英人士所享用，所以发行收入单一而且少，在刊载广告后，杂志的收入就主要来自各行各业的广告主，杂志的收入由此而大大增加；三是广告的“冲击”下，杂志的受众迅速大众化。由于广告的巨大收入使得杂志的售价降低，购买者增加。同时，杂志刊载广告主的销售广告自然要保证一定的发行量，这些因素都促使杂志的受众必然地由精英走向大众。

2. 广告行业杂志不断涌现

世界上第一份广告行业杂志是乔治·罗威尔于1988年创办的周刊《印刷者的油墨》(*Printer Ink*)，在广告行业内具有深远的影响。在现代广告业的发展初期，《印刷者的油墨》是整个广告行业的罗盘，它每周都会提供一些新的想法以及富有价值的建议和讨论，给整个广告行业不断注入新的活力和精力。继《印刷者的油墨》后，大批广告行业杂志创刊。到19世纪末，全美有30多种广告行业杂志。进入20世纪后，更多的广告杂志创刊。广告杂志的出现，其实是广告行业发展成熟的一个表现。初期时，广告与杂志的关系更多的是广告辅助杂志的生存，发展至19世纪末到20世纪初，广告已将杂志为己所用。

广告杂志的出现，表明广告开始由“术”走向“学”。杂志为广告研究提供了一个理论争鸣阵地与实践交流平台，利用其媒介自身的信息传播优势，实现对国内外重要行业动态的即时播报、对研究理论的深度报道，成为专业受众与广告教育的辅助性阅读参考。

三、户外与广播：广告媒体新发展

(一)具有现代意义的户外广告层出不穷

无孔不入的广告宣传不仅要充分利用既有的传播媒体，像报纸、杂志等，同时还“绞尽脑汁”地开发出不同于传统媒体的“新媒体”，具有现代意义的户外广告就是个典型的例子。

户外广告古已有之，但具有现代意义的户外广告(具有现代意识、现代技术)则主要出现于19世纪末至20世纪初。西方早期现代广告发展至19世纪后期，既有的传播媒体已经远远不能满足其宣传和推销的需求了，户外广告正是在这种背景下产生的。户外广告可以分为很多种，既有静止的路牌、特殊建筑、临时搭建的棚子，也有可以自由活动的空中悬挂广告、空中飞烟等。

许多企业除张贴招贴外，开始租用固定地点的木板，把招贴贴上去，木板是board，招贴是bill，这个方式就出现了bill board这个词。

(二)广播广告的兴起

广播广告兴起于20世纪初的西方，KDKA广播电台是公认的世界上第一个商业电台，于1920年11月2日在美国匹兹堡开始播音，播出的第一条消息是沃伦·哈丁击败詹姆·考克斯当选为总统的消息。早期的广播内容主要是一些音乐节目、肥皂剧，还有一些时政和体育消息。广播相对于其他传播媒介具有七大特点：第一，低投入，高回报；第二，节目类型多样，可选择性强；第三，渗透性好，影响力强；第四，可移动性好；第五，报道迅速及时；第六，操作灵活；第七，针对性强，并且具有广泛的覆盖面。广播的这些突出优势不仅吸引了大量听众，也引起了商业广告主的注意。但是，早期的广播电视台其实并不欢迎商业广告，正如贵族式传统杂志一开始不欢迎刊载商业广告一样。

商业的力量是强大的，没有任何东西能抵住利润的诱惑，在广告主千方百计地努力之下，纽约广播电台WEAF于1922年开始把节目时间卖给广告客户。据记载，第一条无线电商业广告是长岛的一家房地产公司的广告，该公司以50美元的价格买下10分钟的播出时间，这条广告一经播出，几套公寓即刻成交。广告产业持续发展，很快，WEAF就有了25位广告赞助商。在广告产业的推动之下，无线广播不仅卖给广告客户专门的广告时间，而且允许广告客户来冠名一些综艺节目的播出。发展到1927年，已经有20%的无线电广播节目有了广告赞助。广播主要节目如音乐、广播剧、闹剧等均由广告主提供，广告主则在节目之前、之中或结尾时插播广告，这成了美国广播广告经营的特色。广告的加入，使得无线广播收入大增，据统计，美国的电台广告收入从1927年的300万美元上升到1929年的4 000万美元。

得益于广告收入带来的雄厚物质支持，广播网迅速覆盖美国。另外，广告促使广播的社会职能发生转变，由原来的公共新闻信息发布渠道，日益转变为商业信息的主要发布者。公众收听收音机，获取的不仅是哪有音乐会，哪有体育比赛，还有哪家公司卖什么样的产品以及该产品如何。到20世纪30年代，无线广播超过杂志成为当时的第一大广告媒体。广播广告凭借其强大的影响力，积极传播了商业文化，也改变了城市文化构成要素之间的比例关系。

第三节　西方早期现代广告对城市女性文化的影响

今天欧洲博物馆里展出的，有来自公元前 2500 年左右刻有楔形文字的石碑和纪念碑，其内容主要是关于国王修建、修缮神庙以及城堡的记录，还有国王生前修建神庙的名录等。美国人弗兰克·普瑞博瑞(Frank Presbrey)1929 年出版的《广告的历史与发展》一书中，将这些石碑、纪念碑称为“世界上最早的广告”。广告从公元前产生，发展至 19 世纪，算起来也有四千多年的历史了，在这一漫长的历程中，男性与女性在广告中的地位却始终是不平等的。男性一直都是广告的主导者，频频出现在广告中，而女性不仅鲜见于广告，即使出现，也是作为男性的附庸。在 19 世纪末 20 世纪初西方早期广告时期，广告对于城市女性文化产生了哪些影响呢？

一、从被动状态到受主动青睐

女性在西方广告中一直处于一种被动的状态，这种被动主要体现在两个方面：一是在西方广告发展早期，女性很少出现在广告中，或者说广告商很少会注意到女性，更不会将女性的形象以及女性的需求付诸广告；二是到了西方广告现代发展时期，女性虽然开始在广告中展露，但是作为男性的附属品出现的，广告中所描绘的女性形象，大都是将女性作为一个消费者、一个市场的对象来看待，而不是一个具有主体意识的人。

当西方广告发展至 19 世纪末 20 世纪初时，为什么会突然青睐于女性了呢？主要出于下述两个动因：

首先，随着西方市场经济的发展，资本主义已经由资本积累阶段发展至消费阶段，资本积累的主要来源也已经从生产资料逐步过渡到生活资料的生产，大量生活资料的产出必然要求广阔的销售渠道，也必然会引起激烈的市场竞争，在这双重压力的推动下，生产商加强了对自己产品做广告的力度。“妻子主要负责家庭内部事务”是古典时代就倡导的主题。色诺芬说：“男人的天职是从事家庭外部事务，而女人则是主内。”男性负责赚钱，女性负责花钱。女性主宰着千家万户的日常消费，掌管着家庭的财政大权。对于一个家庭来说，女性负责日常生活开销，要买什么，买哪个厂家的，这些都是她们所关心和所应负责的，而不属于男性的职责范围。正是由于这个原因，一些广告商开始意识到女性购买地位的重要性。

其次，到了 19 世纪末，妇女解放运动达到第一次高潮。当时人们就两性的平等展开争论，争取家庭劳动与社会劳动等价，政治权利同值等是运动最重要的一个目标。再加上之后战争的影响，女性的地位逐渐提高，逐渐由家庭走向职场，特别是1918年，第一次世界大战结束后。同以往一样，战争使职业女性的数量增加，在美国，20世纪20年代只有1/4的女性就业；到了20世纪60年代，就业妇女已占到女性总数的40%。那些在城市里生活并工作的女性，她们有了自己的收入，有了购买力，形成了一个巨大的潜在市场，因此第二次世界大战后的广告明显把目标对准了女性群体。即使是那些所谓以男性购买为主的汽车、保险的广告文案，也开始考虑到女性的思维方式和购买特点。因为广告心理学的研究分析得出，相较于男性，女性的购买过程与决策更加易于冲动、感性，也就是说，更容易被广告所打动，进而产生购买行为。既然这“半边天”更容易被独特的销售主张说服，商家将她们视为目标受众自然是明智的决策。

二、男权主宰与女性附属地位

虽然20世纪初，女性在西方广告中从被动状态逐渐转向受主动青睐，但女性在广告中的附属于男性的基本状况没有太大改变。因为西方的传统习惯和传统价值观念普遍认为，男人是女人的主宰和统治者，女人是男人的附属品，没有独立的身份和地位。这一点在西方早期现代广告中体现得非常明显。归纳而言，女性对男性的附属性在广告中主要体现在两个方面：取悦男性和服务家庭。

(一)取悦男性

美女(beauty)和婴儿(baby)、动物(beast)是广告创作的三要素，其中运用之广泛和影响之大尤以美女为最。

谁都知道，人们不能连同商品一起将广告中的女性也买回家，在这种交易活动中，女性是作为能满足男性欲望的精神商品而存在的。

男人用锄头征服了土地(农村)，而女人则用打字机征服了城市。在第一次世界大战后，女性开始作为一支独立的力量踏入职场，并且开始在经济上独立，成为都市白领，但是长久以来在“男尊女卑”传统思想的压抑下，都市女性在自我价值和自我肯定上还是没有自信的。19世纪末至20世纪初，都市女性普遍持有一种被喜爱、被关注的心理，并且迫切地想提升自身形象以此来跨入中产阶级。于是，广告商就以此为切入点，针对女性的这一心理特点制作专门的销售广告，以此来引发她们潜在的欲望。广告商通过一系列成功的紧身内衣、时髦时装以及高级香水广告来向都市女性传达这样一种理念：只有用这种产品，才会获得成功的婚姻，踏入中产阶级。

在美国早期广告史中，19世纪末时可口可乐已经超越了它仅仅作为饮料的属性，成了美国文化的象征。当时，可口可乐公司喜欢将朝气蓬勃、令人愉快、美艳动人的漂亮女人作为广告模特，第一批“可口可乐女郎”也在这时出现，女演员西尔塔·克拉克(Hilda Clark)和大都会歌剧院的明星莉莲·诺帝卡(Lilian Nordica)都曾为早期的可口可乐广告做过模特。可口可乐虽然用时髦女郎作为广告模特，但是其铁杆消费者并不是女性，而是广大的男性。因为这些模特的外在形象正好迎合了男权社会中男性对女性的审美标准。可口可乐正是以女性为卖点，以男性喜好为准点，成功地抓住了男性的消费心理，从而一举获得成功。正如广告中所言：“没有比健康、美丽、富有魅力、充满温柔的女性形象更能使人联想起可口可乐了。”从此，健康、快乐、阳光、青春、活力、美丽便成了可口可乐广告的永恒主题。

(二)服务家庭

按照西方伦理传统，女性在家庭中的角色应该是服从者、管家婆以及丈夫的助手。理想的妻子形象是懦弱的、顺从的、乐善好施的、贞洁和谦逊的。19 世纪末至 20 世纪初，妇女在广告中的形象主要是家庭中不拿薪水的工人和母亲。西方社会并不期望女性能在经济生活中起到多大的作用，相反，整个社会都希望女性能在家中相夫教子、勤劳持家。不管是第一次世界大战还是第二次世界大战，男人到前线打仗去了，迫于种种战时压力，女人被期望出来工作；可是，一旦战争结束了，女人又重新被社会期望回家继续做家庭主妇。西方早期现代广告也是按照这样的价值观念和逻辑顺序来塑造了一幅幅家庭图景。一般而言，针对妇女的广告主题基本都是围绕如何帮助她们减轻家务负担以及如何照顾好家庭成员、创造美好生活来展开的，例如在 19 世纪 70 年代，享有“诚信广告之父”“现代广告之父”的约翰·鲍威尔斯(John E. Powers)曾为驱蝇器写过这么一条广告：“爱整洁的主妇驱赶苍蝇；但一部长效蜂音器能粘杀苍蝇。在您睡觉或进餐时，它能为您驱走苍蝇，这真是一种享受!”在第二次工业革命的推动下，许多电器类的新产品进入普通家庭生活：电熨斗、烤箱、洗碗机、洗衣机、电风扇、电冰箱等。这些产品的生产商为了推销自己的产品，在广告宣传中，都打着“可以减轻主妇的家务负担”这一旗号，以此显示出对家庭主妇的人文关怀。1920 年，利比(Libby)食品广告对“从未走出过家门的女人”这一主题进行了全面的挖掘。这个广告在结尾处表明主题：只要使用利比食品，那么家庭主妇就能够从烦琐的家务之中解脱出来，就可以省出很多时间来干一些别的事情，从而使自己的生活丰富起来。乍一看，这个广告似乎是真的关怀家庭主妇的幸福感，为她们节省时间，帮助她们摆脱家务的困扰，做一些家务之外的事情，其实则不尽然。20 世纪初的广告，还是很少提及女性职业生活的，更多的是建议女性把做家务的时间省下来，用于跟孩子玩耍、陪丈夫看电影或者打高尔夫球，很显然，城市女性还是作为男性的一个附属品出现的。

三、广告影响的城市女性形象

通过上面的广告案例可以看出，广告中的话语和形象是如何影响人们对他人的看法、人们的世界观、人们的社会关系以及人们的行为的。西方早期现代广告通过对西方女性典型形象的塑造与重复宣传，逐渐给社会造成一种“刻板”印象：妇女就是要做家务，迁就丈夫，教育孩子，还要教导自己的女儿也要这样做。所谓“典型形象”，即对某类人或某特定群体的标准化的表现，虽然与真实相去甚远，但因其频繁而普遍地出现而显得似乎是真实的。罗兰·马钱德(Roland Marchand)在他的《广告美国梦》(Advertising the American Dream)中指出，男性创造了广告中的女性形象，因为文案撰写人员是男性，而且当时女性从事的职业大多为文秘，她们没有机会为自己塑造形象，在男权当道的社会中，当他们主宰广告业时，广告表现的完全是男人预期和自身所需要的女性形象，至少在第二次世界大战之前，居于社会主流地位的白人男性在塑造广告中的女性形象，即所谓的“好妻子”和“好母亲”形象。

美国商业新闻网站(businesspundit.com)选择并公布了反映20世纪50年代女性社会地位低下的印刷广告图片，从中人们不难看出那个时期广告对城市女性形象的不良影响。在这些大男子主义的图片中，女性不仅要高兴忘我地做着家务，悉心照料着丈夫，还要忍受丈夫的指责。例如，在Chase&Sanborn咖啡广告中，一名男子似乎在打妻子，责怪她没有买到最好的咖啡。现实生活中的“母老虎”被男人踩在脚下，广告也在向女性灌输，老老实实在家里待着是件好事情。更夸张的是，为了卖男士衣服，广告文案开头便写道：“女性在家里还有点用，来到户外就吃力了……”画面中，两个男人在轻松地面对面闲聊着，而悬崖下面的女性则生死未卜。这个时期，甚至连女性卫生用品的广告，都要描述这样的场景：情感脆弱的年轻妻子需要丈夫强烈可靠的宽慰。

20世纪50年代，女性虽然对性感广告以及自身狭隘的社会作用还没有醒悟和深入思考，但不满的种子已经在生根发芽了。到了20世纪60年代，随着城市中后现代女权主义者表达女性话语权需求的日益强烈，这些广告便开始遭到强有力的批判，这在一定程度上帮助“走向邪路”的女性歧视广告“浪子回头”。

第四节　西方早期现代广告对城市广告教育的影响

任何一门新学科的产生与发展，都是社会的政治、经济和文化发展到一定阶段而产生对其需求的必然结果。现代意义上的广告教育，萌发于19世纪末20世纪初第二次工业革命时期的西方资本主义经济发达国家，它是现代社会的工业化、城市化和市场化浪潮引发各先进国家广告产业迅速发展导致广告人才培养成为社会与行业急需的产物。城市化进程推动了广告学的理论研究与专业教育，同时，高等学校的广告教育培养出大批广告人才，也有助于城市经济发展与文化变迁。

20 世纪初期，由第二次工业革命浪潮所引发的诸多新兴学科在美国、日本、欧洲相继涌现，当工程学、经济学、心理学、市场学等新型应用型学科和专业课程在许多发达国家的大学中开设和普及时，诸如法学、商学、新闻学等新兴社会学科的专业教育也在这些国家的大学中迅速创立。而在 19 世纪末的西方广告产业蓬勃发展的刺激下，也同样催生了 19 世纪末至 20 世纪初广告学与广告教育在西方主要广告大国中出现并迅速发展。

一、美国广告教育的兴起与早期发展

世界范围内属于现代意义的广告教育始于 19 世纪末 20 世纪初的美国。其标志是美国在其大学里开始开设有关的广告课程，并先后在一些大学里正式设置广告专业。

(一)广告课程的开设：美国广告教育的开始

19 世纪末，美国的一些著名大学开始引入广告课程。根据 Keith F Johnson 和 Bill Ross 所著的《对五年来美国高校广告与公关教育的回顾》一文，美国最早开设的广告课程可追溯到 1893 年宾夕法尼亚大学沃顿商学院(University of Pennsylvaniain Wharton School of Business)的约瑟夫·法兰克·约翰逊(Joseph French Johnson)教授在该学院讲授的广告课，据悉，这是世界范围内广告课程第一次正式进入大学的课堂。

密苏里大学(University of Missouri)在 1898 年的有关课程里增设了广告的内容和知识，但真正将广告单列为一门正式的大学课程的，则是美国东部的纽约大学(University of NewYork)。1905 年，美国当时著名的 John Wannamaker 公司的广告经理 W. R. Hotchkinss 在纽约大学的商学院单独开设了“广告学”(Advertising)课程，从此，广告学便成了该商学院的一门常规的主修课程。

1908 年，美国中部的西北大学(Northwestern University)，其社会心理学教授瓦尔特·斯科特(Walter Dill Scott，著有《广告理论》《广告心理学》等书，被称为美国“第一个杰出的广告学教师”，后来成为西北大学校长)在该校商学院开设了“商务、广告与营销的心理学”(Psychology of Business，Advertising and Salesmanship)课程，这是美国最早的将广告学与商学、营销学等新型应用学科进行学理交叉融汇而讲授的广告课程。

同样在1908年，美国中部的密苏里大学在其刚设立的世界上第一所新闻学院里开设了它的第一门广告课程——“广告与发布”(Advertising and Publishing)，由查尔斯·罗斯(Charles G. Ross)(后来成为杜鲁门总统的新闻秘书)主讲。在此需特别指出的是，密苏里大学在新闻学院里正式开设广告学课程，是一种具有标志性意义的举措，它标志着广告学从当时被普遍认为应归属于“商学”或“营销学”范畴的一门课程，由此而开始朝向新闻(传播学)方向发展了。

第二次世界大战结束后，广告学在美国大学中获得长足发展，至1950年时，美国已有61所大学先后开设了广告学课程。尤其是在1945—1949年的5年时间里，就有16所大学新开设了广告学课程。

美国大学广告课程从19世纪末开始向学生讲授，到20世纪初期时被正式单列开设，虽然时间跨度不长，但它意味着美国的广告教育已开始从“术”的实践阶段走向了“学”的理论层次，开始了一个从经验积累到理论升华的演变过程。

(二)广告专业的设置：美国广告教育正式步入大学的殿堂

如果说广告课程的设置是广告教育开始起步，那么广告专业的正式设置则是广告教育真正进入了正规教育的轨道。而首先进入这一轨道的是密苏里大学。

密苏里大学不仅创立了世界上第一个新闻学院，在1908年就正式在其新闻学院里开设了广告课程，而且它是美国第一个正式单独建置广告专业的大学。它于1913年在其新闻学院里始建了美国(也是世界)第一个广告专业，并于1915年开始正式授予毕业生广告学专业学士学位，因此，密苏里大学也就成了世界上最早授予广告学专业学士学位的大学。之后，纽约大学于1915年成立了广告营销学系，马奎特大学(Marquette University)、西北大学(Northwestern University)、威斯康星大学(University of Wisconsin)和奥克兰霍马大学(University of Oklahoma)也分别于1916年、1919年、1917年和1919年设立了广告专业，至1919年时，美国已有6所大学先后设立了广告专业，至20世纪30年代时已有19所大学颁授毕业生广告学学士学位。

需要特别指出的是，密苏里大学于1913年始建了美国第一个广告本科专业后，又于1921年首开广告硕士课程之先河，从此以后，美国开设广告硕士课程的大学也迅速增加，至20世纪30年代全美国有6所新闻学院开设广告硕士课程；20世纪40年代升至16所大学；20世纪50年代有27所大学；1964年有34所大学开设广告学硕士学位课程。

(三)广告教育组织的建立：美国广告教育的纵深发展

随着广告教育事业的发展，从事广告教育的一些人士开始自发组建各种民间的非营利性教育组织。美国的广告教育组织主要是于20世纪初，由广告教育开展得比较早的纽约大学和密苏里大学所发起和组织的。

(1)全国广告教师协会(National Association of Teachers of Advertising，简称NATA)。1915年，纽约大学的乔治·霍金斯(George B. Hotchkiss)在芝加哥发起和组织了全国广告教师协会，并举行了由28位成员参加的NATA第一次代表大会。代表中包括海瑞·提帕(Harry Tipper，得克萨斯的广告经理和纽约大学的兼职教师)、瓦尔特·斯科特(Walter Dill Scott，社会心理学家，西北大学广告学教授，后为西北大学的校长)、瑞福·斯达尔(Ralph Starr，著名的市场营销教师)、约翰·珀沃(John B. Powell，“Alpha Delta Sigma”组织的创办人)、休·阿格纽(Hugh E. Agnew，广告与营销教师)等，他们都是当时著名的高校广告课程主讲人。在第一次会议上，代表们主要讨论两个问题：一是广告课程的主要内容到底是什么；二是广告教学的学术管理以何为标准。此外，代表们还从心理学、商学(营销)和新闻学的学科角度谈论了广告学的学科归属问题以及课程设置的看法。第一届主席为瓦尔特·斯科特，秘书长为乔治·霍金斯。

(2)全国广告同盟会(Alpha Delta Sigma，简称ADS)。1913年11月14日，约翰·珀沃(John B. Powell)以及麦凯(H. J. MacKay)、雷克斯·马吉(Rex Magee)、盖伊·泰雷尔(Guy Trail)等八位成员在密苏里大学创建了主要以广告领域的学生和从业者为成员的“全国广告同盟会”，约翰·鲍威尔(John B. Powell)当选为第一任主席。虽然协会的成员大部分是学生，但不少教师和广告业界人士也被邀请加入其中，如贝敦(Batten)、布鲁斯·巴顿(Bruce Barton)，以及美国广播公司(ABC)的副总裁唐·吉尔默(Don E. Gilmer)等。这个组织的成立宗旨有三个：把广告领域的学生和从业者组织起来；为这些人提供更多和更高规格的培训；使用合法手段提高广告业及其从业者的影响力和声望。1926年，ADS在密苏里大学召开了它的第一次全国代表大会，之后每年举行年会一直到1932年的大萧条时期，由于经济问题，成员们不再举行全国性的年会，只是通信保持来往和交流，这样的情况一直持续到1938年。

(3)全国广告女子同盟会(Gamma Alpha Chi，简称GAC)。1920年2月9日，露丝·派瑞特(Ruth Prather)、比阿特丽斯·瓦茨(Beatrice Watts)、埃拉·怀亚特(Ella Wyatt)、阿夫瑞德·哈利根(Alfreda Haligan)、伊丽莎白·阿特白瑞(Elizabeth Atteberry)等19位成员于密苏里大学创办了一个以女性成员参加的广告协会组织——全国广告女子同盟会，鲁斯·普拉斯·美迪亚特(Ruth Prather Midyette)成为第一任主席。此后其他大学如得克萨斯大学、华盛顿大学、伊利诺伊大学等也纷纷建立了该协会的分会。

1926年，“美国全美市场学和广告学教员协会”成立，学者开始联手对广告学展开更广泛、更系统的研究。

除了成立上述各类广告教育组织之外，美国广告业界也先后成立了许多广告行业自律组织，如1938年，在美国成立了“国际广告协会”(IAA)，之后，美国的“广告主协会”“广告代理商协会”“广告实践委员会”等组织也相继成立。这些协会和组织均从不同的角度对广告理论与实践、广告公司的运作与自我服务等关系和问题进行了深入探讨及实践，使广告行业的自我管理成为广告行业运作中的重要组成部分。

二、日本广告教育的兴起与早期发展

虽然日本近代意义的广告产业的起步晚于西欧和美国，但日本的广告教育则几乎与西欧及美国同时始于19世纪下半叶。日本的广告教育从其一开始萌芽就与西方国家特别是与美国有着非常深刻的历史渊源与密切联系。

从日本广告教育的发展与演进的历史过程看，一般可以1945年为分界线，分为前、后两个时期，即从明治维新(1868年)至二战结束(1945年)之前的这段时间为日本广告教育的前期，而以1945年至今这段时间为日本广告教育的后期。下面先重点介绍前一个时期的日本广告教育情况。

(一)日本广告教育的源起

日本的广告教育始于19世纪下半叶日本被迫向西方“开放”和“学习”时期，其“内动因”是日本近代广告产业的兴起，而其直接的“外推力”则是西方广告的直接传入与西方广告学术书籍的大量引进。

早在1873年，日本在其出版的《英国新闻大意》一书中就曾对“广告”一词进行过说明，并对刚在日本出现的“广告代行社”(即广告代理公司)做了介绍。1880年开始，日本广告代理公司等也先后创立。1883年10月，日本著名学者福泽谕吉就在《时事新报》“写给商人的话”一文中介绍当时日本商业广告的作用和必要性时，提出“广告犹如士兵的武器一样重要”的观点，并就广告媒体的利用与广告的编制方法等做了说明。同年，上野阳一开始用“品等法”(order of merit)对广告原稿进行“统计性广告研究”，这是日本早期关于广告的专论性文章和专门性研究。

20世纪的二三十年代，随着日本广告产业的发展，日本学界也开始大量引进、翻译和出版美国当时流行的各类广告论著。1917年，佐佐木十九在日本翻译出版了美国西北大学著名社会心理学家瓦尔特·斯科特1910年著的《广告心理学》(*The Psychology of Advertising*)一书；同年，北泽新次郎也在日本翻译出版了美国的《最新广告论》一书；1929年，美国的丹尼尔·斯塔切于1923年著的《广告学原理》(*Advertising Principles*)一书被译成日文出版。20世纪20年代，广告杂志也开始在日本创刊，1925年万年社的《广告年鉴》在日本刊行，1930年大仓高等商业学校的广告研究会也在日本创办了《广告研究》杂志……

上述的这些日本早期有关广告的报道与文章、各类外国广告论著的翻译出版与传播流行、各类广告杂志的相继面世等，对当时日本国民的近代广告意识与广告知识教育起了非常积极的开启与催化作用，推进了日本的一些大学开始关注和开设有关广告知识的各类讲座，促进了日本早期广告教育的兴起。如1914年早稻田大学创立了日本最早的由学生组织的广告研究团体——广告研究会；1921年神户高等商业学校(神户大学的前身)开设了日本高校的第一个广告讲座；1922年神户大学始创了“广告论研讨会”；同年明治大学也首次开设了“广告研究”讲座……综上，这些广告研讨会和广告讲座的出现，标志着日本早期广告教育的正式启动。

(二)日本早期广告教育的发展

日本的广告教育于20世纪30年代达到一个高潮，这与当时的世界经济危机及日本经济的畸形“繁荣”有关。该时期，日本学界也开始关注和接受美国将广告作为“营销”(marketing)手段之一的理论，并相继出版了许多具有日本学者自己学术思想与内容的广告学论著。

1929年，大家政晨在东京市光学堂出版的《贩卖增进广告政策》一书与1930年中川静撰写《广告论》一书中，“广告”作为“营销”手段之一的观点被首次正式引进日本；1930年，内外通讯社出版了《新闻广告四拾年史》，这是日本学界首次对其国家广告产业发展40年的一次历史总结；1931年栗屋义纯撰写了《广告元论》；1934年，高田源清出版了主要介绍“公共关系”(PR)内容的《广告要论》，西方新兴的公共关系理论由此也被第一次引入日本；而收录了众多国外广告法规的《广告法论》也于1936年在日本出版；1935年松宫三郎出版了《广告实务》；1936年栗屋义纯出版了《广告要论》；1937年市山盛雄出版了《新时代广告文学》；1937年，佐佐木吉郎关于广告经济理论的专著《广告经济总论》一书也在日本发行……至此，日本广告团体(公司)之间盛行的关于广告原理、广告与经济、广告与资本关系等的“广告讲座”也同时在日本的诸多大学里先后开设。

1929年世界经济危机爆发后，日本迅速走上了军国主义道路，其经济进入了所谓的“战时体制”，日本的整个国家随之进入了“战争随军宣传”体系。1940年，日本政府制定《日本广告律令》，开始实行对广告的“战时”管制。1942年，日本政府又在其国税中实施了广告税……这一系列“战时措施”使日本的广告产业和广告教育事业遭到重创而急剧衰退。据统计，第二次世界大战期间，日本有关广告理论与实践研究方面的书籍总共不超过34部(各为17部)。日本的广告研究与广告教育进入了“严冬”“萧条”时期。

(三)日本早期广告教育的特点

从历史的角度看，上述日本早期的广告教育有以下几个特点：一是在亚洲地区，日本是近代报纸广告兴起最早、发展最快的国家之一，也是开展近代广告教育最早的国家之一；二是日本的广告教育同其近代政治与经济的发展史一样，深受美国及西方国家的影响，其具体表现为20世纪第二次世界大战之前大量引进和翻译美国广告方面的专著与论文；三是第二次世界大战之前日本大学中设置广告专业的院系几乎没有，就是那些开设广告课程的大学，其广告课程也没有成为当时大学有关专业的必修课程，仅是所谓的广告讲座而已。

第五章　中国城市居民广告意识变迁

当代中国广告业的发展经历了四个阶段，处于政治、经济飞速变化的特殊历史时期，位于中国现代社会进程坐标体系中的广告业同样呈现新的气象，与社会政治、经济文化共同律动。本章把握这种律动，借助实证研究资料考察分析中国城市居民广告意识呈现出来的变化特点。

第一节　中国广告业的发展时期划分及有关说明

一、研究时期划分

本书重新梳理中国广告业的发展，把当代中国广告业的时期划分为四个阶段，这是为了在社会转型背景下重新审视中国广告业，为考察转型期中国城市居民广告意识变化找一个平台。对不同时期中国城市居民广告意识二手资料的梳理和分析，也将依托于此完成。

本次实证分析的时间跨度较长，各时期的二手资料可得性相差较大，给研究带来诸多困难，也限制了研究结论的适用范围。为使研究保持相对连续完整性，兼顾二手资料可得性，整体截取从1979年至今的这段历史时期跨度。根据对当代中国城市居民广告意识变迁的判断，将其划分为三个主要阶段：

(1)混沌与消极(1979年至20世纪80年代初中期)。

(2)明朗与积极(20世纪80年代中后期至90年代初)。

(3)理性与多元(20世纪90年代中期至今)。

1979年至20世纪80年代初中期是第一个阶段，广告业刚刚恢复，受社会政策大背景的影响，除1981年北京商学院对北京218户居民进行的第一次"电视广告宣传的调查"中涉及广告效果的零星调查外，关于广告的调查为零。早期中国居民广告态度的研究，大多数由外国学者在中国进行。直到1989年，我国才允许外国企业进入中国收集消费者数据。这一时期实证数据的奇缺与我国调查行业起步较晚也有很大关系，大部分关于广告的调查都依附在电视媒体的观众调查中进行。

我国的调查事业真正得到广泛开展并形成声势是在 1986 年以后。

总体而言，20 世纪 80 年代中后期到 90 年代初，全国专业化市场研究公司寥寥无几，偶尔为国外企业进行的市场研究，一般由广告公司内部设立的市场调查机构进行。所以，这一时期实证资料极其匮乏。但这一时期是整个中国转型社会的重要起步阶段，也是当代中国广告业发展的起点，这一时期形成的广告意识，是改革开放后中国城市居民广告意识的重要发端，所以本书仍单独阐述这一时期。对这一时期的考察分析，主要借助相关文献资料、纪录片资料。

二、资料的来源和使用说明

本章以实证分析为主，主要进行定量分析。收集整理大量二手资料，筛选出可以利用的实证资料进行二次分析，进行历时性的比较。数据筛选主要考虑取得科学的调查样本，由于同时使用既有数据和二手资料，研究结论的适用范围有限。综合考虑广告意识的考察维度和实证调查数据的科学性、可用性，主要使用以下资料：

(1)1987 年中央电视台进行的全国受众抽样调查(后文简称“1987 年电视广告效果调查”)。该调查时间为 1987 年 6 月始至 1988 年 1 月止，历时 8 个月，是中央电视台与全国省、直辖市、自治区级电视台(宁夏和陕西未参加)联合进行的全国电视观众抽样调查。有效样本共计 n=24 893，其中城市样本 n=19 970，农村样本 n=4 923。

(2)1988 年“中国城市居民消费意识、广告意识”调查(后文简称“1988 年中日广告研究”)。1988 年 6—8 月，以日本一桥大学山本武利教授为课题负责人的中日共同研究小组，分别在北京、上海、广州三城市进行了主题为“中国城市居民消费意识、广告意识”调查。按照调查地区不同，调查的重点有所侧重，北京地区着重调查一般市民媒介接触和广告意识，调研主题为“中国城市居民的消费意识和广告观念”；上海、广州的调查重点在市民的消费意识和对外国广告的态度上，调研主题为“中国城市居民的广告观念和对外国广告的反应”。为了进行三地对比研究，各地的问卷有较大部分相同。有效样本共计北京 n=903，上海 n=600，广州 n=400。

(3)《IMI 消费行为与生活形态年鉴》(2011—2016 年)。这是本次实证分析使用的核心数据资料，故在此具体交代。从 2011 年开始，中国传媒大学广告学院下属的 IMI 市场信息研究所(创研)就致力于研究中国城市居民消费行为与生活形态，基本每年在全国的主要城市进行一次消费者抽样调查，编辑出版《IMI 消费行为与生活形态年鉴》。截至 2005 年，积累了近 10 年的中国城市居民调查数据，形成了较为丰富、翔实的《IMI 消费行为与生活形态年鉴》数据库。由于年鉴数据库提供了连续性的数据资料，使得2011—2016年的研究可以保持一定的连续性。但年鉴数据具有一些特殊性：

第一，年鉴调查的样本是非连续性样本。年鉴的调查样本采用的是三阶段、随机等距不重复PPS抽样，因此，年鉴的样本个体并不是连续性的固定样本；但是由于采用的都是随机抽样与配额抽样相结合的调查方式，因此样本有较好的代表性。

第二，尽管在抽样方法、执行方式和问卷内容上10年数据基本保持一致，但受到主客观因素的影响，历年年鉴的数据在执行区域、问卷设计内容方面都有一定的变化。首先，年鉴每年的调查城市数量都在递增，从最初2011年的北京、上海、广州三个重点一线核心城市扩展到后来的21个城市(其中北京、上海、广州三个城市是从1995年调查开始就一直保持下来的城市样本)；其次，问卷中涉及广告的问题每年也有轻微的更换和调整，所以本书涉及的有关广告意识的几个核心指标并非完全连续，年鉴的数据库的这些特点，也给实证分析带来局限。

(4)“2016年中国城市消费者广告接受度调查”。2016年7月，《现代广告》策划并委托零点研究咨询集团对北京、上海、广州、武汉、成都、沈阳、西安、济南、大连、厦门10个城市中3 212名18～60岁居民就广告的接受度问题进行入户访问，其中男性1 421人，女性1 791人，每个城市有效样本约300。研究主要从广告的关注度、信任度、影响力三个维度展开，最后获得对于每类广告的总体接受度及每类广告中各主要行业产品广告的接受度。调查以多阶段随机抽样方式获取样本，数据结果根据各地实际人口规模进行加权处理，在95%的置信度下该调查的抽样误差为1.12%。

第二节 1979年至20世纪80年代初中期的中国广告业

这一时期缺乏实证调查所得数据的量化指标，考察这个时期的广告意识更多借助对广告史料记载的梳理。改革开放寄寓在时代之中，一是经济的发展，二是心灵的解桎。观念意识的解禁绝非一朝一夕就能完成，原有的意识形态仍然支撑着民众的价值体系。外商广告成为跨文化传播大使，传达和扩散着来自西方迥异的生活理念和消费模式，对于禁锢已久的国人而言，国门敞开之后，思想和观念上的冲突与摩擦在所难免。中国广告业正是在这种不同思维、不同认识、不同反应的交织碰撞中，在改革开放的时代大潮中加快复苏，介入社会生活的各个角落。

一、排斥、拒绝与抵触

我国长期奉行高度集中的社会主义计划经济，广告在生活中的作用被逐渐淡忘，人们对广告的认识始终处于模糊不清的混沌状态，极“左”思潮统领下的“文革”，不但摧残广告业，更摧残民众的广告认知。意识形态统率一切，“姓资、姓社”成为区分一切事物的标准，广告被当作“资本主义的生意经”。因此，改革开放初期，仍然有很多国人对广告持否定态度。

在1979年，广告常常被看作社会政治、经济变化的象征物。1979年，中国广告市场的规模微不足道，但无论是电视广告还是路牌广告的出现，几乎每项广告活动的实施都引起全社会的广泛关注和议论，广告活动本身的影响力已经大大超过其经济规模的影响力。这一时期，广告受到如此程度的关注和重视，关键不在于广告本身的市场规模和经济能力，而在于这一时期的广告被看成改革开放的气象标、政府决策的信号。

1979年，中国政府放行外商来华广告，这迅速引起国外企业的注意。那一时期，外国商品基本未进入中国市场，但中国社会的悄然变化使他们认识到，中国市场蕴藏着不可小觑的商机。最早进入中国的外商主要是日本、欧美企业，在形式上主要是电视、报纸和户外广告，可以用“跃上报纸、登上银屏、走上街头”形象地概括外商广告在中国的情况。这一点，还可以从1980年全国广告投放费用数据上得到证实，1980年全国广告投放费用为1 500万元，其中外资企业的投放额度就占近30%。

外商广告登上中国历史舞台可谓一波三折，出乎意料的是，外商广告遭遇的主要阻力并非来自官方，而是来自老百姓的自发抵抗。人们无法理解外商广告在中国的发展，外商广告存在的必要性也争议颇多。1979年3月20日，北京的《工人日报》在全国大报中首开先河，整版刊登日本东芝电气株式会社的广告，这是“文革”后中国报纸刊登的第一例整版外商广告。“东芝”整版广告刊登之后立即受到民众比较强烈的反对，人们不解“《工人日报》是社会主义国家报纸，为什么要登资本主义国家的广告?”为此，《工人日报》还专门根据十一届三中全会的精神和党中央的批示精神，向读者进行解释。27日，《工人日报》又刊登日本“精工表”的整版广告，这两个整版广告登出去以后，不仅在报纸界，在整个新闻界也引起较大震动。

1980年，中央电视台在国外引进的节目中播放可口可乐与牛仔裤的广告，也引起巨大争议，许多人认为可口可乐在中国本身就不是一般人喝的，没必要宣传，特别是牛仔裤的广告，这是在宣传资产阶级腐朽、堕落的生活方式。一些人害怕可口可乐进入中国之后会冲击本土市场，所以坚决反对播出。结果，可口可乐广告很快停播。在那段时期，向上级打报告、写检查成为电视台广告业务负责人的家常便饭。

1981 年，中央电视台播放的西铁城手表电视广告也引起非议。西铁城的电视广告达 15 秒，电视机一开，“西铁城领导钟表新潮流，石英技术誉满全球”的广告语引起许多观众的反感。民众认为，中央电视台播放外国手表广告而不播放国产手表广告“是崇洋媚外的表现，是长了他人志气，灭了自己威风”，甚至有政府官员要求中央电视台立即停播广告。中央电视台以“已经和外商签订一年半的播放合同，一旦违约会造成损害国家形象，带来不良国际影响”为理由力争，广告才得以继续播出。北京王府井百货大楼的西铁城手表橱窗广告也受到社会各界的干涉，最后橱窗只能从商店的正厅搬到侧面。

这一时期，北京市广告艺术公司在王府井、东单、西单等繁华路段先后设立几十块路牌和霓虹灯广告，其中外商广告占四分之一。在西单树立的三洋电器广告是北京第一个外商广告，也是长安街上的第一块霓虹灯广告。东单路口以孙悟空为主角的松下电器路牌广告和王府井的索尼路牌广告，至今许多北京百姓仍有印象。户外广告同样受到社会各方面的质疑，面对走出首都机场后扑面而来的日本广告，一位旅日华侨归国后给中央领导写信，不禁发出感慨：“我不知是在北京，还是在东京!”位于西单、王府井的外商广告也遭到非议。1985 年的北京，机场有日本红丸广告，长安街、西单有三洋广告，六部口有理光广告，王府井有索尼广告，东单有 NEC 广告。因此有人提出，“长安街变成日本街了，首都机场变成日本机场了”。

中国的经济发展状况、民族心理、传统文化和生活习惯等都与日本、欧美国家有很大差异。国门刚刚打开，民众一方面以新奇的眼光观察来自国外精美的广告和商品，另一方面，不理解与不接受的感情越发强烈。于是，当牛仔裤、可口可乐、迪斯科这些来自外国的东西出现时，民众自然会存有疑虑和抵触。外国广告一出现，尤其是出现在国家的重要媒体上和城市中重要的商业地段，当然要受到攻击，尤以日本广告为甚，国人将之视为“国耻”。

二、对电视台播放广告的不满和妥协

(一)低接触度、低信赖度

中国从 1958 年开始发展电视，20 年后才开始播出商业广告。1958—1978 年，中国电视节目呈现出较强的政治色彩和宣传导向，节目发展主要服务于社会政治发展的需要，展现了传播知识、充实群众文化生活的重要性，并出现了一系列新闻节目和以“笑的晚会”为代表的电视文艺节目。1979 年 1 月 25 日，上海电视台成立广告业务科。1979 年 3 月 18 日，上海电视台播出中国电视史上第一条外商电视广告——瑞士雷达表广告，这是“文革”之后在中国登陆的第一个外商广告。1979 年 9 月 30 日，中央电视台播出第一条有偿广告——美国威斯汀豪斯电器广告。这一时期，中央电视台分别在两套节目中播出广告，每天五分钟。初期的电视广告有三种形式：介绍商品的；介绍厂商的；外商提供的带广告性的节目(如纪录片)。在播出上有一部分采用了“节目带广告”的贴片广告模式，这种模式一直持续到 20 世纪 90 年代后期。1979 年我国电视观众人数总计为 1.2 亿，全国电视机数量为 485 万台，电视机的普及率仅为 0.5%。

1981 年，北京商学院对北京 218 户居民进行了第一次“电视广告宣传的调查”，这是迄今为止所能查阅到的中国最早的有关广告效果的调查。结果表明，广告接触度不尽如人意，且信赖度较低，认为电视广告“可信”和“基本可信”两项比例合计达到 47.6%，认为电视广告“不可信”和“很不可信”两项比例合计则为 52.3%，可见人们对广告的信赖度不高。调查者认为，就当时的状况来看，“电视广告很难起到传递市场信息，扩大消费，指导消费的作用”，这是一个值得严重注意的问题。调查还发现，人们对广告不满的原因主要集中在三个地方：首先，生产资料广告过多，广告与消费脱节；其次，外国的产品做了广告，但在市场上见不到产品；最后，失实夸大广告较多，经常使消费者上当受骗。对广告的不满和不太信赖，延续相当长的时间。

(二)电视广告存在必要性之争

由于实证资料不足，无法推测北京居民对电视广告效果持否定态度的具体原因，是广告内容与实际生活脱节，还是受政治环境的影响。1976 年上海出版的《新闻学小辞典》中明确写着“广告在资本主义社会中有一种明显欺骗的特征”。一直以来，国家认为广告会导致“欺骗、浪费、奢靡”，这种主导思想深刻影响着中国市民的广告意识。

“广告有无存在的必要性”，尤其是国家电视台应不应该播放广告，一度成为社会议论的焦点。20 世纪 80 年代初中国开始重新审视大众媒介机能。1985 年前后，这个议论一度白热化。当时，中央电视台还就这一问题专门进行解释，说电视台资金困难，没有广告费，国家拨给的经费根本无法维持运营。“作为电视媒介，并不情愿播放广告，但为了解决节目资金，不得不播放广告；作为电视观众，也并不情愿收看广告，但为了看到有意思的节目，在别无选择的情况下，不得不收看那些与生活无关，单调乏味的广告”，这是社会对广告的普遍态度。最后，中国第一批的电视观众妥协了，习惯并接受在节目中插播广告。

三、冲突、碰撞与争鸣

1980 年的王府井百货大楼“松下橱窗广告事件”和 1982 年 8 月的上海“东芝广告事件”是这一时期由广告而引发的较大社会事件，市民由此深入讨论广告的性质。

1980 年，北京市广告公司在王府井百货大楼设立松下橱窗广告，广告展示了一系列松下电器，橱窗里陈列展现现代家庭的一角，有洗衣机、音响设备、电视机等整套家用电器，还有一位打扮成家庭主妇的广告模特。仅就形式而言，这种广告非常新颖时髦。很快，松下的橱窗广告前聚集了大量围观人群，人们凝望着橱窗里面的一切，久久无法散去。有人因此产生想法，“你们要把中国青年引导到何方去？你们宣传的是资本主义的生活方式。”橱窗上被贴上有“卖国主义”字样的小字报。

同年，北京王府井等繁华地带出现许多日本商品的户外广告，北京市民的反对之声不绝于耳，有市民甚至惊呼“鬼子又进村了”。迫于舆论压力，北京市政府不得不下令拆除二环以内的户外商业广告。1980 年，北京有关部门明令“今后一律不再签订外商橱窗广告合同”，1985 年，北京有关部门又制定了对长安街、机场、北京站等路牌广告的限制性规定。文件明令整顿外商广告，取消了主要地方的户外广告。1986 年，王府井的索尼广告被拆除，改成“首都欢迎您”的欢迎标语。北京广告艺术公司 80%以上的路牌广告被拆除，北京市户外广告的面积从 20 000 平方米缩减到 4 000 多平方米，户外广告的发展进入低潮。

上海的“东芝广告事件”也是一个典型。1982 年 8 月，上海的标志性建筑——国际饭店顶楼上出现“东芝”巨幅霓虹灯广告，遭到市民的强烈抗议，群众遍呼“鬼子进村”。愤怒的上海市民认为在标志性建筑上设置日本广告有辱国格，一部分人认为“这是经济侵略，我们是社会主义国家，广告是资本主义的东西，我们不能要”！一部分市民不反对外商做广告，但反对外商占领制高点，心里觉得不是滋味，认为民族感情受到伤害。小部分市民比较客观中立，认为“既然我们实行对外开放，要发展市场经济，外商做广告也是很自然的事情”。最后，国际饭店在顶层其他方位增设国内产品广告，解决了这个冲突。

几个月后，上海的《文汇报》和《解放日报》分别以言论的方式报道了此次“东芝广告事件”，正面评论这一争论。1986 年 4 月 11 日，《文汇报》发表文章《有感于一则广告的争论》指出：“我们要进行社会主义现代化建设，在商品、资源上就需要同其他国家互通有无。让外商到中国来做广告，并不涉及国家主权这样的政治问题；民族自信心的强与弱，同外商广告的多与少、突出与否，无必然联系，如果连一则外商广告都接受不了，又怎么能采取灵活的方式吸引更多的外资来上海呢？正常的经济交往活动有利于双方经济的发展。”1986 年 5 月 31 日，上海市委主要领导在《解放日报》发表署名文章《把我们的广告业提高到一个新水平》，借助上海广告协会成立之际呼吁：“有人认为允许外商在上海做广告，就是遭到外国文化与经济的侵略，这是不对的。”不几天，《解放日报》登了一则小言论，认为市委领导虽然谈的是广告，其实谈的是政治，是建设，也是思想，可以帮助人们具体地更新观念。短文还说：“只有观念更新，才能冲破改革开放的种种阻力，不断前进。”这可以看成代表政府支持观念更新，刊登广告的重要言论导向。

经历了北京、上海的这两次广告事件，人们的广告意识开始转变，北京和上海的市民认可了广告，对广告的认知和接触都走在其他城市的前沿，北京和上海如今一直作为中国开放性的国际化大都市的典型代表，在一定程度上与早期对外商广告的争鸣事件功不可没。部分中国市民对广告的本质机能和商业属性缺乏正确认识，但不管如何，争鸣本身代表开放、宽松的政治氛围。1983 年，我国承接的外商来华广告额仅 1 896 万元外汇券，1986 年，增长至 5 446 万元外汇券，比 1983 年增长了 1.87 倍，这一数据恰好证明，外资来华广告进入中国的过程并非一帆风顺，但其投放量明显增加的趋势无法阻挡，改革开放的基调已然奠定。

第三节　20 世纪 80 年代中后期至 90 年代初的中国广告业

改革开放进一步深化，中国市民的广告意识迅速从解禁到复苏，经历了国门大开之初的迷惘、观望和躁动，人们逐渐能够客观对待广告的社会角色，正确利用广告的商业信息传达功能。开放的市场需要大量信息来沟通产销各个环节，广告的商业情报传达机能和消费诱导机能得到还原，娱乐机能也不断得到发挥。人们普遍接受在电视节目中插播广告，广告的信赖度和影响力都有所提高。苏醒的欲望迫切渴望感受新的生活、新的观念、新的信息，人们对外国电视广告的态度产生明显的扭转。

一、接触度、好感度提高以及关心度、兴趣度增强

丁允鹏于《中国广告》1985 年第 1 期发表文章《我国社会主义广告特征刍议》，重提“文革”中被抛弃的“四性一格”广告原则——思想性、政策性、真实性、艺术性和民族风格，将其发展成为“五性一格”——思想性、情报性、真实性、科学性、艺术性和民族风格。“政策性”换成“情报性”，添加“科学性”，这一变化表明，广告的商业情报功能日渐得到认可。丁允鹏试图从学理角度为广告争取合法的社会

地位，这对中国市民的广告意识起到重要的引导作用。但绝大多数的普通市民只有在日常生活中切身感受广告的作用，才能真正形成自己的广告意识。让广告在日常生活中发挥作用，最能说服人们接受广告。

(一)不同媒体广告接触度与好感度

1988年6—8月，以日本一桥大学山本武利教授为课题负责人的中日共同研究小组，分别在北京、上海、广州3个城市进行了主题为“中国城市居民消费意识、广告意识”的调查。“1988年中日广告研究”数据披露当时“北京、上海、广州市民的广告接触度”情况。

20世纪80年代末，几大广告媒体的接触度较高。电视广告与报纸广告是市民接触最多的广告形式。北京、上海、广州的电视和报纸广告接触比例分别为电视广告67.8%、72.6%、76.3%，报纸广告40.6%、54.5%、44.3%。与报纸、广播、杂志、路牌相比，电视广告的接触度显然要高出很多。三个城市之间存在着一定的差异，总体而言，上海和广州市民的广告接触度比北京要高一些。

1987年中央电视台进行的全国受众抽样调查表明，中国电视观众的数量达到5.9亿，占人口总数的55%，其中，城市电视观众占63%，达3.7亿。电视观众数量的激增和电视机拥有量的大幅度提高是导致电视广告接触度提高的客观条件。当时，中国电视广告的播出方式不同于大多数国外电视台，国外电视广告一般在节目中插播广告，中国是在节目与节目之间预留出固定的广告节目时间，这种播出方式在电视观众中造成相对固定的收视习惯。“1988年中日广告研究”发现(就北京的调查数据反映来看)，电视广告的观众以商业、服务业、工人以及管理者居多。30岁和60岁以上的人群为电视广告主流受众，在消费水平上，中等偏下的消费者居多。一到电视广告的时间，60%左右的观众会继续收看电视节目，40%左右的观众则选择离开。在选择留下来继续收看广告的观众群体中，女性观众比男性观众更为积极，低龄观众比高龄观众更有耐心，学生群体是最有耐心的群体。

“1988年中日广告研究”发现，对于不同类别的媒体广告，市民好感度不同。显然，比起报纸广告、广播广告、杂志广告和路牌广告，电视广告具有绝对优势，北京、上海、广州被访居民对电视广告的好感度都接近样本总体的70%。这一结果明显区别于1981年北京商学院进行的第一次“电视广告宣传的调查”。位居媒体广告好感度第二位的是报纸广告，占样本总体的15%左右。毫无疑问，电视媒体成为这一时期中国城市居民接触广告最主要的途径，同时也是好感度最高的广告媒介。

1988年二三月间，受中央人民广播电台委托，中国人民大学舆论研究所同中国社会调查所、国家统计局等组织了我国首次全国听众的抽样调查。这次调查发现，人们对广告节目的心理承受能力显著提高，播出效益要远远高于预期。相应地，“经济信息”节目的效益指标相当不错，总收听率占居民人口总数的 62.8%，稳定收听率为 34.2%，总喜爱率为 27.5%，节目听众喜爱率达 43.8%，总体效益居第 17 位(节目共有 51 个)。同样，广告节目位居总体效益排名的第 34 位，在当时的社会环境下难能可贵。

(二)广告关心度、兴趣度较高

“1988 年中日广告研究”还专门调查了“北京、上海、广州市民广告关心度”。从总体数据看，人们对广告的关心处在较高水平，“非常关心”和“关心”两项合计比例为 53.4%，超过半数，明显高于“不太关心”和“不关心”两项合计比例(32.8%)。从地域看，北京市民对广告的关心要明显低于上海市民和广州市民。北京、上海、广州三城市市民“非常关心”和“关心”广告两项合计比例依次为 38.9%、64.2%、70.3%，“不太关心”和“不关心”两项合计比例依次为 42.7%、25.8%、20.8%。

改革开放之初，中国广告的规模很小，但无论是电视广告还是路牌广告的出现，都会引起全社会的广泛关注和议论，人们对广告影响力的关注焦点不在广告带来的经济和商业层面上，而在广告引起的社会现象上。广告的社会影响力大大超过其经济规模的影响力，原因在于改革开放初期的广告被看成改革的风向标和政府决策信号。20 世纪 80 年代中后期，中国市民对广告的关心水平仍然较高，这种关心与前一时期的关心不同，这个时期人们认为广告能有效传播商品信息，不再将其看成新生事物。

从“1988 年中日广告研究”的广告兴趣程度调查数据看，人们对广告已经产生“兴趣”，在上海和广州，这种“兴趣”程度尤其高，三城市居民对广告“很感兴趣”和“还算感兴趣”两项合计的比例依次为 38.9%、64.2%和 70.3%，其中，北京居民“不大感兴趣”和“几乎不感兴趣”的比例合计为 42.7%，这一结果和北京市民生活在政治气氛最浓的首都是否有关系，值得推敲。

二、信赖度较高，影响力较大

信赖度是考察广告意识的重要维度。通常情况下，广告主越是热情地兜售产品，消费者越可能产生怀疑，他们会在广告之外确认广告的可信度。“1988 年中日广告研究”北京的调查数据显示，认为广告“可信”和“基本可信”两项的北京市民合计有 42.9%，而认为广告“不可信”和“很不可信”的两项合计为 13.7%，认为广告“很难说”的比例也很高。北京的调查数据显示，电视广告对于消费者实际购物产生影响，但影响有限，合计有 47.5%的北京市民认为购物时电视广告“作用非常大”和“有相当作用”，51.5%的人认为广告“作用很少”和“几乎没作用”。

综合三个城市调研数据看，广告对消费者日常生活的影响整体处在较高水平，尤其是对于上海和广州而言，“影响非常大”和“比较大”的比例合计分别为58.8%和51.5%。可见，作为商品信息的主要来源，电视广告对市民的日常生活产生较大影响，影响呈现较大差异。广告对北京居民日常生活的影响要低于上海、广州居民。

从广告对三城市居民的影响推断，人们从对广告的态度从感兴趣逐渐转为接受其影响。广告刚刚出现时，人们多将其当成新鲜事物，这种兴趣不断延伸，人们逐渐开始感受广告的作用和价值，广告意识开始影响购物行为。20世纪80年代中后期到90年代初，经过近10年的改革开放，中国的大众消费市场初具规模，尤其是在经济发展水平较高的大城市，拥有较强消费力和消费选择自由的群体逐渐增加。这些消费群体需要各种商品信息，广告传递商业信息的功能不断得到肯定和强化，对于一般消费者而言，广告已经成为重要的生活情报来源。从“1988年中日广告研究”北京调查数据看，在获取商品信息的主要渠道中，媒体广告成为最主要的信息来源(51.1%)，比例明显高于其他信息渠道，如“听别人说”(19.9%)和“到市场亲身观察”(27.0%)。广告作为市场和商品情报源的角色在这一时期已经植入城市居民广告意识之中。

这一时期，居民对于广告产生兴趣的动机主要为“想了解一些商品知识”“为了掌握经济和市场动向的信息”“主要是为了购买东西”“可以得到各种乐趣”。这说明，人们对广告产生兴趣大体因为广告能提供商品信息，广告重新发挥传递商业情报和诱导消费的作用，同时也开始提供娱乐价值。不同城市的居民产生兴趣的动机不同，整体而言，“了解商品知识为主”是北京、上海、广州三地居民的主要动机，上海和广州市民更侧重于“掌握经济和市场动向”和“得到各种乐趣”。

三、电视广告认可度提升，播出数量稍多、质量不高

(一)电视广告认可度提升

1985年前后，中国进入计划与市场并存的“双轨型”过渡时期，市场上的商品仍是供不应求，广告越来越受重视。人们普遍意识到广告相当重要，有人认为：“有些人提议电视广告没有必要，只要播放节目就行。可以说，广告没有魅力，所以遭到观众的讨厌，不过，没有广告也不行，对于双职工，没有时间了解商品情况，在工作场合又不能商量买东西之类，还得靠广告获得各种各样商品的情报。”中央电视台进行的“1987年电视广告效果调查”要求被调查者在“增加广告播出，同时播出更多、更好的电视节目”或者“减少广告的播出，但节目的质和量也因此下降”之间选择，选择前者的为86.2%，选择后者的为13.8%。在“取消广告节目，

向观众收取一定数量的电视收看费”或者“继续播出广告节目，不收取电视收看费”两个问题上，赞成前者的为12.2%，赞成后者的为87.8%。这一结果表明，中国电视观众对于电视台播放广告的认识已经发生变化，由于认识到广告收入能为电视台改进节目质量提供资金，收看到更优秀的电视节目，消费者开始认可电视台播放广告的行为。

据“1987年电视广告效果调查”中关于“中国观众对电视广告的看法”调查数据。结果表明，大多数电视观众不反对在电视中播放电视广告。认为广告“必不可少”和“可以有”的城镇被访者比例合计达75%，这说明中国电视观众真正认可了电视广告。对比1981年北京商学院进行的第一次“北京居民电视广告宣传调查”的数据，可以明显见到居民对电视台播放广告行为的态度变为积极。

居民重视信息的作用，这是一个值得注意的社会现象，对于1982年的北京市民来说，报纸是最重要的情报来源，其次是广播，然后才是电视。1986年央视进行“中央电视台新闻观众调查”时，电视成为北京居民最主要的情报来源。最早，电视主要播放电视剧、电影，在观众喜爱的电视节目类型排序中，电视剧总是排在首位，1986年调查时，新闻节目成为最受欢迎的节目类型，在“1988年中日广告研究”中，新闻节目同样排在第一位，高出第二位“文艺节目”近一半。这从侧面证明电视从娱乐工具变成信息获取的主要渠道。在这种情况下，作为消费或商业情报的重要来源，电视广告理所当然地得到人们的广泛接受。

虽然电视广告受欢迎程度的名次比较靠后，但在1988年，被访者对电视广告的喜爱度明显较1982年和1986年有所提高，这说明电视广告日渐受到重视。从陌生到容忍、接受，受众对电视广告态度的改善体现社会转型期中城市居民对待商业信息观念的改变。

1985年3月，因为发现读者非常关注分类广告，不少读者甚至为了看各种商品信息而专门购买订阅刊登分类广告的报纸，《羊城晚报》率先推出分类广告。中国人日渐重视信息的举动大大推动了媒介广告业务的发展。

(二)播出数量稍多，质量不高

对于电视广告播放数量，参与“1987年全国电视观众调查报告”的城镇居民的看法不一，75%的人认为“多了”，25%的人认为“少了”和“合适”。“1988年中日广告研究”调查数据同样显示，认为电视广告播出量“太多”和“稍多”的三城市居民依次为77.3%、75.6%和51.6%，只有广州居民认为电视广告播出量尚可。这一结果反映了居民们的矛盾心理：一方面他们已经认识到广告存在的必然性；另一方面，又不满插播广告影响电视节目收看。电视台总编室的观众来信和来电反映了这个问题，在受欢迎的电视节目中，观众特别反对插播广告。

在电视节目中插播广告，无疑会打扰受众正常收视，广告因此需要提供补偿，除了体现为为电视媒体带来经济收益从而提高节目质量外，还可直接体现为提高广告作品的趣味性和艺术性。因此，广告除了要包含商业信息外，表现形式上应趋近于艺术作品。但当时的电视广告，尤其是本土的电视广告，制作水平和创意思维都相当初级甚至幼稚，高品位的电视广告实在是乏善可陈。仅20%的城镇被访者认为电视广告“质量不错”，而43%的人认为“质量不高”。

因此，电视广告制作水平与受众的心理预期存在差距，这是受众认为电视广告数量偏多的原因之一。对外国电视广告播出量的评价的调查数据分析发现，对于制作质量较高、表现形式生动丰富的外国电视广告，中国观众并不感到播出数量过多。在当时，外国电视广告的曝光频度大大高于中国本土电视广告。其中，日本企业的广告播出总量雄踞榜首，东芝、日立、NEC占据前三位；万宝路、雀巢、柯达等欧美国家的企业反倒居后。因此，可以认为，对于电视广告播出量偏多的评价主要针对本土电视广告。

四、对外国电视广告：从排斥、疑虑到接受、喜欢

(一)对外国电视广告态度的转变

中国居民对电视广告的总体评价趋向于积极，对外国电视广告的态度也明显扭转。1979年至20世纪80年代初中期，人们普遍排斥初来乍到的外国广告，无论是户外广告、电视广告还是报纸广告。在“1988年中日广告研究”中，北京、上海、广州三城市居民中，42.5%的人“非常喜欢”和“喜欢”外国电视广告，仅有13.1%的人“讨厌”外国电视广告。数据表明，中国城市居民已经明显开始喜欢外国广告。

在促使中国人改善对待外国广告的态度方面，“1988年中日广告研究”发现“可以了解外国文化生活方式”“有趣的广告多”“可以发现喜欢的商品”和“可以得到海外经济社会的情报”是主要原因。其中，45.6%的人认为“可以了解外国文化生活方式”。这呼应了前文的结论，这一时期的广告意识逐渐回归市场属性，广告传递信息情报的功能得到认同，同时说明，广告开始具有较高层次的文化传播机能。

随着改革开放的深化，中国人希望了解外国的物质生活和精神生活，国民迫切渴望打开通向外面世界的窗户，在外来信息不多的情况下，外国电视广告成为传播海外信息的主要载体。1988年，*ELLE*落户中国，这是中国的第一本综合类时装刊物。这本装帧精美的16开全彩页杂志，一开始就刊登大量欧美广告，基本上是世界大牌时装和化妆品的广告，它立即成为中国人的时尚启蒙老师。这一时期，人们的生活水平不高，但热衷于追求美，陈力丹认为，“在广告的散播中，公众拥有了形式上的选择权利。”外国广告燃起了国人对富足生活的向往，广告吹散

封闭的观念，带来全新的生活信息。

调查也显示，仍有13.1%的受访者讨厌外国电视广告，原因是“缺少实用性”，比例高达55.7%，其次为“对我国经济发展不利”“刺激高消费”“与传统文化有冲突”“文化渗透”，根据市场实际情况推测，这一时期的外国广告商品很难找到，人们看见广告特地去购买时，常常无货可买。早期外国产品进入中国市场时普遍会预先播出广告，通过广告传播来培育潜在市场，广告发布和产品真正进入市场之间有较大的时间差。

(二)对外国电视广告播出量的评价

这一时期，人们感觉广告过多，但这需要区别看待。参与“1987年电视广告效果调查”的城镇电视观众中，75%的人认为广告播出“多了”。参与“1988年中日广告研究”的三城市居民中，超半数的人认为电视广告“过多”，认为外国电视广告“太多”和“稍多”的两项合计为16.3%，认为“适当”和“偏少”的为39.2%和39.6%。但具体回答对于外国电视广告播出数量的看法时，却有接近40%的人觉得少，和当前人们普遍抱怨广告信息拥堵的情况相比，这一现象显得十分特别，耐人寻味。

这与中外电视广告制作水平的差距有很大关系，这一时期，中国电视广告虽然摆脱20世纪80年代早期粗陋的告白型、口号标语型模式，进步很大，但远不如同时期外国广告的形式生动、场景富于变化，生产资料广告仍较多。中国观众更愿意从外国广告中获取艺术欣赏或娱乐放松，“广告当节目看”是中国电视观众的特色，看国内广告则主要是为了获取实用的购物信息。

在中国城市居民的心目中，中外电视广告从一开始就有不同的角色定位，这一直影响人们的判读。早期的国外电视广告虽然不实用，但在鉴赏和娱乐方面给人们带来满足。由于情感偏爱，人们对中外电视广告的播出量有不同的评价。观看外国电视广告，居民们第一次感到广告也可以这么有趣，广告除了提供信息之外，还可以娱乐生活，饱受国内广告低水平信息困扰的人们，在体验广告魅力的同时，广告审美能力也迅速提高。

第四节　20世纪90年代中期至今的中国广告业

20世纪90年代中期至今，中国的社会转型进入全面快速发展的崭新阶段，20世纪90年代中期，中国广告业以超高速崛起热烈回应邓小平南方谈话之后改革开放全面推进的明丽主调，城市居民个性意识、消费意识、品牌意识纷纷彰显。广告作为商品信息提供者的角色被进一步认定，居民接触广告的主动性增强，广告的文化传播机能得到突显，广告文化传播中的流行时尚元素增多，品牌与广告之间的联系已经建构。20 世纪 90 年代中期至今，伴随中国广告业热浪之后的成熟与理性，广告意识也趋于理性和多元。

一、广告媒体形式多样化，接触主动性增强

从《IMI 消费行为与生活形态年鉴》(2011—2016 年)对不同媒体广告接触度的调查数据来看，电视广告、报纸广告依然是三城市居民最主要的广告接触途径，不同城市的广告接触情况存在一定差异，这与各城市居民的媒介消费习惯有关，也和当地的广告媒体发展程度有关。在各种广告媒介接触行为中，户外广告的接触度逐渐提高，在"看了广告后会去索取资料或咨询"这一单项的比例上，三个城市都呈现上升势头，说明人们主动接触广告的意识增强，广告的信息引导作用也在增强。

二、依赖度较高，影响力分化

《IMI 消费行为与生活形态年鉴》(2011—2016 年)连续 6 年的分城市数据显示，被访者对"广告中信息对购物决定起很大作用"的认同度较高，在认同度满分为 5 的情况下，均值整体得分高于 3 分。可见，中国城市居民较为肯定广告提供信息的作用。初步推断成因，这一时期的中国市场开放程度加深，一方面海量商品信息充斥市场；另一方面城市居民可支配时间减少，广告在日常生活中充分发挥消费诱导的功能，指导人们购物，帮助人们选择商品，节约时间。新生代市场监测机构有限公司 2008 年"中国市场与媒体研究"(CMMS)的查数据显示，50%的受访者认为"广告是当今生活中必不可少的"，到 2010 年，这一比例上升至 55.6%。而参与"1987 年电视广告效果调查"的受访者中，只有 20%的人认为广告"必不可少"，这充分说明城市居民日益倚重广告，广告因能提供商业信息，地位越来越重要。

对《IMI 消费行为与生活形态年鉴》历年数据(2011—2016 年)进行城市间的对比分析时发现，针对不同城市的居民，广告的影响不同。这说明，随着中国社会转型的深入，城市与城市之间的差异特征日渐显现。年鉴的历年调查问卷均询问人们购买不同产品的考虑的因素，问卷为购买每种产品列举了近 10 种主要因素，如"购买巧克力时，您主要的考虑因素有：口味好，有名的牌子，价格适中，包装吸引人，广告的影响，购买方便，由于习惯，朋友推荐，生产日期，有优惠条件"，根据不同产品类别，年鉴问卷选项的设置稍微不同，例如食品、饮料类的会询问口味，洗涤日化类的会询问功效。研究发现，上海居民购物时对广告的重视程度明显高于其他城市(包括同为一线城市的北京和广州)。购买巧克力、奶粉、碳酸饮料、啤酒、洗发水消费品时，上海居民把广告作为主要考虑因素的比例都

高于其他城市。推断成因，上海广告业最繁荣，信息最丰富，购物时居民因此相对关注广告，也更依赖广告。

三、信赖度走低且区分度明显

(一)信赖度走低

《IMI 消费行为与生活形态年鉴》(2010—2016 年)连续 7 年城市数据显示，被访者对“广告是可以信赖的”认同度得分偏低，在认同度满分为 5 的情况下，均值整体得分低于 3 分，分值区间普遍在 2.7～2.9 分徘徊。从 7 年的时间跨度看，均值得分变动的差异不大，中国城市居民的广告信赖度处在偏低水平。

零点研究咨询集团“2016 年中国城市消费者广告接受度调查”研究证实，广告的公信力不容乐观，不相信广告内容的被访者比例占总体的 56.1%(“一点都不相信”的比例为 11.4%，“不太相信”的比例为 44.7%)，相信广告内容的被访者比例占总体的 38.9%(“非常相信”的比例仅为 1.2%，“比较相信”的比例为 37.9%)，两者相差近 20 个百分点。参与“1988 年中日广告研究”北京调查的受访者中，认为电视广告“可信”和“基本可信”的两项合计达 42.9%，认为“不可信”和“很不可信”的两项合计则为 13.7%。参与“1987 年电视广告效果调查”的受访者中，认为电视广告“可信”和“基本可信”的两项合计达 53.5%，而认为“不可信”和“很不可信”的两项合计则为 5.5%。对比这些调查数据，发现，这一时期公众对广告的总体信赖度下滑。

2016 年 7—8 月，IMI 市场信息研究所专门成立调研小组，在电话调查的基础上，对北京、上海、广州三城市共计 64 位城市居民进行入户深访。访谈主要围绕三个维度展开：消费者对广告的信赖度；广告在现实生活中的影响力；消费者认可和憎恶的广告。整理和归纳分析之后发现，大部分城市居民对于广告的态度比较复杂——“主观排斥厌恶，客观上又承认它对购物起到的影响”。

64 位被访者中，30 人表示“完全不信赖广告”，20 人“对广告将信将疑”，表示“信赖”或者“比较信赖广告”的仅有 14 人。研究人员特地询问了“与十年前(即 1995 年)相比，对广告信赖度是否存在变化?”只有一位被访者认为是从不信任转变为理解广告；绝大多数被访者表示，还是以前对广告更相信，许多中老年被访者表示：“那时候看电视、报纸，相信广告，现在越来越烦广告”“10 年前，也就 1995 年、1996 年广告刚起来那会儿，还将信将疑的，后来越来越发现广告说得不对，就再也不信了”。深访发现，广告信赖度滑坡主要有以下三方面原因：

(1)广告市场良莠不齐，虚假广告渐多。广告业发展突飞猛进，但行业准入门槛不高，行业有待规范，素质有待提高。鱼龙混杂、良莠不齐的广告作品不在少数；虚假广告、问题广告、低级趣味广告，尤其是制作简陋、内容不实的医疗保健品广告，引发了一系列问题，遭受消费者的严厉指责。许多地方电视台的节目中，增高、减肥等广告充斥屏幕，导致人们对广告的整体反感，广告“假、滥、多”是导致消费者广告信赖度降低的重要原因。广告用艺术的手法掩盖或引导消费者忽视产品的缺点，只说出事实的50%。一提广告首先想到虚假广告引发的一系列问题，从而对整个广告业持负面看法。

(2)媒体曝光频多，企业、品牌面临诚信危机。随着经营体制的转轨，媒体竞争日益激烈，为了自身营利和发展，为了扩大发行量，一些媒体不择手段，不断报道丑闻、秘闻和灾难性新闻，对广告的舆论监督力度加大。被访者认为，“在广告中，什么东西都太完美了，中间会有水分……以前媒体没有太多的揭露，自己也没有这方面的意识，没有现在的警惕性高，电视上这类广告有一个是假的，其他的就不会再相信”，经由媒体曝光出来的企业和品牌的负面消息成为消费者关注的话题焦点，知名企业和品牌面临诚信危机，消费者对广告的信赖度也降低。

(3)消费者日渐成熟，口碑传播增强。“被骗多了，经验多了，人成长了”是许多被访者的心声，他们不再像原来那样信赖广告，很大程度上是因为消费意识的觉醒和独立。广告的影响力与人们所处的信息环境有关，信息环境越贫困化，广告就能取得越大的成功；反之，广告的影响力则会受到削弱。随着改革开放不断深入，消费者获取信息来源的渠道大大丰富，消费体验深度和广度得到不断拓展，群体内部的口碑传播更值得依赖。

(二)区分度明显

分析广告信赖度偏低的情况发现，64位被访者中，有30人“完全不信赖广告”，其中可分为两类：一类人对待广告非常理性，即使主观上不信赖广告，但也承认广告不可忽视的影响力；另一类比较偏激，完全否定广告的作用，甚至认为广告可以消失，他们会在购物时不自觉地把对广告的不信任转嫁到购物决策上。

20位“对广告将信将疑”的被访者则对广告持一种具体问题具体分析的态度，他们信赖某些产品的广告或某些媒体发布的广告，会根据产品类型和发布广告的媒体信誉来区别对待。中国零点研究咨询集团“2016年中国城市消费者广告接受度调查”研究证实，消费者对不同类别媒体广告的信任度与关注度之间存在正相关，关注度较高的媒体广告在消费者心目中的信任度也相对较高，传统媒体在赢得受众信任度上仍占有优势。调查表明，城市消费者对各类媒体广告的关注度和信任度依次为电视（78.9%和79%）、报纸（54.3%和64.1%）、杂志（16.3%和18.5%）、网络(11.1%和14.5%)、路牌(9.3%和9.7%)、广播(9.1%和9.7%)。在20位“对广告将信将疑”的被访者中，学生身份消费者较多，他们已经初步接触社会，虽然乐于接受新鲜事物，但不会盲从广告，会根据自己的消费体验和同学、朋友的消费经历来评价广告。他们既不完全否定广告，也不完全相信广告，基本保持客观中立的态度，“广告在生活中就像喝酒，想起来就喝一口。广告吧，碰上了就看一眼”，他们也承认广告在未来生活中的作用，“广告也会引导一些人不知不觉地消费”，但“会多方位了解，不会单一相信它”。

广告信赖度偏低主要是因为对虚假广告的排斥，但即使不信赖广告的人中也有许多承认广告影响购物决策，城市居民评价广告基本上用理性的、为我所用的态度，所谓广告的“皮下注射”功能在大部分群体中并不存在。

四、多元分化趋势明显且整体呈现理性回归

《IMI消费行为与生活形态年鉴》2011—2016年连续6年的数据显示，在消费者各项广告态度方面，得分最高的是“对自己关心的商品类别，会比较注意其广告”和“广告反映了时代潮流”两项，均值都在3.5分以上，这说明，消费者虽然对广告的整体信赖度不高，但主动选择信息时还是把广告作为重要的信息来源渠道，广告反映时代潮流这一特点也得到普遍认可。

“购买商品时还是以有广告的品牌比较可靠”均值得分在3.3左右，这说明，在消费者心目中，广告和品牌之间的关系已经逐步构建。社会学者将广告看作仪式，赋予产品意义，最终形成品牌概念。事实上，中国城市消费者更愿意把品牌与广告宣传联系在一起，认为有实力做广告的产品质量比较可靠，尤其是在大媒体上做过广告的商品，品牌价值与强势媒体紧密联系，这一思维定式在大部分消费者心目中根深蒂固。

“我会为了了解社会的流行、潮流而关心广告”均值得分在3.1左右，这说明，消费者借助广告主动获取社会流行和时尚潮流的积极性较高，恰好证明广告与社会流行关系密切。

“我觉得做过电视广告的商品有亲切感”均值得分在3.2左右，许多调查都证明电视媒体是消费者获取广告信息最重要的渠道，大部分消费者一提到广告都会把广告与电视广告等同起来，在“做过电视广告的商品有亲切感”这一项上，消费者会把刊播广告的媒体与广告的可信度联系在一起。

“当电视出现广告时，我通常会换台”这一项均值得分为3.4～3.5，这说明电视广告插播现象较严重，广告业界一直担心广告效果会被谋杀在遥控器手上，电视节目中出现广告时，不少消费者会换台，因此，电视广告过多的势头应该得到遏制。

“真正的好产品不需要做广告”这一项均值得分在3.5左右，“好酒不怕巷子深”并不完全过时，坚持认为“好的产品不用做广告”的消费者不少。这样的消费者大多认为“羊毛出在羊身上”，广告费都要由消费者来支付，如果产品卖得好，就不

需要打广告。

“如果我不喜欢这个广告，就不会购买相关产品”这一项均值得分在3.4左右，从这点可以看出，不好的广告会给产品带来负面效应，甚至直接影响购买决策，这也证明了广告对消费者的影响。好的广告能给产品“锦上添花”，反之，不好的广告会产生反作用。

年鉴历年的调查题目略有调整和缩减，本研究主要从连续数据中得到整体趋势判断。综合考察《IMI消费行为与生活形态年鉴》中各项均值陈述，“对自己关心的商品类别，会比较注意其广告”“广告反映了时代潮流”“广告是可以信赖的”“我觉得做过电视广告的商品有亲切感”“我为了了解社会的流行、潮流而关心广告”“广告中的信息对我购物决定起了很大作用”“购买商品时还是以有广告的品牌比较可靠”以上七项是关于广告意识的正向陈述句；“如果我不喜欢这个广告，就不会购买相关产品”“当电视出现广告时，我通常会换台”“真正的好产品不需要做广告”三项是关于广告意识的负向陈述句。从均值得分看，20世纪90年代中后期，广告的信赖度出现滑坡，但人们仍然肯定广告提供信息的作用。在人们心目中，广告和品牌、广告和时尚、广告和媒介之间的关系均逐步构建。对于广告在当代社会生活中扮演的积极和消极角色，人们的判断倾向越发多元复杂，但总体呈现理性态度。

第六章　广告意识变迁与互动

广告是查阅一个时代最迅速、最直接的索引工具，广告文本中保存的记忆必然会或浓或淡、或隐或显地记录着特定社会环境下人们的生活方式、主流思想和价值形态。分析广告文本，一方面，有利于突破实证调查中定量调查的局限，是对实证研究的观照和补充；另一方面，作为视觉符号和文字符号，广告文本话语的意义空间由广告主、广告公司、传播媒介、受众共同构建，考察广告文本能将研究构筑在更广阔的视野上，从而抽离出社会转型期中广告意识重塑和互动的轨迹。

第一节　流行广告语：意识变迁的倒影

有人说广告就是一种“吆喝”。的确，从走街串巷举着招牌、幌子的“叫卖”到今天通过时新媒体进行“叫卖”，广告在不断吆喝中前进，时而吆喝得好，时而吆喝得巧。广告留在人们记忆中最多的就是那几声“吆喝”，这就是流行广告语的魅力所在，许多产品早已经不在，但其广告语仍然封存在记忆的最深处。笔者在这里梳理1979—2016年中国流行的广告语，找寻中国人通过广告语传递出的消费方式、价值观念的认同与期待。

一、“四阶段”流行广告语主题类别分布(1979—2016年)

“流行广告语”特指那些通过媒介传播，为人们所口口相传和津津乐道的广告语。“广告语”属于狭义广告语言中的广告标语，又称广告口号或广告语，也称广告主题标语、广告中心语和中心广告语。从语言学的广告语体研究来说，广告语言有狭义和广义之分。广义的广告语言指广告中使用的一切手段与方法，既包括声音语言、音乐语言、平面设计语言、图像语言、色彩语言，也包括文字语言，是广告借以传递商品或服务信息的各种符号。狭义的广告语言专指广告作品中的文字语言，即广告作品中使用的语言文字，具体包括商标、广告标题(引题、正题、副题)、广告标语(口号)、广告正文和广告附文。狭义的广告语言就是人们平时说的广告语言及大部分人说的广告语言。本章讨论的“广告语”即狭义广告语言中的广告标语。就书面的视觉角度而言，称为广告标语口号；就声音的听觉角度而言，称为广告口号。广告标语是用短句形式概括企业活商业特征并在较长时期内反复使用的特定商业用语，被称为“文稿的商标”，是消费者识别企业、商品的符号。

通常来说，广告语是广告语言的精髓，直接体现产品或企业理念的定位，主题单一、短小精悍、高度凝练、通俗易记且富有感染力，朗朗上口、记忆度较高且易被消费者传诵，具有一定的超时空性，在广告语言中占有举足轻重的地位。广告创作中，广告语是非常重要的环节，广告最终被消费者记忆的，往往不是画面或平面形象，而是广告语。好的广告语具有强大的信息穿透力，易于打动人心。提起一条广告语，随之被唤醒的可能是属于一代人的记忆。沙莲香指出：“流行是指一个时期内在社会流传很广、盛行一时的大众心理现象和社会行为。”流行是人们普遍追求的生活模式，彰显个性的行为方式，一种在短期内迅速延展，不具有强制性但感染力极强的意识形态。流行本身根植于生活，常以异常的方式在社会生活中炫出一道亮丽的风景，引导并改变人们的价值取向、行为方式。流行的力量，不是来自流行本身给人们带来的物质利益，而是在精神上引起的认同感、归依感。广告语能够流行，必然集中体现那个时代的人们高度认同的价值审美和期待。

对广告语言的系统研究始于1966年杰弗里·里奇的《广告英语——英语广告的语言学研究》。1982年美国学者迈克尔·盖斯出版了《电视广告语言》一书，用社会学和语用学的观点分析广告语言。西方学者多采用定量分析，寻找年代变迁导致的变化，凸显研究的现实意义，对广告语的研究多集中在平面广告上，重视广告文本的社会语境分析以及受众与社会现状的互动。

中国学者对广告语的研究从20世纪70年代初开始，一直延续到今天，并且得到越来越广泛的关注。尤其是在20世纪90年代开始，随着商品经济的深入，对广告语的研究重视程度得到很大提升。进入新世纪之后，学界涌现了一批广告语研究成果，在《当代中国广告语创作的发展轨迹》一文中，杨先顺从广告语创作思维本身和表现方式手段改变的角度概括中国当代广告语的变化，他认为中国的广告语在多年的创作发展中主要发生了四个方面的转变：①重心转移，从商品推崇到心灵抚慰；②价值变更，从群体趋同到个性张扬；③修辞转型，从言语变异到言语还原；④角度调整，从商家鼓噪到受众体验。

2016年，上海师范大学课题研究组受《现代广告》杂志社委托进行主题为“发现中国广告的主导价值”的研究，其中梳理了1979—2016年的中国流行广告语，对这一时期的流行广告语变迁进行分期：20世纪70—80年代、20世纪90年代和21世纪。从中可以看出不同时期的流行广告语凝聚了不同时期国人对广告主导价值的认同心理以及对社会、对生活的期待。研究梳理出中国广告主导价值三类价值形态：有效性、文化性和想象性。研究发现，“中国广告的主导价值不是一个自觉形态或理性系统，而是一个庞杂而混沌的自在形态”。

本书采用“内容分析法”分析1979—2016年中国流行广告语，以《国际广告》杂志社和IAI国际广告研究所评选收录的流行广告语(1979—2016年)共计300条为样本框进行。

根据研究的目的，按主题类别划分流行广告语，共分成：①工具理性类(含有对商品品质保证、科技含量、技术领先、功效独特、成分构成的阐述)；②个性自我类(含有与众不同、自主选择、自我价值体现、身份再造、自我认同与归属的阐述)；③时尚求变类(含有超前消费、不断进取、勇于尝试、开拓创新的阐述)；④家庭本位类(含有家庭团圆、家族亲情、爱情友情、家居生活类的阐述)；⑤民族情怀类(含有民族自豪感、传统文化、历史掌故的阐述)以及其他。对当代广告发展四个时间段中流行广告语的不同主题类别进行统计发现，1979—2016年，不同主题类别的流行广告语数量有明显差别。

(1)以“工具理性”为主题的流行广告语见于中国广告业发展的四个阶段，在所有广告语主题类别中占比最大，20世纪90年代之前，这类广告语数量上占据绝对优势。这类主题的广告语虽然在数量上一直占明显优势，内容却发生过变化。早期流行的广告语大多冷冰冰地直接阐述产品功效、质量，如改革开放最初，市场上大量充斥宣扬产品品质与功效认同的“口号式”广告语，如“西铁城领导钟表新潮流，石英技术誉满全球”(西铁城手表，1979)、“‘飞跃’目标——世界先进水平”(飞跃电视，1981)、“质量第一，用户第一”(金星电视，1982)。20世纪90年代中后期，宣传产品性能和品质的流行广告语仍有不少，但流行的广告语开始转换诉求，从消费者的角度来阐述产品特性带来的好处，如“我们为你想的更多”(格力空调，1995)、“让我们做得更好”(飞利浦，1996)、“我们一直在努力”(爱多电器，1997)。2000年以后，工具理性的广告语大多披上了华美和充满想象的文字，把产品功能诉求与美好人生境界联系在一起，如“有空间就有可能”(别克汽车，2000)；“心灵的天然牧场”(伊利牛奶，2001)。

(2)“个性自我”主题类别的流行广告语数量整体呈增多趋势，进入2000年之后，数量激增。这一时期，以“我想”“我要”“我就是”“我行”“我能”“我的”开头的广告语大量流行，如“我行我酷”(三菱小菲手机，2000)、“不走寻常路”(美特斯邦威，2001)、“冰力十足，我的最爱”(康师傅冰红茶，2002)、“动感地带，我的地盘听我的”(动感地带，2003)、“要爽由自己”(可口可乐，2004)、“我要我的滋味”(伊利优酸乳，2005)、“就是喜欢你”(伊利巧乐兹，2006)、“神州行，我看行”(神州行，2007)。

(3)20世纪80年代中后期，“时尚求变”主题类别的流行广告语得到人们的普遍推崇，直到今天成为流行广告语中重要的表达诉求方式：“每天送你一位新‘太太’”(太太口服液，1993)；“开开衬衫，领袖风采”(开开衬衫，1996)；“呼机、手机、商务通，一个都不能少”(商务通，1999)；“减肥，本来就是一种生活态度”(朵儿减肥胶囊，2002)；“今年流行第五季”(健力宝，2002)；“我是百丽，百变所以美丽!”(Belle，2004)；“爱上S.H.E，爱上达芙妮”(达芙妮少女系列，2005)；“穿什么就是什么”(森马服饰，2006)；“美丽不只一面，心动不只一刻”(玫琳凯，2008)。

(4)“家庭本位”主题类别的流行广告语在1992—1998年数量较多，宣扬以家庭为本位的情感元素成为这个时期的主要旋律。“一股浓香，一缕温情”(南方牌黑芝麻糊，1992)是这一时期的经典广告语，“望子成龙，小霸王学习机”(小霸王电脑学习机，1994)、“孔府家酒叫人想家”(孔府家酒，1995)、“其实，男人更需要关怀”(丽珠得乐，1996)等广告语打动无数国人的心，迅速成为朗朗上口的流行话语。

(5)1992—1998年，“民族情怀”主题类别的流行广告语数量激增，弘扬民族产业精神和支持国货的广告语普遍走红，如“走中国道路，乘一汽奥迪”(中国一汽，1994)、“长城烽火，传信万里”(西门子，1996)、“长城永不倒，国货当自强”(奥尼洗发膏，1996)、“坐红旗车，走中国路”(红旗轿车，1996)、“中国人的生活，中国人的美菱”(美菱冰箱，1997)、“中华永在我心中”(中华牙膏，1997)、“海尔，中国造”(海尔电器，1998)。

二、流行广告语与意识变迁的时代推演

从内容分析来看，流行广告语主题类别的变化非常明显，揭示了“不同时期中国流行广告语主题分布”的演变特征，可以清晰地看到两条主线：一是“工具理性”类别的流行广告语虽然占据主要地位，但呈现递减趋势；20世纪80年代中后期开始，“个性自我”“时尚求变”的流行广告语增多，2000年之后，“个性自我”类别的主题广告语比重明显增大，超过“工具理性”的流行广告语。二是以“民族情怀”和“家庭本位”为主题的流行广告语在两个特定时期表现较为突出。对应1979—2009年国人价值意识的推演呈现的规律和特点，不难发现两者之间微妙的吻合。

(一)1979—1985年：“工具理性”主导

改革开放之初的1979－1985年，国民的整体心理是观望和迷惘，观望和迷惘之中夹杂着些许憧憬和躁动。新产品裹挟的新生活令禁锢许久的国人为之好奇，为之兴奋，这一时期的人们格外关注广告中的产品信息，人们对广告构建出的理

想生活的感知尚且停留在是非判断之中。“可乐”“牛仔裤”中国人可以拥有吗？毕竟国人对于价值、意义和自我实现的理解，曾经统统围绕一切以国家、集体为核心的表达，对政治的关注热情未曾散去。刚刚进入中国的外资品牌，虽然在广告创意和运作上已经成熟，也不得不小心翼翼地诉求于产品和技术本身，针对当时中国特殊的政治、经济的氛围而设计广告语。例如，“为社会各领域，提供准确计时”(精工表，1979)、“为人民服务，为大众计时”(铁达时表，1980)，这些广告语力求尽量体现社会大众的诉求，与中国有着特殊历史遗留问题的日本企业更是将企业和产品放在为两国友好做贡献的基调上，以此减少产品进入中国市场的阻力，如“将以卓越的电子技术，对中日友好做出贡献”(SONY，1979)。这些广告语的流行，恰恰体现了政治意识的力量仍然在消费生活中发挥着作用，广告带有浓厚的政治色彩。这一时期的流行广告语类别较为单一，“工具理性”广告语比例超过总体的 2/3。

(二)1986—1991 年：“时尚求变”登场

20 世纪 80 年代中后期，市场经济不断深化，社会生活丰富多彩，中西文化、中国内地与港台文化之间的交流日趋频繁，原有高度趋同的群体化和一元化价值观受到挑战。中国市民开始重视产品缔造的关联性价值，重视突出产品品位与格调的广告语。

这一时期流行以“时尚求变”为主题类别的广告语，爱美、求新、走在潮流前端……是中国人越来越看重的生活模式，人们不再接受赤裸裸的企业本位，大家关心的是产品诠释的生活状态，是广告营造的美好人生境界。这一时期，西方消费文化加上我国港台文化深刻地影响了我国内地，流行歌曲、摇滚音乐创造商业价值，同时挑战传统价值体系。浪漫主义和理想主义被经济利益瓦解，时尚、求新更多地被解读为对物质财富和社会显耀地位的拥有，明星、名人的示范效应日渐增强，凸显个人财富和身份地位的广告语流行起来，如“叩开名流之门，共度锦绣人生”(上海精品商厦，1992)、“明星风采，纯纯关怀”(美加净，1993)、“开开衬衫，领袖风采”(开开衬衫，1996)。“名流”“明星”“领袖”等字眼频频出现，他们的生活模式和消费主张为人们所津津乐道。

(三)1992—1998 年：“家庭情感”与“民族情怀”的联袂回溯

1992—1998 年，“时尚求变”的广告语持续增多，“工具理性”广告语占比下降。这一时期出现两股新潮流：“家庭情感”广告语开始流行，“民族情怀”登场。以亲情、友情为诉求的广告语引起人们强烈的共鸣，流传最盛、最有名的要数“一股浓香，一缕温情”(南方牌黑芝麻糊，1992)和“孔府家酒叫人想家”(孔府家酒，1995)。这类广告语的流行，说明商品大潮洗礼下的人们开始回归情感，呼唤日渐稀缺的情感。1992 年春节，中国人民大学舆论研究所和《三月风》杂志进行了我国首次“中国人际关系现状”的全国性抽样调查，调查显示，在社会总体评价转趋积极肯定的同时，公众对社会人际关系现状的综合评价得分偏低(按百分制计算仅为 39.6 分)，社会风尚的恶劣和人际关系的大幅度“滑坡”，已经成为公众最不满意的两大现实问题。民意亮出了改革开放中人际关系吃紧的第一次“黄牌”。

1996 年春夏之交，一本题为《中国可以说不》的政治通俗读物畅销内地，在中国都市掀起一股久违的民族主义激情。之后，中国迅速刮起“说不”的热浪，《中国何以说不——猛醒的睡狮》《中国为什么说不》《中美较量大写真》等书籍大肆流行，“中国可以说不”和“中国必须说不”成为这一时期最时髦的话语。民族主义潮汐的涨落也直接投射到广告中，本土企业开始迎合国人心态高举“产业报国、以民族昌盛为己任”的旗帜；民族主义热潮的高涨也迫使跨国企业采取低调或隐蔽的姿态，甚至开始民族化的表演。曾作为中国跻身全球化过程中的事实和形象的各类产品，却开始凸现其“国产化程度”或隐没其与跨国资本相联系的事实。“美菱—阿里斯顿”，舍弃西洋复名，成为中国人的美菱；使中国传统品牌消失殆尽的宝洁也不断更名，从“美国宝洁公司”“宝洁公司(中美合资)”“宝洁公司(上海)”到“中国宝洁公司”，电视上以特写镜头凸显并伴低沉男声诵读“P&G”变成瞬间闪过的无声画面；英特尔在《北京晚报》的广告上添加了京剧脸谱元素；康柏电脑的广告词变成“路漫漫其修远兮，吾将上下而求索”；“中国”“民族”“红旗”“国货”“长城”等字眼大量出现。流行广告语中体现的这些倾向，可以看作外国企业迎合中国主流价值形态和民众情绪的策略。

(四)1999—2016 年：个性自我凸显下多元时代的到来

20 世纪 90 年代中后期是中国社会转型的分水岭，是社会转型加速的重要时期，“理想主义”为“现实主义”所取代，“集体无意识”被“个性自我意识”取代，解禁的欲望释放出巨大的个体自我意识，阶层分化重组加快，彰显自我个性和价值取向的广告语受到人们喜爱，被视为个性解放和独立的宣言。

外资品牌最早在中国市场扛起宣扬个性自我的大旗，20 世纪 80 年代就使用“百事，新一代的选择”(百事可乐，1984)、“挡不住的感觉”(可口可乐，1989)等广告语。在 20 世纪 80 年代尚未形成真正消费品市场的中国，他们的做法可谓大胆。随着中国消费市场的日益繁荣，人民生活水平的大幅度提高，以年轻一代为消费主力群体的大军开始崛起，个性解放和多元时尚的生活成为时代主流，消费的分众趋势日益凸显，流行的广告语无不将自己和自我个性的宣扬紧紧捆绑在一起，两性角色的各自彰显、传统价值的分崩离析，都可以在广告语中看到轨迹。例如“十足女人味”(太太口服液，1999)、“我行我酷”(三菱小菲手机，2000)、“不走寻常路”(美特斯邦威，2001)、“我的地盘听我的”(动感地带，2003)、“穿什么就是什么”(森马服饰，2004)、“要爽由自己”(可口可乐，2007)、“今天你要秀哪一面”(七匹狼男装，2008)等。这些广告语体现了人们对个性的崇尚，对自我价值的认可，它们的迅速流行，体现了社会转型中个性自我主体价值的漫溢。

这一时期，不同主题类别的流行广告语分布均匀，“工具理性”“个性自我”“时尚求变”“家庭感”和“民族情怀”五个主题类别的广告语的分布大体相当，体现了多元的价值取向，人们不再局限于某一种情感或情绪的宣泄，“权威”的坍塌与自我意识的崛起使得个性化传播成为趋势。这个时期，还出现不少巧妙借助事件的成功广告，不仅融合主流政治意识形态，也博得民众的喜爱。例如2001年，在第三十届美国广告莫比广告节上，“邦迪创可贴《韩朝峰会篇》”(上海麦肯光明广告公司创作)获得医药类平面广告金奖。广告巧妙利用韩国和朝鲜的历史问题，配合韩国和朝鲜领导会晤的历史镜头，用简洁的广告语“邦迪坚信，没有愈合不了的伤口”的广告语来传达创意。无独有偶，伊拉克战争爆发，统一润滑油抓住中央电视台的大规模直播报道机会，推出“多一些润滑，少一些摩擦”为主题的电视广告，形成空前的品牌影响力，社会民众反响强烈，广告获选“2003年中国广告业十大受欢迎电视广告”。

看似凌乱和琐碎的广告语，贯穿和交织起来就是一幅幅生动鲜活的画面，可借之观察时代变迁中社会、文化和世相的变幻更迭，这些广告语或浓或淡、或隐或显地记录着一个时代社会环境和氛围下人们的生活方式、主流思想、价值形态。

第二节　电视广告：价值重塑和分化的推手

电视广告一直是中国市民接触广告频度最高的媒体，也是广告影响力最大的媒体。对多年来中国电视广告进行跳跃式的个案分析，同样可以看见鲜明的时代烙印。电视广告作品中的人物形象、场景设置、典型事例会体现时代的特征，而且电视广告中折射的时代特征远比流行广告中折射出得复杂。由于掌握着图像霸权，社会转型中的电视广告拥有意识形态的支配权，在社会阶层结构分化重组的语境中，促使人们价值重塑和分化。

一、电视广告与广告意识

电视是大众媒介阵营里传播威力最大的媒体，是中国城市居民接触广告的主要途径，深刻影响着中国人的广告认知、态度和行为。电视广告的出现和发展，在构塑中国人广告意识方面起到重要作用。

1958年中国出现电视，20年后，才播出商业广告(1979年3月18日，上海电视台播出中国电视史上第一条外商电视广告——瑞士雷达表）。那个时候我国电视观众人数总计为 1.2 亿，全国共有电视台 38 座，电视机数量仅仅为 485 万台，电视机的普及率仅为 0.5%。然而，截至 2016 年年底，全国共有电视台 277 座，电视人口覆盖率为 96.95%，电视观众人数总计近 12.8 亿，居世界第一位。中央电视台广告播出量从最初的每天 5 分钟，不断增加。根据 2015 年全国电视观众抽样调查显示，中央电视台广告全年播出量时长为 3 657 小时 25 分钟，占电视节目总播出量时长的比例为 4.24%。在部分地方电视台中，广告的播出比例更高。折算到每天，中央电视台广告的日播出时长总计 10 小时左右。2016 年全国公共电视节目播出 1 495 万小时，其中，新闻资讯类节目 181 万小时，广告类节目 199 万小时。从占总节目播出时长比例来看，广告类节目还高于新闻资讯类节目。可见，和其他类型电视节目一样，电视广告已经融入中国受众日常的收看行为之中。“美兰德全国电视覆盖及收视调研成果”数据显示：电视依然是传播最为广泛的媒体，电视广告堪称最有效的广告表现形式，在电视观众中接触率最高达 99.3%。在所考察的 14 个广告类型中，电视广告信任度最高，达到 38.7%。

二、现代生活模式的演绎

20 世纪 80 年代初的中国本土电视广告从幻灯片过渡而来，从事电视广告片创作的基本是半路出家的电视广告工作者，广告代理公司和影视制作机构的力量也非常薄弱，电视广告制作任务几乎全由电视台承担。早期的电视广告多为欧美和日本电视广告，对国人来说，这广告可以满足好奇心，提供了构想现代生活的视觉素材。国人对于现代生活的想象还停留在以满足生存需求为主的吃饱穿暖层面之上，由于长期效仿苏联，国人对幸福生活的想象基本上是“楼上楼下，电灯电话”“土豆烧牛肉，皮鞋加大衣”。可口可乐、牛仔裤，与其说是产品，更毋宁说是全新生活方式，瑞士手表、东芝电视机这些象征西方社会高品质现代生活的商品的出现，更直接冲击了国人的价值观。

随着本土广告创意理念的提升，本土电视广告迅速活跃在屏幕上。市场经济体制改革不断深入，外国企业越来越多，外资电视广告的投放比例也大幅攀升，表现形式丰富多彩。20 世纪 90 年代中期之后，伴随城市居民消费水平的提高和消费结构的升级换代，电视广告抛弃了“叫卖”的形式，画面与声音提升了档次，创意精准，以消费者为导向的广告占据市场，在叙事角度的更新转化和诉求重点的变更与调整中，电视广告一步步重塑着国人的价值观。

在没有流行歌曲的年代，人们把广告歌曲当作流行歌曲，“燕舞、燕舞，一曲歌来，一片情”“我们是害虫，我们是害虫，正义的来福灵一定要把它杀死、杀死”“东芝、东芝，新时代的东芝”……这些广告早已退出历史舞台，但旋律依然萦绕耳畔。电视广告充当了国人日常消费的指南，甚至影响国人的价值标准，“是不是最新潮、是不是最时尚、是不是最现代便捷、是不是有品牌……”成为衡量生活模式的基本尺度。国人曾把饮纯净水、喝果汁，吃方便面、火腿肠当成享受；“呼机、手机、商务通一个都不能少”一度成为成功人士时尚生活的必备模式，这些都是电视广告营造出来的现代生活氛围。名人、明星在广告上郑重其事地告诉国人什么是高品质的生活和有价值的人生追求。1999 年，号称国内“最新锐的时事生活周刊”——《新周刊》刊出“我是广告我怕谁”的广告专号，总结出广告所“煽”起来的八大时尚：新女性、扮酷、网络爱情、洋快餐、手机、洋酒、减肥、VCD，这些时尚与经济不发达地区的生活状况的差距是不言自明的。

20 世纪 80 年代后期，中国青年崇拜的偶像类型中，政治活动家占 25%左右，科学发明家、文学艺术家占 23%左右，青年把这些人作为自己追随的偶像。20 世纪 90 年代，青春偶像发生巨大变化，主要集中在“三星一家”——歌星、影星、球星和畅销书作家。1991 年，上海市有关部门进行了一次民意测验，有 2 500 封来自中学生的征答，统计表明，学生“最崇拜的人物”为文艺、体育明星，占 44%。青年偶像角色的转变，揭示了其价值取向的转向。在培育年轻人消费模式和价值取向引领上，电视广告显然发挥着不容忽视的作用。

三、时代主题的呼应

电视广告同样密切扣合时代主题，呼应社会前行中的潮起潮落，有人可能质疑从广告文本透视价值观的可行性，但不可否认，任何希望接近和讨好消费者的广告公司都会尽力采用符合时代价值观的故事。普通消费者可能只从广告中看到符号的变化，感受到理性或感性的表达方式，而无法体察隐含的深意和现实内涵。20 世纪 80 年代中期，国人还处于对西方科技和港台时尚文化的眩晕之中；20 世纪 90 年代中期以后，人们逐渐从眩晕中解脱出来，开始反思和审视这场现代主义带来的一系列社会后果，反思的结果是回归中国传统元素，于是兴起怀旧风潮，老照片、老电影、老房子……带着“老”字的事物再次成为人们聚焦的热点。

20 世纪 80 年代中后期，思想界兴起文化热、美学热，“文化搭台、经济唱戏”成为经济生活的时尚，广告也受影响，开始引入文化因素，注重文化品位和人文气息。1987 年广州太阳神制作投放的“当太阳升起的时候，我们的爱天长地久”系列电视广告是注重文化品位和人文气息的典范。民俗文化也慢慢植入创意，历史文化广告概念陆续推出。1991 年，以“南方牌黑芝麻糊”电视广告为典范，“一股浓香，一缕温情”用最具温情的曲调唱响了无数人心中的童谣，拉开广告文化怀旧的序幕。之后，许多广告都以历史遗香的形象出现。讲述人生故事和情感的广告让人耳目一新，广告人热衷于捕捉生活中的点滴记忆，“3B”定律[包括动物(Beast)、美女(Beauty)、小孩(Baby)]不再一统天下，本土电视广告由此找到区别于西方电视广告的重要途径。甚至革命时代特有的产物都被重新包装，再度登上历史舞台，市场参与红色经典的开发和利用，将其纳入市场，使其变成消费的对象。

1996 年，重庆奥尼皂角洗发膏以一句“缘系秀发，青丝百年”在历史的最深处开始产品的寻根之旅。之后大量电视广告，尤其是酒类广告，借助传统元素打动消费者。“历史悠久”曾经被作为口号一样喊出的早期广告话语，在电视广告中被演绎为一个个动人的故事。20 世纪 90 年代，出现大量高举民族旗帜的电视广告，书法、国画、武术，长城、故宫、红太阳……中国元素大量植入电视广告。“黑头发，中国货”“长城永不倒，国货当自强”等以强调民族情怀为诉求的广告语不绝于耳。

广告背景客观反映了民意情绪，其核心诉求是传导民间隐形价值观。

四、价值重塑和分化

在引领演绎现代生活模式的同时，电视广告也不时呼应着时代主潮，其中不乏对中国传统特色文化的热炒和对民族元素的包装利用。在电视广告的引导下，超前消费、个人至上、享受合理等新的价值观念已经在社会中间阶层形成，逐渐向其他阶层扩散；克勤克俭、韬光养晦、温良恭俭让等中华民族传统人生信条渐渐退居幕后。

有学者认为，传统文化对人格的濡化作用正在减弱。就转型期出现的阶层分化重组而言，在消费主义意识形态的社会化方向上，阶层重新分化、价值观呈现的多元化趋势，都导致电视话语和电视广告意识形态长驱直入。反过来，电视广告通过引导消费意识，促进价值观的重塑和分化。对于家庭理想模式的描摹，对成功和高品质生活的界定，对两性角色的定位，对爱情、友情的勾勒……都能在电视广告中找到范本。阶层的急剧分化重组，很大程度上表现为消费的分化重组，平民气象和血缘家庭的温情脉脉，白领成功人士的意气风发，新新人类的个性搞怪，都服务于这一趋势。

在构建新的消费秩序的过程中，广告培养了全新的生活方式。有人认为，商品消费受“消费的逻辑”影响，在消费过程中，人们会主观构建和强调社会关系的差异，以确认不同的社会阶层地位。消费的选择实际上就是对生活方式的选择，消费文化体现价值观，广告中的阶级，不同于意识形态。它没有必然性，没有因果关系，也没有行政手段。

第三节　公益广告：主旋律之声

区别于流行广告语和电视广告，不论其主题为何，公益广告必然是符合社会道德规范的，属于主流意识形态范畴。解读公益广告，有助于把握政府的主流意识导向。公益广告淡化了商业利益，容纳了更多的文化主题。作为社会转型期多元社会价值观的载体和表现形式，公益广告必然反映社会的深刻变革和矛盾冲突。

一、中国公益广告的发展阶段

现代意义上的公益广告起源于20世纪40年代的美国，工业化大生产的不断发展，引发一系列社会问题，为了向社会呼吁，引起公众的关注和响应，广告承担了传播公益信息的重要任务，公益广告应运而生。与商业广告有别，公益广告一定程度上扮演了文明使者的角色。改革开放后，中国的公益广告迅速出现，电视公益广告成为影响最大的公益广告形式。其实，早在1978年，公益广告就曾以文字或画面的形式出现在电视屏幕上，当时中央电视台就播出过公益广告。20世纪80年代初，广东电视台曾以《立此存照》为题，播出过公益广告。

1986年，贵阳电视台播出了我国第一则电视公益广告《请君注意用水》。当时贵阳地区持续干旱，贵阳市节水办公室与电视台联合制作了这则广告，试图提高市民的节水意识。这则公益广告播出后，取得了良好的社会效益和经济效益，当年第四季度全市自来水消耗量比1985年同期减少47万吨。1987年10月26日，中央电视台播出我国第一个电视公益广告栏目《广而告之》，这是我国第一个公益广告栏目。《广而告之》以“提醒、规劝、批评”为宗旨，在CCTV-1黄金时段定期播出公益广告，让观众在娱乐中得到启迪，在潜移默化中受到教育。《高高兴兴上班，平平安安回家》就是给大家留下深刻印象的一条公益广告。

把以上两个事件作为我国公益广告的发端，我国公益广告的发展大致分为两个阶段：媒体自发阶段；1996年开始的企业和政府介入阶段。1986—1996年，公益广告主题比较零散，随机性很强，既没有时间上的连续性，也没有空间上的联动性，有的以批评社会生活中的不良现象，协调人与人之间的不和谐关系为主；有的与社会热点事件密切相关；还有关注和个人生活紧密相关的主题，主题零散而随机，限制了广告的传播效果。从1996年之后，公益广告事业有了较大的发展。国家工商行政管理局、中宣部、中央精神文明建设指导委员会办公室、中国广告协会等组织机构合作，在全国范围内组织开展了一系列大型主题公益广告活动，引起了社会极大关注。

总体而言，中国的公益广告经历了一个由自发到自觉、由点到面的发展过程。这不是依靠消费者权利运动的高涨以及工商企业的高度自觉，而是由媒体出于一种社会责任心发起的、带动的。1987 年，中央电视台开办《广而告之》栏目时，更多的是受社会责任心的驱使：为了改变人们对"广告"的偏见，还广告以清新、积极的面孔。公益广告对媒体自身形象塑造的好处，随着公益广告社会影响力的扩大慢慢显现。

在我国，公益广告起步较晚，目前还未建立专门的公益广告组织，公益广告活动的开展主要由国家和政府部门组织，政府是公益广告活动的发起者、导向者、支持者和鼓励者，社会民间组织、公益团体的参与程度远远不够，这就使得我国的公益广告不可避免地带有浓厚的行政指令性，即使是在以公众服务性公益广告为主的今天，政治性公益广告仍然大量存在。

二、主题和表现风格趋向多元

2003 年，原国家广电总局发布 17 号令，规定从 2004 年 1 月 1 日起，广播电台、电视台每套节目中每天播放公益广告的数量不得少于广告总播出量的 3%，这是国家第一次以法规的形式规定公益广告的发布量，这促进了公益广告的发展，也促使媒体、广告公司和企业关注公益广告。配合党和政府的中心工作开展声势浩大的宣传向来是我国媒体的强项，作为国家党政的宣传工具和喉舌，媒体担负着宣传公共意识、提高民族道德文化修养水平的重要任务，这种行之有效的做法被带到公益广告中。近些年，给公众留下较深刻印象的公益广告都以抗洪、抗击 SARS(非典)、迎奥运、迎世博等全国关注的重大事件为主题，或以下岗再就业、希望工程等政府抓的重点工程为主题。

1996—2016 年中国主要的公益广告主题有爱国情操、传统美德、国计民生等，公益广告扮演的主要角色被定位在弘扬社会主旋律，促进社会主义精神文明建设。

从公益广告主题的变化上看，主题总体比较宏大。在中国，公益广告的主题选择通常是自上而下的，类似政府的命题作文。不论是各实施主体自发组织，还是国家工商行政管理局统筹安排，其宣传主题都由实施主体确定，整个活动的流程自上而下。日本的公共广告机构组织的公益广告活动，每年都会向会员公司和个人会员就本年度的宣传主题进行意见征询，委托专业广告公司进行相关数据分析，然后在全国联合审议会上确定宣传主题，在刊播后还要聘请专业调查机构对公益广告效果进行评估，以对今后的公益广告主题选择提供依据。公益广告活动流程呈现双向互动模式。

虽然中国公益广告的选题和表现风格趋向多元，但早期的公益广告表现与政治宣传难以区分，突出的表现就是口号式、标语式、说教式。公益广告已有多年的发展历史，公益广告以大赛的形式也已经走过多年历程，客观地说，中国的公益广告逐渐成熟起来。从选题到创意，公益广告内容日益深入社会生活的各个领域；从重说教到重传播技巧，口气从高人一等到人性化、平等化；选题范围不断扩大，努力契合时代主题和民意民情。

20世纪90年代，国家推行下岗再就业政策，国企不再是铁饭碗，大量工人下岗，对一些中年人来说，在固定岗位上忙碌大半辈子之后，从零开始的生活意味着人生全新的挑战。1998年，中央电视台及时制作了一系列公益广告鼓励人们再就业，一时间歌手刘欢演唱的“心若在，梦就在，天地之间还有真爱；看成败，人生豪迈，只不过是从头再来!”传遍了大街小巷。1999年，中央电视台陆续播出40集公益广告“知识改变命运”，每60秒都是一个浓缩的微型故事，通过各个层面的人生变迁、大背景下的波澜壮阔和烛照幽微的演绎方式，诠释了“知识就是力量”“知识改变命运”的时代主题。2003年的抗击“非典”系列，2004年的反腐倡廉系列，2005、2006年的共建和谐社会，2007年的迎奥运，2008年的抗震救灾，2009年的“扬正气、促和谐”都是政府利用公益广告弘扬主旋律的案例。这些公益广告的播放，基本都选择放在主流媒体的好时段、好频道，通过高频度反复播出，传播上立体化，运用多种形式来扩大整体传播效果。

总体而言，中国的公益广告已经成为政府传达主流价值导向的重要载体，契合时代主题和民意民情的多元价值取向成为公益广告新的发展亮点。这从另一个层面说明，在社会转型的进程中，主流意识导向也在不断努力尝试调整，呈现多元化倾向。

第七章　广告意识变迁影响因素

本章深入剖析影响广告意识变化的微观、中观、宏观因素。其中，微观层面和中观层面因素主要作用于消费者的广告感知和态度，进而影响广告意识的指向和构成；宏观层面因素则直接从政治、经济、文化上影响着城市居民广告意识的推演过程。

第一节　微观层面影响因素

一、消费者的人口特征

用《IMI 消费行为与生活形态年鉴》(2011—2016 年)提供的原始数据对广告意识进行与消费者人口统计特征相关的检验，结果证明，在各项人口统计特征中，年龄对消费者广告意识的影响最稳定、最直接，年龄和消费者广告意识之间呈现负相关，年轻消费群体的广告意识比年长消费群体的广告意识更积极和肯定。在消费者研究中，年龄一直是人口统计变量中的重要因素。年龄角色与被承认的个体权利和义务以及社会关系相关，与年龄角色相关联的社会关系常常与等级有关，社会财富及荣誉的分配也与年龄有内在联系。年龄往往是人们进入和放弃某种社会角色的标准，由于年龄特征差异，人们有不同的角色期待。消费者处于不同年龄，其消费行为、消费观念等各方面差别甚大，这是消费者行为学经常以年龄来划分消费人群的原因。

这一结论和现有大多数广告效果调查结论相一致，如“北京市学生名牌消费意识调查”(1997 年)发现，学生了解名牌最主要的渠道是各类媒体广告。李锐、王卫红(2001 年)进行的“当代大学生广告态度研究”发现，大学生对广告的总体态度趋向于认同。周东生、张卫中(2002 年)进行的“中国城镇居民广告态度研究”也发现，年轻人的广告态度更积极。华东师范大学传播学院(2015 年)的“大学生广播媒介接触调查”显示，大学生群体较倾向于接受广告信息，认为接触到的广告会影响现在及今后购买行为的比例达到 67.5％。

在各项人口统计特征中，收入对消费者广告意识的影响也较为明显。检验结果证明，不论是个人月收入还是家庭月收入，都会影响消费者的广告意识。在日常消费中，收入毫无疑问是直接影响实际消费能力的核心指标。社会学把收入作为考察变量，因为收入是划分社会地位和社会阶层的常用指标：一方面，收入高低与个体所处的社会地位和阶层密切相关；另一方面，收入是维持生活方式的前提。收入不仅制约消费者的购买能力，也直接影响消费者的观念意识。数据分析显示，高收入消费者的广告意识积极而肯定，低收入消费者广告意识则消极而否定。周东生、张卫中(2009 年)在"中国城镇居民广告态度研究"得到的结论是，消费者的收入与广告总体态度关系不显著，但总的来说，富裕阶层更喜欢广告，低收入的人觉得广告太多了。

综合来看，收入和年龄是人口统计特征中影响广告意识最重要的两个因素。社会存在决定社会意识，意识的形成必定与个体所处的时代密切相关。社会转型中所涉及的代际差异加速扩大、消费反哺和后育等问题都会影响年轻人的意识，处于同一社会转型期不同年龄段的个体，必然在感受时代进步和接受社会开放观念上存在差别，这些都会深刻影响广告意识。转型期中，年轻一代的价值构塑更容易受当前文化影响，独特的历史环境使这一代人不同于以往任何一代，他们在市场经济中长大，缺少传统文化记忆，没有刻骨铭心的政治、历史负担；他们成长在加速发展的时代，未经历过危机和灾难，分享着改革开放带来的成果。年轻一代拥有强大的消费实力和预期消费潜力，各种广告显然将其作为主要诉求对象，广告体现的价值观、生活方式也力求迎合或者适当超越年轻的消费群体，这种硬性指标、收入水平直接决定着消费的能力和预期消费的潜力。一般来说，收入水平高的人，其消费意识也相对较强，对待商品信息的关注程度也会更高，更重视广告的信息工具性能。

二、消费者的个性特征、角色扮演

(一)消费者的个性特征

从消费者行为学的角度看，影响消费者的因素有很多，其中，消费者个性差异不容忽视。个性直接影响消费者的价值观，影响消费者生活和可接受行为的信念，所以，考察影响消费者广告意识的因素，不能忽视消费者个性。

2015 年 7—8 月，中国传媒大学 IMI 市场信息研究所的调研小组在电话调查的基础上，对北京、上海、广州三座城市共计 64 位消费者专门进行入户深访。在 64 位访谈者中，"信赖"或"比较信赖广告"的仅有 14 人。从这部分消费者的人口统计特征看，他们在年龄、职业、学历上并未呈现明显差异。根据深访所得资料整理，可以将这部分信赖广告的消费者大致分为“缺乏判断力的中低收入盲从者”“高收入高消费者”“包容性格消费者”“面子消费群”四种类型。从分类结果看，收入是直接影响城市居民广告意识的重要因素，区分“包容性格消费者”和“面子消费群”的标准显然是城市居民的个性特征。

(1)缺乏判断力的中低收入盲从者。这类消费人群大多原先居住在生活简单、商品匮乏的县城或乡村，移居进入大城市，随着生活环境的改变及物质条件的改善，目前正处于对品牌、时尚等新鲜事物和观念的极度渴求及汲取中，他们主动或被动地迫切希望融入城市。作为跟进时代、了解时尚信息的窗口，广告得到他们较高的关注和喜爱。这一结论正好解释了为什么广告意识积极指向型人群的个人月收入特征呈现两头分布。

(2)高收入高消费人者。这类消费人群有较高的消费热情，日常购物时搜集消费信息的主动性较高、目的性较强，且善于货比三家。看到有关的广告信息时并不排斥，会通过广告主动了解有关商品的情况。这类人群主要通过发布广告的媒介公信力来评估广告的可信度，对权威媒体(如中央电视台和全国性大报纸)的广告信赖度比较高，对地方媒体和街头广告信赖度较低。

(3)包容性格消费者。这类消费人群个性较为宽容，对广告持包容态度，他们主观上信赖广告。接受广告时，不会刻意排斥电视节目中插播的广告，会主动了解广告商品，需要时乐于尝试。个性包容的消费者，对待广告也比较平和、客观。

(4)面子消费群。与其他信赖广告的三类人群不同，注重“面子”的消费者心态比较特殊，他们相信广告，但信赖广告的出发点不是广告的信息真实，或者广告商品的品质优秀，而是满足自我需求和交际需求，所以格外在意广告具有高知名度。在越来越多的送礼行为中，广告不自觉地承担了“送礼指南”的角色。送礼者无须直言自己对收礼者的重视程度，广告自然会默默传递礼物的价值。于是，广告被赋予新的功能——“面子消费”。送做过广告的商品，送礼的人和收礼的人双方都觉得很满足，很“有面子”。

(二)消费者的角色扮演

除此之外，角色扮演也会影响消费者对广告的判断和关注。社会学认为，角色是个体在特定的社会或群体中占有的位置和被社会或群体规定的行为模式。2016 年 IMI 市场信息研究进行的“中国城市家庭消费研究”发现，不同家庭成员的广告角色认知存在明显差异。

丈夫、妻子和孩子虽然共同生活，但各自的角色特征不同，接触广告的行为也存在差异。研究结果证明，丈夫和妻子的日常广告接触行为并无明显区别，16 项广告接触行为都体现了很大的趋同性。从获取广告信息的途径来看，四大传统媒介的排名依次是电视、报纸、杂志、广播，其中，电视和报纸是他们获取广告信息最重要的渠道。以路牌广告和霓虹灯广告为主的户外广告，被关注的概率也比较高。“购物时经常选择打折的商品”“阅读商品包装里的说明”是丈夫和妻子最经常的行为。

相对父母而言，孩子是家庭中最不排斥广告的成员。孩子把广告作为日常生活中的玩伴，因为广告提供最前沿的时尚文化、最潮流的公共话题，孩子乐于把广告当作娱乐消遣，孩子也比父母更愿意相信广告，他们的购物欲望更容易受广告的刺激。丈夫和妻子虽同是成年人，但男性和女性对待广告有差异：丈夫比妻子更理智、冷静，他们的购物欲望和购物决策都不如妻子受广告的影响大，他们是家庭中最不愿意相信广告的，也是对广告持敌对态度最鲜明的人群，把广告看成“无处不在的信息干扰者”的比例最高(24.0%)；妻子是家庭中最容易从广告中获取消费信息的人群(42.3%)，她们更愿意从广告中获取对持家有用的购物信息。

在家庭内部，不同产品类型的广告对丈夫和妻子的购买行为的影响也不同。相对于妻子，丈夫更容易受家电和IT类产品广告的影响，在住房广告和汽车广告前，丈夫更容易受影响。妻子更容易受食品饮料、洗涤日化用品和化妆品广告的影响，也更容易受节庆日、人际应酬的礼物广告的影响。事实表明，产品的类型直接影响男性和女性对广告的关注程度，这与两性的角色分工有很大关系，家庭分工不同，两性对以广告为主的商业信息类型的关注也不同。

在关于“中国城市家庭消费研究”的实地深访中，人们发现，家庭的经济水平影响和制约着家庭内部成员对广告的关注：经济收入较低的家庭，主要考虑商品的实际功效，他们对待消费既谨慎又理智，对充斥围绕在周围的广告保持可有可无的疏离感，他们更倾向于把广告看成促销信息，较关注促销广告。经济收入较高的家庭则具有较强的消费实力和潜力，他们愿意尝试新产品，因此欢迎传播产品新信息的广告。

这些结论不仅验证了前文人口统计特征分析中得出的关于性别、年龄、收入等人口统计特征因素对广告意识的影响，如年轻消费群的广告意识更积极，女性消费者的广告意识更积极，收入高的消费者的广告意识更积极；更重要的是验证了消费者在家庭生活中角色扮演的事实，提供了解释人们在日常消费中形成不同广告意识的又一成因。

三、不同广告意识指向型消费群对比

广告意识是本次研究的核心考察对象，本书因此尝试用广告意识来直接划分消费者类型，从而对比具有不同广告意识的人群在各方面的特征。考虑到可使用数据的现实情况，以《IMI消费行为与生活形态年鉴》(2011—2016年)原始数据库为例，进行数据分析处理：“信赖度”和“依赖度”是考察广告意识两个非常重要的维度，尝试用这两个维度构建出三类广告意识指向的人群：第一类既信赖也依赖；第二类信赖不依赖；第三类既不信赖也不依赖。将这三类人群分别命名为“广告意识积极指向型”、“广告意识理性指向型”和“广告意识消极指向型”。对三类消费人群进行多方面特征的对比分析(包括人口统计特征、消费行为特征、消费理念特征以及媒介接触特征四个方面)，发现三类不同广告意识指向的消费人群呈现出不同的特征。

三类广告意识不同指向型的人群存在着一定的行为和观念差异，但这一差异并不明显，而是渗透到人们日常消费和媒介接触的各个领域。总体而言，“广告意识积极指向型”的消费者，相应呈现较积极主动的购物意识。例如，这类消费者逛商场、去超市购物的频率都明显高于样本总体水平，其消费观念和消费实力都略高于总体消费水平，这可以从他们在移动电话、私家车的拥有量，信用卡的使用频率以及网上购物的日常消费习惯上得到证实。同时，通过统计分析检验，“广告意识积极指向型”消费者也并非在所有的商品和服务消费方面都超前或者强于“广告意识消极指向型”消费者，例如，在未来一年内对购房、购车的预期消费(包括对预期购买的住房的档次、私家车的品牌都没有显著差异)。参加保险、旅游、外出观看电影等方面的消费上，三类消费群体的特征比较含混，概值检验均大于显著水平。

特别值得注意的是，三类消费群体在购物观念和生活观念上的差异十分显著。“广告意识积极指向型”的消费群热衷于时尚流行、休闲浪漫的生活，会积极主动地获取信息，有时会忽略价格因素而相信品牌的作用，注意日常保健和容貌的修饰，在乎别人眼中的自身形象，希望被关注，对生活有更高的憧憬和要求。从这些特点看，广告意识指标是直接关系消费者生活观念形态或者接近价值观的指标。在消费者行为学上，年龄、性别、学历、职业、收入等人口统计指标具有直接可识别的表面性，态度方面的指标则反映更深刻的内容。在影响消费者的众多复杂因素中，消费者个体差异的影响十分重要。除消费者个性外，价值观的问题正日益引起重视。与态度相同的是，价值观代表了消费者生活和可接受行为的信念；与态度不同的是，价值观是个性结构的中心，超出处境或事件本身，比态度更持久。这或许可以支持将广告意识纳入社会意识价值观范畴的研究假设的可行性。

第二节　中观层面影响因素

一、广告创意思维和制作水平

从广告的生产机制、传播流程看，广告制作者的生活理念、文化信仰、价值判断等会随着广告的符号制作机制和话语转换机制一起呈现给目标受众。广告制作者既是一定体制下意识形态的实践者，又是意识形态的表现者，不可避免地会在艺术加工、宣传商品时加入自身的思想观念和审美诉求，对原产品进行有前提制约的主观加工。因此，广告创意思维和运作手段的演变，对于广告意识的推演会起到潜移默化的作用。

普通市民很难用阶段性的眼光清晰区分我国广告创意和制作水平的递进和提升，但我国广告创作水平和理念的确今非昔比。新中国成立以后，从广告表现形式来看，具有浓厚殖民地色彩、描绘十里洋场摩登女郎的旧式月份牌画绝迹；色块对比强烈、构图简洁，表现工人、农民和解放军战士建设祖国、保卫祖国的充沛热情的宣传海报盛行，是这个时期广告宣传创作的主要特点。这种广告创作风格和特殊的政治环境氛围相匹配，广告被纳入政治宣传、日常用品广告和文化广告中，普通商品也要和政治宣传挂钩，这与新中国成立初期施行的政治、经济、外交政策密切相关。

1979 年，中国广告业复兴初期，虽然广告挣脱了高度政治意识形态的束缚，逐渐还以商业属性的本来面目，但广告的设计风格和表现形式基本保持粗糙和简陋风格。平面广告以报纸为主，大多围绕产品相关信息简单告白介绍，辅以一些黑白手绘图片，逐渐形成文字加产品图片的广告设计模式，一则广告中，传达的信息越多越好，基本无美感可言。20 世纪 80 年代初的中国电视广告基本从幻灯片过渡而来，广告人还不懂什么是影视语言，更不熟悉电视广告。唐忠朴指出："由于广告业恢复初期，媒体内部体制和机能尚不完善，特别是广告代理公司和影视制作机构力量非常薄弱，电视广告制作任务几乎全部由电视台承担，电视台广告从业人员基本是半路出家，缺乏专业的广告知识。"这一时期主流的电视广告表现形式为新闻报道型，"厂门、产品、厂长演示"是当时电视广告画面的三段论，"金奖、银奖，实行三包，厂址宣读"是电视广告声音的三要素。市民们十分厌恶这样单调的电视广告，普遍不信赖口号型的广告；外国广告则让中国人享受了视觉上的盛宴。

商品市场日益繁荣但信息极度匮乏时期，仅仅凭借简单的"告知型广告"救活企业的神话幻灭了。20 世纪 90 年代中后期，经济稳定持续发展，企业主广告理念更新，与国际广告界的交流促使广告不断改进创意。广告尤其是电视广告发展迅速，以"叫卖"为主调的广告渐渐被画面精美、创意精准的广告取代。广告的诉求点也从以产品为导向转变为以消费者为导向，从简单、呆板的说教转变为声情并茂、张扬个性，注重心灵抚慰。

广告作品叙事角度的更新和转化，诉求重点的变更与调整，伴随传播观念的根本变革。从 1996 年戛纳铩羽而归，中国广告作品在国际广告舞台上频遭冷遇，到在广告界公认的权威广告大奖如伦敦广告节、美国纽约广告奖、克里奥国际广告奖、法国戛纳广告奖和莫比广告奖中屡次捧杯，中国广告逐渐在国际创意舞台上发出属于自己的声音，广告的创意思维和运作手段终于朝着国际化的方向前进，得到西方的认可。如今的中国广告人已经能娴熟地运用各种手法和元素，用广告诉求生活态度、生活方式、生活哲学和意识形态。广告意识伴随创意和制作的不断演进，其间既包含意识的重塑过程，也是相互推动和提升的过程。

二、商品类别和行业发展

如今的消费品市场上，品种品类不再单一，商品种类和数量极大丰富。对北京、上海和广州这样的大城市来说，真正意义上的消费者已经形成，产品自身的差异特性会直接导致人们对待广告看法的分歧。

既有的消费者研究已经证实，产品的种类和性质会对消费者的购买模式产生重要的影响。面对不同类型的产品，人们购物时关注信息的重点和决策方式都大相径庭。比如快速消费品和耐用消费品，由于其使用途径和支付金额的不同，消费者的介入程度就显著不同。消费者行为学常常使用“卷入度”这一概念，一般而言，卷入代表消费者购买商品时的主动参与程度，高卷入表示消费者购买该类商品时会积极主动搜集信息，购买偏重理性；低卷入表示消费者购买该类商品时随意冲动，购买偏重感性。

《IMI 消费行为与生活形态年鉴》(2011—2016 年)的数据分析显示，人们对“自己关心的商品类别，会比较注意其广告”这一说法的认同度均值在 3.65 以上，这表明，对于感兴趣的商品，人们会把广告作为重要的信息来源。虽然我国城市居民广告的信赖度总体偏低，但在利用广告信息这一问题上，他们较为理性，并不全盘否定广告。《IMI 消费行为与生活形态年鉴》中有一道题专门询问消费者选购不同类别商品时关注点，数据表明，商品类别影响消费者关注广告的程度，化妆品、保健品、饮料属于广告关注度比较高的商品；餐饮场所、服装/服饰属于广告关注度偏低的商品(服装/服饰广告的关注度偏低与一般常识判断似乎相左，但是“会看是否会成为现在的流行趋势”这一比例较高，由于广告与流行趋势不可分割的关系，应注意数据背后的信息)；日用品、食品、家用汽车、家电是广告关注度处在中间水平的商品。按照卷入度高低对这些产品和服务进行分类，保健品、家用汽车、家电属于卷入度高的产品，饮料、食品、餐饮场所、服装/服饰属于卷入度低的产品。数据证明，不论是侧重于感性购买的低卷入度产品，还是侧重于理性购买的高卷入度产品，商品类别同样影响人们对广告的关注度。

《IMI 消费行为与生活形态年鉴》每年都会调查不同产品类别“购买时主要考虑因素”，从数据看，消费者购买不同类别商品时，广告的重要性不同。例如，消费者购买洗发水、巧克力、碳酸饮料和营养保健品时会把广告作为较重要的考虑因素，这一情况在洗发水和营养保健品两类产品身上尤为突出，广告在众多备选购买考虑因素中排到第三、第四的位置。购买啤酒、奶粉时，广告的重要性稍微降低，排在第七到第九位之间。

各类产品广告的受关注程度和受信任程度直接受其所处行业发展情况的影响，零点研究咨询集团的“2016年中国城市消费者广告接受度调查”研究发现，处于完全竞争市场的成熟行业的产品信息（如家电、计算机、手机）获得的信任度较高，高垄断行业的产品和服务（金融、通信和教育）的可信任度较低。2016年华中科技大学传播系和品牌研究所进行的“四大行业广告传播效果”调查结果显示：四大行业的广告在消费者购买决策中发挥的影响力程度不同，最容易诱导消费者产生购买行为的广告是日化用品类（73.1%），其次是电器类（41.5%）。这一结论也证明，行业类别会直接影响消费者对该类广告的评判。

三、媒体投放量和媒体类别

从《IMI消费行为与生活形态年鉴》数据反映的信息来看，洗发水、巧克力、碳酸饮料和营养保健品广告之所以在影响人们购物决策中扮演比较重要的角色，除了产品本身的特点外，还与这类商品在中国电视媒体上高强度的投放有关系。CTR央视市场研究公司公布的投放数据显示，2015年12月在电视媒体上投放额度排名第一和第二位的品牌分别是玉兰油和欧莱雅，广告费分别为8.47亿元和7.45亿元人民币，两大品牌均属于化妆品类。因此，从产品种类影响人们对广告关注的层面，应该留意各种产品广告媒体投放量的实际情况。

此外，媒体类别也直接影响广告的信任度和影响力。例如，在2016年IMI市场信息研究进行的深访中，许多市民提到在广告信赖度偏低的情况下会比较依赖大媒体的广告，而对于小广告（小报、宣传单广告）的信任度极低甚至十分厌恶。在2015年全国电视观众抽样调查中，观众对各级电视台商业广告的满意度存在很大的区分度，被访者对中央电视台广告的满意度要远远高于其他各级电视台，62.9%的被访者认为中央电视台的广告播出规范，22.9%的被访者对中央电视台播出的广告表示满意，而对省/直辖市台、地市台、县/区/市台的广告满意度分别只有7.2%、1.5%和0.8%。这充分说明了不同媒体类别作用在人们广告意识上产生的差异。

四、中国城市区域经济的发展

以市场化为导向的改革开放战略是非均衡发展战略，大量研究表明，这种战略一方面使中国经济在整体上实现持续、高速增长；另一方面扩大了区域之间发展的不平衡。有数据显示，东、中、西三大地带对国内生产总值的贡献率差距较大，三大地带之间的经济发展差距很大且存在继续扩大的趋势。在城市化水平上，东部城市化水平明显高于中西部，中部城市化水平又明显高于西部，三大地带呈明显梯度。总体而言，京、沪、粤的经济发展水平和城市化水平要明显领先于其他各省。

中国的广告业一直受区域经济发展的影响，存在地区发展的不平衡，目前已经形成以北京、上海、广东、浙江等中心城市和地区为主的发展中心。受地理、政治、经济、文化等诸多因素影响，京、沪、粤三地广告的经营份额一直占据全国广告营业总额的一半左右。

京、沪、粤三地广告的高速发展与其背后作为支撑力量的三大经济区域发展密切相关。环渤海经济区的快速发展依赖其核心城市北京：北京是全国的政治、文化中心，这是其他地方无法比拟的，北京也是国家级媒体高密度集中的地区，媒体资源优势毋庸置疑。1992 年、1996 年党中央、国务院相继做出“以浦东开发区改革开放为龙头，开发建设长江三角洲及沿江经济带”和“以上海为龙头带动长江三角洲及长江流域的发展”的重要战略决策，推动长江三角洲地区的发展。长江三角洲经济圈以上海为核心，上海是国际化窗口，又是中国广告市场启动最早的城市，广告运作基础实力雄厚。上海经济的活跃必然带动其广告业的繁荣。近几年来，上海的地区优势更明显，广告年营业额超过北京、广东位居首位多年。上海的广告经营思路一直也最活跃和前卫，经常有“敢于第一个吃螃蟹”的惊人之举，广东是珠江三角洲经济圈的龙头，前广东省委书记谢非在 1994 年提出建立珠江三角洲经济区，广东最大的优势在于毗邻港澳台和东南亚，在吸引外资上一直有着得天独厚的优势。广东地区的广告业呈现小型、密集化特点，广州报业集团的经营也走在全国前列，直接推动媒介广告业的发展。京、沪、粤三地广告市场具有的不同特征，必然会对三城市的居民广告意识产生影响。

2015 年，由零点研究咨询集团进行的“中国城市消费者广告接受度调查”专门对北京、上海、广州、成都四地的广告态度进行了相关模型分析。研究人员把广告态度概括为 5 个因素：“消极性”“活力性”“可信赖性”“和谐性”“娱乐性”。从具有典型地域文化的北京、上海、广州及成都 5 个因子模型的相关系数结果可以看到，每个城市都具有独到之处。北京消费者广告态度没有明显的特征，与总体(全国 10 城市数据)之间相对接近，与总体接近性的本身也应该是北京的特征，充分反映了北京多元文化的特色。但个别的具体特点方面还存在差异，主要集中在“可信赖性”与“活力性”、“和谐性”的关系上，同比上海、广州和成都均处于较低相关程度，特别是“可信赖性”与“活力性”的关系，意味着北京人广告态度中的“可信赖因素”比较复杂。在上海消费者的广告态度中，“和谐性”因素的影响很大，“和谐性”、“活力性”和“可信赖性”三者及其之间的平衡关系是上海人广告态度中最重要的特色。广州人对广告“消极性”的反应最为强烈，说明广州人的广告态度较多趋向“积极和理性”，而炒作“概念”的广告，似乎很难打动广州人。成都消费者在“消极性”因子与其他因子之间相关系数的城市同比中，“消极性”因子影响均为最高水平，这与广州形成鲜明对比，成都人休闲化倾向明显。

事实证明，城市间的差异会影响居民的广告意识，区域经济发展不平衡必然直接影响与之密切相关的广告业，市场的繁荣程度也会影响当地居民的广告意识。以京、沪、粤三地为例，除了广告业发展的特征和水平有差异外，在文化积淀、风土人情上也存在差别。京派、海派和粤派文化泾渭分明，由于文化不同，不同地区的居民广告意识也存在差异。另外，转型期中的人口大迁徙正构成有史以来国内最大的“移民潮”，居民在城市之间的流动更多的是为了改变现有生存状况和实现自我价值认同，这种流动本身就包含价值观的改变。

由于数据不足，无法更深入地分析区域差异，但多年对中国城市消费者的调研经验告诉人们，地区差异必然影响各地居民的消费行为和消费心理。

第三节　宏观层面影响因素

一、国家政策经济

我国广告业的恢复和发展是建设中国特色社会主义事业进程中的一部分，是我国改革开放、大力发展社会主义商品经济等一系列方针政策的具体体现。在整个广告业的高速发展过程中，来自国家政策经济层面的宏观指引作用非常重要。在这个过程中，广告业被明确地定位为“人才密集、知识密集、技术密集”的高新技术产业。

丁俊杰在《现代广告通论》中指出，广告实际是整个社会系统中一个比较小的组成部分，在其外围有一个广阔的外部世界。无论是整个广告发展还是具体的广告活动执行，都无法脱离它所处的社会和行业的现实条件。我国广告市场的外部环境，就国内而言，首先是改革开放政策，特别是市场经济体制的确立，为我国广告市场的发展提供了最基本也最重要的保证。本书对我国当代城市居民广告意识变化的描绘和分析建构在我国社会的政治、经济环境的几大背景之上。在相当长的时间里，广告一度从国人视野中消失；在另一个时期中，广告又突然重现且迅速在社会生活中扮演重要角色。曾经的淡出与消亡，再到复活与超高速发展，都与国家的政治决策和经济改革导向密不可分。我国广告业前进的每一步，都离不开观念的更新和思想解放的支撑。

有学者认为，我国当代的改革开放经历了“三次思想解放”：第一次是1978年关于“实践是检验真理的唯一标准”的讨论；第二次是1992年姓“社”姓“资”的讨论；第三次是1997年关于姓“公”姓“私”的争论。没有十一届三中全会以来确立的“解放思想、实事求是”的思想路线，就不会有当代中国广告事业的发展；没有邓小平提出的“三个有利于”标准，我国广告人就难以从思想僵化的樊篱中彻底解放；没有改革开放和社会主义市场经济体制的确立，多姿多彩的我国广告市场就根本无法形成，这是我国广告业复兴与发展赖以存在的肥沃土壤和适宜气候。

中国共产党十一届三中全会至十八大中提出的核心思想，对广告业的再认识，发现对当代中国广告业的“四阶段”划分与我国的改革阶段之间存在呼应。

我国城市居民广告意识经历了三个发展阶段，从开始的“混沌与消极”到后来的“日渐明朗与积极”，再到“理性与多元”，其观念形态的转变与改革开放步调相一致。改革开放在促进经济快速发展的同时，更促进了人们观念的转变；打开国门的同时，也开启人们的内心世界。经济体制的转轨和市场经济的确立为国人观念的变迁提供了最好的契机。

二、大众文化的渗透和消费主义的到来

20世纪以来，随着大众文化对西方社会影响的增强，西方理论家对“大众文化”进行了广泛的研究，形成了不同的观点。大众文化的兴起是20世纪的大事，这里的大众文化指“与当代大工业生产密切相关，并且以工业方式大批量生产、复制消费性文化商品的文化形式”。

经济体制改革是大众文化兴起的基本动力，对文化的意识形态控制放宽是大众文化兴起的政治条件，消费社会的形成则是其迅速发展的社会条件。新中国成立后，与计划经济相适应的是整齐划一的文化生产方式，主要的文化生产手段由国家控制，其生产和传播都不以盈利和消费为目的，主要是作为国家意志和主流话语的表现形式。在这种情况下，人们对国家、民族、集体的关怀要大大高于对自身个体的关怀，改革开放打破了这种高度统一的价值取向，外来文化争先恐后大量涌入。这些文化大多披着温和的外衣，如充满甜美和浪漫情调的港台歌曲、新颖时尚的各种商品。20世纪90年代之后，以经济建设为中心的主流导向为商业文化的生长和发展提供了空间与合法性。中国具有消费特性的大众文化最早来自20世纪30年代的上海，这一消费文化由于政治的原因被强行打断，它的再次到来以港台文化的“反哺”为启动契机。之后，经历了欧美文化的进入；20世纪90年代后期，日韩文化大举侵入，迅速在国内(尤其是青少年中)刮起“韩流”。在韩流文化的引导下，韩国明星、韩国服饰、韩国化妆品备受追捧。

如今的中国，以消费为特征的文化正迅速蔓延，在这场文化的重构之中，情感退场、欲望膨胀，精英文化屈从于商业利益，开始向大众文化市场靠拢。孟繁华在《众神狂欢——世纪之交的中国文化现象》一书中指出："人们在消费与娱乐中消解着禁忌与神圣，任何一种文化都不可避免地要成为一种意识形态，当大众文化在中国的生产和消费获得了合法性的时候，它不在被视为'带菌文化'，一方面它具有商业文化的性质，同时也产生了与之相适应的文化商业主义意识形态。"1994 年曾被《华盛顿邮报》誉为"世界上最有影响的一位思想家"的莱斯特·布朗一声断喝"谁来养活中国?"令世界心惊；今日中国繁荣的消费景象，同样令世界心跳加速。2016 年 9 月 11 日，慧聪发布《2015 年中国大陆奢侈品消费研究白皮书》指出：2015 年受到全球经济衰退的影响，全球奢侈品市场下滑 8%，只有中国市场保持了 12%的适度增长。2015 年我国奢侈品消费总额共计 770 亿元人民币，中国高端人群的奢侈品购买力是日本人的 1.5 倍，是美国人的 3 倍，中国已经成为全球最引人注目的奢侈品高成长市场。"只有生活，没有消费"的时代早已一去不复返。

大众文化对城市的渗透，消费主义的到来，迫使置身其中的人们从观念到行为经历着振荡和调整。在今天的中国城市，真正意义上的消费者已经形成，消费观念的快速变动已经成为当代中国消费生活的显著特征，观念的快速变动促使消费生活迅速变化。社会整体消费观念的变迁，在转型过程中起着特殊的调节和牵引作用。社会生产力水平的极大提高是消费观念变迁的巨大动力，物质生活中这些实在而巨大的变化作用于人们的思想观念，引起思想领域的极大解放；思想解放又释放出巨大的生产力，它们共同作用于人们消费领域的意识形态，在中国城市居民广告意识的形成和改变过程中发挥重要影响，并在实践中形成动态的持续运行体系。

第八章　现代广告对城市消费文化的影响

让·波德里亚说："成功的广告商是一门新艺术的大师，这一艺术即通过对真实事物本身进行确认以表现它们。他是一位自我实现预言技术的行家。"广告既是一种超越真与伪的传播活动，又是一种预言式的话语传达，其美好的预言作用于消费者的心理与欲望，诱导消费者认同广告中所传达的理想的消费体验，推动人们去亲历、去证明其预言性符号所代表的现实，从而达成购买。现代广告作为消费社会中的一支重要的消费引导力量，对于现代社会大众消费文化的建构与形成起着不可忽视的传播与推动作用。

对于广告的这种消费引导力量，美国广告大师厄内斯特·迪希特(Ernest Dichter)则更加直言不讳地说道："我们现在所面对的问题就是要让一般的美国人即使在调情，在花钱，在买第二辆、第三辆小汽车的时候也感到是心安理得的。繁荣的根本问题之一就是要允许享乐，使享乐有理，要让人们相信，让他们的生活美满是道德的，而不是不道德的。一切广告、一切旨在促销的计划，它的一项根本的任务就是要允许消费者自由地享受生活，让他知道他有权将凡是能使他的生活丰富、愉快的产品都放到他的周围。"

第一节　现代广告传播与城市消费观念变迁

由于城市所处的经济与政治环境不同，"消费"在不同国度的城市、城市所处不同发展阶段的地位也是迥异的。早期社会物资稀缺时，城市推崇"勤恳节俭"的消费文化；战争时期，城市宣传"战时为军需消费让步"；待到机器大生产促使物品极大丰富时，广告如何有效地传播"享乐消费"，则直接影响到是否能快速转变市民消费观念，刺激他们心甘情愿地为堆积如山的消费品买单的问题。

一、广告顺应城市消费观念的时代转变

消费文化(或消费主义)的整体性兴起是与近代资本主义大规模工业化生产式密切相关的。17、18 世纪的欧洲，尚处于早期资本主义发展的原始资本积累阶段，

在传统短缺经济时代，社会上以“节俭主义”和“消费理性主义”的消费价值观占主导地位，崇尚节约简朴、节制欲望，倡导“先苦后甜”和“滞后享受”是社会所遵奉的一般道德规范。这个时期的媒体基本以大力宣传勤奋、节俭、禁欲和庄重自制等个人美德为其主要任务，勤奋和禁欲是社会的主流意识形态，那些超出基本生活所需的消费则被认为是与社会基本道德规范不相容的，是违反“教化”、有伤“风化”的。所以 18 世纪初新兴的广告业，因其是以刺激人们欲望、拉动消费为目的，故被当时的主流社会蔑视甚至被抵制也是理所当然的了。

19 世纪 60 年代以后，科学技术的飞速发展促使了第二次工业革命的到来，以迅速崛起的美国为代表，资本主义进入了一个高速发展的新时期。西方资本主义告别了“短缺经济”而进入产品相对过剩时期，生产对消费的依赖越发严重，消费的状况直接影响着企业的生存和发展。

20 世纪初，美国“福特主义”的出现，使人们意识到大批量的生产意味着大众化消费，大众化消费是解决资本主义有限市场条件下经济增长缓慢问题的关键。于是，20 世纪 50 年代后，先是英国，之后是西欧其他国家，均开始效仿美国，兴起了现代意义的大众消费模式。改造中产阶级的生活理念，引领其追求过度的消费与占有，推翻禁欲限制，崇尚讲究实际的甚至是炫耀性的享乐主义，成了生产逻辑在消费领域延伸的必然环节。除此之外，伴随消费规模的扩大，新的商业形式和商业组织也日趋完善与成熟，它们不仅构成了消费主义及其文化的物质和技术性框架，而且促成了大众消费观念的转变。丹尼尔·布尔斯廷指出：“百货商店把贵重商品展示在顾客面前，谁想看都可以看个够，这足以促使奢侈大众化。”与此同时，分期付款等信用购买方式的出现，则彻底解除了人们害怕背负债务的心理负担，对于物品的享用，变得轻松并合法化。其实，新型的商业组织和商业形式都无非是为了顺应资本主义的大规模生产，强调消费环节对生产的重要性而已，扩大消费是进一步发展生产力的客观需要，也正是这种需要促成了资本主义社会高速发展阶段的消费主义及其文化的出现。

当“消费”成为现代生活的核心概念时，生产力发展落后时期所推行的“禁欲主义”“朴实”“节俭”等美德成为消费的枷锁，也成为生产力进一步发展的桎梏。要扫除社会发展障碍，最重要的是破坏新教伦理对社会成员的精神垄断和行为规范，而要做到这一点，没有什么比广告这种工具更为有效了。于是，现代广告登场，担负起了推行消费文化的重任，不仅要刺激消费；还要引导消费，微妙地改变人们的消费习惯，教会人们适应新的生活方式，形成新时代的道德观与价值观。商品广告的全力诱惑，加之媒体苦心竭力的攻心宣传，孤立无助的大众很难抵挡这种攻势，最终被神奇的“魔弹”击中，逐渐接受并在社会行为中开始实践消费主义的生活观念和价值态度。至此，原有的传统文化规范从意识形态上彻底瓦解，现代消费主义文化形成的基本条件趋于成熟。

由此可见，广告其实都是社会的文本，是对所处时期所显现的重要发展所做的回应。因此，仅仅指控广告是制造消费主义及其文化的渊薮，显然是不合理的，但不可否认的是，广告在这一过程中对消费文化(或消费主义)的形成担当了重要的推波助澜的作用。

二、广告"镜像"折射城市消费文化

诺曼·道格拉斯说过："从广告中可以看出一个国家的理想。"我国新闻史研究的开拓者戈公振先生在《中国报学史》中也指出"广告为商业发展之史乘，亦即文化进步之记录"。广告是反映社会的一面镜子，通过广告，人们可以看到社会现实在广告作品中的多层次展现。广告的这种呈现出现实的镜像，可以称之为广告的"镜像功能"。

广告以其特有的形式反映着时代精神。同样地，广告所形成的消费流行在很大程度上也反映了城市生活的进程，反映了市民在价值取向、衣着打扮、生活方式、审美情趣等方面的变迁。一般来说，广告在传播过程中所形成的消费流行大致有这样一些：物质的流行、色彩的流行、语言的流行、行动的流行。以语言的流行为例，一些广告在播出之后，其广告语在人们的生活中成为一种流行语。可以说，如果把这些流行的广告语按时间顺序进行有序排列，呈现给人们的将是一部丰富多彩的城市消费文化发展史。以可口可乐百年广告语的变化为例，可以清晰地看到"可口可乐"这一世界品牌的发展历程及当时的社会图景：1904 年可口可乐的广告语为"Delicious and Refreshing(美味、新鲜、提神)"，这是因为 1904—1917 年，可口可乐正处于内销成长巩固期，功能性的标语让可口可乐定位明确，易稳固地占领市场，此时注重口感、功效的"功能性利益"成为城市的主流消费观念。

1922 年可口可乐提出"Thirst Knows No Season(口渴没有季节)"，旨在引导消费者改变消费习惯。因为早期的可乐厂只有夏季生产可乐，此时可口可乐强调口渴没有季节，四季都是喝可口可乐的好时光，力求转变受众的传统消费习惯，培养新的使用契机。可口可乐希望可以成功扩大市场份额，同时也因覆盖更多市场空间，将可乐所代表的"草根"文化推进美国城市，与主流文化抗衡。

1927 年可口可乐积极向世界扩展市场，广告语"Around the Corner from Everywhere(在任何一个角落)"适时而出，这个宣传语可以有两种理解，不仅积极暗示可能世界上的任何一个角落的人都会喜欢喝可口可乐，而且也暗示着美国主导的城市消费文化理念与生活方式，开始向全球各个角落蔓延。

1929 年美国进入了经济大萧条时期，给美国城市及其民众造成巨大影响。面对如此危机，确实需要片刻的清凉时刻，于是可口可乐推出了“The Pause That Refreshes(给个暂停，恢复神采)”。城市经济不景气的大背景，也一定程度上遏制了纵欲享乐的消费文化，有助于转向更加理智的消费观念。

20世纪40年代末乃至整个50年代是美国汽车文明走向主流的开始，于是可口可乐于1949年推出广告语“Coca－Cola along the highway to anywhere(可口可乐——沿着公路走四方)”。四通八达的城市交通建设，突破了消费的地域性限制，增加了市民消费的便利性，产品与美国优越的城市文化一同开始跨越式传播。

1961年至1975年的越南战争(以下简称越战)，是美国历史上持续时间最长的战争，10多年的越战，美国耗费了至少2 500亿美元。尽管军事上美国并未失败，但它表明美国冷战策略上的重大失误。越战的结束带给美国难以忘却的挫折感，于是1975年可口可乐推出“Look up America(看美国)”，适时地激励美国及民众，在物质消费文化中注入了爱国情感与励志精神，产品开始负载越来越多的文化信息。

随着美国进入经济高速发展的时期，可口可乐也步入快速成长期，可口可乐和麦当劳等成为美国文化的重要组成部分。可口可乐1987年推出的“Can’t beat the feeling(挡不住的感觉)”再一次把其所代表的美国文化渗透到世界各地，同时也宣示，可口可乐由最初的功能性利益诉求，转变为追求精神沟通与情感附加价值。这一转向不仅反映了广告营销策略随着新的受众需求而改变，而且见证了以美国城市为代表的西方消费文化观念已经开始势不可挡地在全球渗透与蔓延。

第二节　西方消费社会中的城市文化

20世纪上半叶，现代广告对西方国家城市的社会生活影响逐步深入，渐渐渗入人们的消费生活和消费意识中，以致现代广告超出了单纯商品促销手段的意义，成为消费社会的万花筒，折射出现代城市消费文化的方方面面。

一、福特主义带来的消费时代

消费文化是时代的产物，是生产力不断发展的结果。在第一次工业革命后，虽然工人已迫使与生产资料相分离，并成为工资劳动者，但是其原有的自给自足的生活模式却没有改变。“工人的家庭消费并不完全依赖于商品，他们自己缝纫衣服，种植蔬菜，饲养家禽，用来满足日常生活的需要。”在资本主义经济发展初期，消费是次要的，资本原始积累才是主要的。钢铁、煤炭、化工产品这些商品才是资本主义经济发展的重要因素。这种情形一直持续到19世纪末至20世纪初才开始发生变化。

资本积累的主要来源开始从生产资料逐步过渡到生活资料的生产。这种变化要求工人不能再在家自己织布缝衣，不能种菜养禽自给自足，而是学会从市场上购买生活用品。随之诞生的“福特主义”将这种变化推向了高潮。

福特发明的大规模生产方式，将工人成功地变成了机器上的一个螺钉，将工人死死地捆绑在了机器上，工作时间长了，休息时间就短了，自然就没时间来自己生产生活资料。至此，生产劳动行为与家庭生活行为被完全割裂开来，工人消费的一切物品都必须依赖于商品。所以进入现代社会，福特主义带来了消费主义——大众高消费时代，消费文化也开始萌芽。

二、城市经济发展与广告创造的需求

从南北战争(即美国内战，1861—1865 年)结束直到参加第一次世界大战前，美国经济出现了迅猛发展的势头。随着西部的拓居和开发，农业在国家经济中的重要地位逐渐被工业取代。19 世纪 80 年代初，美国工业生产已经跃居世界首位。1889 年，工业创造的净产值为 45.1 亿美元，占工农业所创造的净产值总额的 58.3%。到 19 世纪末 20 世纪初，美国已经变成了一个工业大国。1913 年，美国的工业生产量占世界工业生产量的 38%，比英、德、法、日四国工业生产量的总和还多 1%。美国国家的财富也以空前的速度成倍增长，同一年美国的人口平均收入已达到历史最高水平，而美国市场日益扩大的关键就在于消费者的实际收入不断增加。许多大商业组织也纷纷建立，到 1914 年，大公司控制了许多经济部门，每个公司都积累了数百万美元的资本，雇用了成千上万的员工，向全国各地，甚至向全世界销售产品。

这一时期，经济的迅猛发展给美国的零售商业带来了深刻的变化，为其提供了极为有利的发展机遇。在美国零售行业里极具代表性的就是“百货商店”的出现，直接改变了人们的购物行为。顾客不再是走进一家商店，请店主到货架上或后间去取一件商品。在百货商店里，商品得到充分展示，购物者可以看到很多东西。由于商品要摆在面前让顾客看到，因而产品“引人注目”的特征便显得更加重要。对于零售商来说，把商品陈列好，吸引人们前来购买也变得至关重要，广告成了他们主要的促销手段。有了报纸广告，人们就能知道在什么地方能买到什么商品，价格如何。

与此同时，生活方式的变化与消费方式的变化同步发生。工业革命带来了城市化，农民变成了工人，这就造就了一个新社会阶层的产生。“地域流动性大”和“社会流动性大”是这一阶层的显著特点。在城市生活中，人们与自己的过去割裂，对身份、地位的认定更多地依赖于外在的象征。由于收入本身是看不见的，因而人们便通过消费品的质量和档次来体现收入的高低，从而促使物质商品成了体现内在价值的有形象征。此时，广告在创造新的消费方式和生活方式方面发挥了主导性作用。广告的大批量复制和传播，开阔了人们的视野，模糊了地域，促进了全国统一消费市场的形成。此外，广告在推销商品的同时还推销某种消费理念和生活观念，引导消费者不断对自己的生活方式和价值观念做出调整以适应时代的变化。这一影响在女人身上尤为明显，一些关于紧身胸衣、时装和香水的广告向女人们表明，只要穿了这种胸衣或者时装，或者是用了这种香水就会吸引男性，这种广告在不断地传递一个理念，那就是女人的婚姻幸福与女人选择的商品有直接关系。

由此，广告不仅对社会潮流做出反应，也创造需求，促成了城市消费文化的形成。

三、物品消费到观念消费的转变

18 世纪初到 19 世纪末，欧美主要先进国家先后完成了资产阶级革命和工业化进程，而商品和资本输出的急剧增加导致资本主义世界市场的形成，并建立了市场经济体系。许多对人类文明有重要影响的新技术，如电、内燃机等在这个阶段(19 世纪末 20 世纪初)被发明并应用到工业生产中，横贯北美大陆的铁路也于此时建成。这些促进了经济的迅速发展，新产品大量出现。市场经济因而转入激烈的竞争阶段，商业竞争成为资本主义经济的一大特点。商品数量的激增需要通过某种渠道使消费者了解产品，以便促进销售，于是广告就成为一种商品促销的重要手段。

经济的发展促使了广告的诞生，广告的诞生又反过来对经济的发展起到了推动作用。最初广告对经济的促进作用主要体现在对物品消费的宣传上。19 世纪中期，当时的广告形式主要有报纸广告、传单、“三明治广告人”，后来随着印刷技术的进步，到了 19 世纪 70 年代，广告形式开始丰富起来，有了商业宣传单、挂历和招贴广告画等。无论哪一种广告形式，它们的本质都是相同的，直接描述的都是所要推销的产品，比如说“三明治广告人”，他们的胸前和背后都贴着广告，广告上画的都是雇主要出售的物品的形象。由此可以很容易看出，当时的广告目的只有一个，那就是出售物品，所以广告内容也是简单明了：物品的名称加特征。因此在 19 世纪 80 年代以前，顾客所熟知的是哪个地方卖什么东西，什么价格，至于是哪一厂家生产的，他们并不知道也不会去关心，相反顾客关心的只是如何买到自己需要的生活用品，而且是以更低的价格买到实惠的商品。

随着资本主义经济的进一步发展，同类产品急剧增多，竞争日趋激烈，生产商需要主动出击，推销自己的产品，同时，独立包装的商品开始取代大包的散卖商品，在这一过程中产生了商标，标准的、可标识的牌子便显得日益重要。例如，报刊广告上的口号和标语，都是直截了当地用商标来描述商品：“请使用萨普利奥肥皂”“你今天用梨牌了吗?”“象牙香皂——它漂在水面上”“皇家发酵粉——绝对纯正”。资本主义市场经济的发展不仅对生产商产生了影响，对消费者也是如此。由于收入本身是看不见的，因而人们便通过消费品的质量和档次来体现消费者收入的高低，从而促使物质商品成了体现其内在价值的有形象征。

因此，在广告和经济的双重渲染下，城市居民的消费理念开始发生转变，由原来单纯的物品消费变成了观念消费，由原来的生活必需品变成了生活享受品消费。换句话说，消费者购买的已不仅仅是商品，更多的是商品所包含的内在的一些东西。有些牌子如“圣劳伦斯”可以说明身份和地位；而有些牌子，如“象牙”香皂，承诺的不是提升消费者的身份，而是亲切感和可靠性。在广告中，生产商鼓励消费者去购买商品，并不是因为他们“需要”这些产品，而是他们“想要”借助这些商品来提升自己的社会形象。

四、信用卡的诞生与城市消费理念的转变

1951 年，纽约市的富兰克林国民银行发行了第一张现代意义上的信用卡，由此揭开了银行发行信用卡的序幕。一开始信用卡只是赠送给那些有实力的潜在银行客户的，并且不对这些客户进行信用审查，但是发展至今，信用卡已经完全背离了原来的发展轨道，与第一张信用卡基本不是同一事物了。当今的信用卡几乎人人持有，并且申请信用卡还需要对申请人的信用进行审核。当今的信用卡由银行发行，可以用于购物、吃饭、旅游、提现等各种场合，但是信用卡最早的发行机构并不是银行。

信用卡于 1915 年起源于美国。最早发行信用卡的机构并不是银行，而是一些百货商店、饮食业、娱乐业和汽油公司。美国的一些商店、饮食店为招徕顾客、推销商品、扩大营业额，有选择地在一定范围内发给顾客一种类似金属徽章的信用筹码，后来演变成为用塑料制成的卡片，作为客户购货消费的凭证，开展了凭信用筹码在本商号、公司或汽油站购货的赊销服务业务，顾客可以在这些发行筹码的商店及其分号赊购商品，约期付款，这就是信用卡的雏形。

20 世纪初，随着西方资本主义经济的高速发展，西方发达国家的广告事业空前繁荣，尤其是新老资本主义国家的广告产业获得了突飞猛进的增长。新兴的美国广告产业规模已超过老牌资本主义强国英国而位居世界第一。正是在这一大的时代背景下，美国各行各业的广告意识不断增强，想出了各种方法来促进消费，其中关于发行信用筹码就是一个伟大的创举，对后来的美国经济发展乃至全世界的经济发展都产生了根本性的影响。

在广告的推动下产生了信用卡。信用卡产生所带来的影响其实不只是经济方面的，在都市文化方面更是意义深远。在信用卡诞生之前，人们花的是钱，买的是东西，有了信用卡之后，人们的消费理念发生了重大变化：无论是购物还是吃饭，人们花的是信用卡，买的还是信用卡，整个过程已经由钱与物的交换变成了刷卡签名的简单过程。因为人们已经不需要掏出真正的货币来购物，所以人们就慢慢丧失了花钱的真实感受，似乎自己买东西花的不是自己的钱，于是出现了透支消费，城市中产生了“月光族”，到了后期，信用卡的发展更加完善，可以分期付款购买大件物品，这更是颠覆了人们传统的消费观念，由原来的“量入为出”到现在的透支未来收入，产生了一种新的消费理念。由于城市居民基本每月可以按时领取工资，他们具备偿还提前透支消费的经济基础，于是使用信用卡消费就变成城市消费文化中一个极具代表性的象征符号。

第三节　中国城市进入新的消费时代

随着中国城市经济的发展与现代化进程的加快，在西方城市中显现出来的消费文化，也逐渐被中国市民接受。现代广告作为消费社会的积极鼓吹与卖力传播者，极大地帮助了中国城市快速融入全球化消费语境，加速了新的消费时代的到来。

一、现代广告对传统消费观念的冲击与解构

中国自 1979 年实行改革开放以来，发生了翻天覆地的变化。正如 Deborh S. Davis 在《中国城市消费革命》(*The Consumer Revolution in Urban China*)一书中所说：“不到 10 年，人们获得了新的传播方式，新的社会话语词汇和新的闲暇方式，因此，可以毫不夸张地说，这真是一场消费的革命。”这场革命持续至今，中国的经济面貌发生了更深层次的逆转，人们的消费水平、价值观念随之产生了很大的变化。消费主义在中国的兴起也因此拥有了得以生存的土壤。

除了经济变革这一基础性原因之外，消费主义在中国的兴起很大程度上还源于全球化过程中导致的“西风东渐”。全球化进程的加速，不仅使贸易、投资和金融市场一体化，而且使消费市场一体化。在经济方面，消费市场的一体化使得不断涌动的新产品加速了国际消费市场的开辟和竞争，跨国公司在过去 20 多年里不断渗透到国外市场，建立起全球市场网络。在社会文化方面，西方消费文化借着国际市场的开拓而渗透到了全球各地，广大发展中国家都经历了消费主义文化或多或少的冲击。英国社会学家莱斯利·斯克莱尔在他的《全球体系的社会学》中把

全球性的消费文化视为消费主义文化意识形态。斯克莱尔认为：“所谓全球化现象无非是资本主义体系在全世界各个角落的扩张，这一体系是由三种相互关联的主要结构或力量主导和推进的，即在政治层面上的全球资产阶级的利益要求，在经济层面上的跨国公司的组织经营策略，在文化上就是以消费主义为主导的意识形态。”而消费主义文化意识形态，正是借助国际广告跨越时间和空间的限制，在异地广泛传播，通过大众传媒及广告对消费社会相适应的新型消费者。

广告作为社会的文本，是人们“日常生活最丰富、最忠实的反映”，现代广告对中国消费文化的影响，也因不同的历史时期展现着截然不同的风貌。与西方早期消费文化的特征相类似，新中国成立后，也首先经历了西方传统的“克勤克俭”阶段。新中国成立以来至1978年，这是我国的计划经济阶段，人们的物质生活相当贫乏，商品奇缺。由于计划经济是按指令分配原料和产品的，市场中不存在商品经营者，自然不需要什么信息，因此大众传媒曾经长期作为一种社会规范的工具而存在，广告的基本任务是绘制领袖像、政治画册，宣扬时代主题，强调发扬勤俭节约、兢兢业业的精神，为社会主义现代化建设做出应有的贡献。1966—1976年，由于特定的历史原因，广告尤其是商业广告陷入沉寂。

改革开放以后，1979年至20世纪80年代末90年代初期，属于“生产的恢复期”，该时期仍然处于物质匮乏或相对短缺阶段，广告得以恢复，功能由“告知商品存在”向“发掘产品卖点”转化，广告诉求的重点则主要集中于商品本身的性能或功能。

20世纪90年代中期之后，我国的社会主义市场经济蓬勃发展，经济的人发展要求相应的消费规模与之协调，于是，“创造需求型”各种商业广告应运而生，广告的内容从注重产品信息向注重生活方式等精神内质转变。与此同时，国外大型广告公司在中国的“抢滩登陆”，国外消费主义生活的影像与话语不断充斥着人们的眼球，进而在极大程度上刺激着中国消费者价值观念与生活态度的转变。当广告的传播“把人们的所有欲望都管理在市场经济制度之下，将其转换成消费物质的欲望，最终通过物质，管理了人们的‘生活感觉’”的时候，能够享受奢侈、闲暇和富余产品的“自得”心理或精神价值，已逐步代替传统的吃苦耐劳和奋发进取的价值取向，成为新时代的主导价值规范。例如一些经典的广告语句：“三日不购衣便觉面目可憎，三日不购物便觉灵魂可憎”(中兴百货)；“穿什么就是什么”(森马服饰)；“没错，我就是M－ZONE人”(动感地带)；“我就喜欢”(麦当劳)；“一切皆有可能”(李宁)。

这些广告语反映了当前社会肯定人们对于物质享受和个人快乐的正当追求，当代中国城市的消费文化再也不是先前的整齐划一状态，而呈现出风格化、多样化与个性化。历经平均消费、精英消费、大众消费、个性消费的中国的消费文化主旋律，已经扬弃了计划经济时代“新三年，旧三年，缝缝补补又三年”的传统消费观，而朝着“吃讲健康，穿讲品位，用讲高档，住讲舒适”的消费观念转变。在此意义上，现代广告是在其反复言说、持续作用受众心理的过程中，实现了感性主义消费文化的全面胜利。

二、广告传播刺激城市形成消费文化

在近现代社会中，由于资本主义国家商品在中国市场上的大力倾销以及由此带来的资本主义文明的启蒙教育，使得市民的消费欲望被刺激起来，消费观念和消费行为由此发生了很大的变化，消费文化于是成为中国近代城市文化中非常重要的一部分。近现代广告呈现出强烈的实用主义色彩，广告的最终目的是要赢得顾客、推销商品，那么如何打动顾客，让商品融入市民的日常生活中？顾客花钱消费讲求物有所值，而实用主义特点突出的广告，对于顾客的这种消费心理的影响也最为直接，在实用主义的“小恩小惠”面前，吸引市民的眼光，潜移默化地影响市民的消费观念。

现代广告如何刺激中国城市形成了消费文化？这里以“阴丹士林”为例，从其发布的众多广告中窥其端倪。1935 年年末，阴丹士林向社会发行一种条幅式的新年年历广告。整体广告分上、中、下三部分，主画面表现了一位身着阴丹士林粉红色布改良旗袍的少妇，仪态大方地坐在一家商号的布料柜台前，站在柜台后的职员正与这位女士交谈着。画面下特别加注了两人的对话：

职员问：很奇怪！何以顾客只选购每码布边有金印晴雨商标印记的“阴丹士林”色布，而不买其他各种色布。王夫人要否试试别种花布呢？

王夫人答：不！不！我只信仰“阴丹士林”色布，因为我自小学生时代即已采用，确乎炎日暴晒及经久皂洗颜色绝对不变，不愧是世上驰誉最久的不褪色布。

看来，“王夫人”对阴丹士林布深爱已久，是阴丹士林最忠实的顾客，难怪画面上还特别加上了“请仿效王夫人的聪明榜样”的诱导化语言。这样一份年历挂在家中，既有有趣的画面，又有年历记录和通信录板块，让人们长久保存。商家也就是利用这样的“实用主义”观念，潜移默化地影响顾客具备消费品牌化的意识。从两幅广告图片也可以看出其广告风格，“永不褪色”的广告语，让顾客感受产品质量值得信赖；广告语“她何以充满了愉快，因为她所穿的是阴丹士林色布”，这种既实用又能让人愉快的产品，自然很容易打动市民的心。这样的广告诉求方式，就将市民对产品功能性利益的关注，转移到追求情感沟通与品牌附加价值，从而实现了与西方城市的“符号消费”观念的成功对接。

李欧梵在《上海摩登》一书中多次写到上海《良友》杂志和其他媒体上的广告：“上海现代生活的物质消费指南可以在无处不在的广告上找到。这些广告有的被霓虹灯照着，有的贴在临街的店铺上，还有的是五花八门地印在报纸杂志上。例如，《良友》画报上关于永安公司的一个广告是一幅镶嵌画，包括康克令水笔、各种棉布、天鹅牌丝袜和棉袜、Pilsner Art Export 啤酒和一份《良友》杂志。从这些无处不在的广告上，我们可以轻易地为现代城市家庭的日常开销和享受列一张单子。”而从这些无所不在的广告中人们也可以领略到一种现代城市消费文化的存在，以及对市民消费行为的引导和刺激。

总之，广告不仅是一种传播活动，也是一种文化载体，它不仅传达着也创造着城市文化。从中国近现代广告的发展历程中，人们可以清晰和明确地看到广告所倡导的生活方式、消费观念对城市文化的多重影响，由此推动了中国城市现代化进程的发展。

第四节　现代广告的消费文化批判

广告想方设法打开指示性的道路，诱导商品网中的购物冲动，并根据自身的逻辑，进行诱导、提高，直至进行最大限度的投资，达到潜在的经济极限……逻辑性地从一个商品走向另一个商品。可以这样说，与现代城市中的其他“消费”形式相比较，广告的直接功能，除了要进行商品层面的“意义”生产，鼓励以商品“形象”及其意义为对象的感性欲望、满足的全面滋长，还要塑造消费主义价值观，通过传达特定的价值观念、消费观念、审美情趣、文化意识和生活方式等，倡导新的消费理念与人生价值的实现。由于现代广告对于市民的消费观念有较大的影响，认真听取各种批判的声音，努力改进广告创意方式与诉求重点，有助于形成良性的城市文化氛围。

一、现代广告鼓吹商品的符号价值

法国哲学家、现代社会思想大师鲍德里亚“从物的消费进入符号消费的领域，建立了以符号消费为主导的符号政治经济学体系，并从人们对‘物’的消费行为中，看到物或商品对人的本性的支配与异化，看到深层的‘符号’消费”。1968 年出版的《物体系》是鲍德里亚的学术生涯的第一部著作，从此他“对消费社会中客体、符号以及符码提出了一系列激动人心的分析”。他曾指出，后现代社会“消费”不仅指对物品使用价值的消费，还包括对物品符号意义的消费。商品在消费社会被视为一种符号，它具有获得品牌、档次、品位、格调等各种“所指”。广告作为语言文字和图形图案等的统一集合体，不仅承载着促销商品的责任，还肩负着呈现这些东西所蕴含的更深层次意义的重任。广告符号的意义是由其图像、声音、语言等诸多元素的相互协作体现出来的。不论是广告所传达的表面意义，如刺激和引导消费，还是广告内部蕴含的更深层次的意义，如广告隐含的文化信息、广告折射出来的意识形态等都会共同作用于消费者。

在现代城市，人们的消费不仅仅在于穿衣蔽体和果腹，而是有更高的要求及其含义，消费文化由此产生，它影响着人们的思想观念及生活方式，也在一定程度上体现着社会意识形态的迥异。现代广告对消费文化的突出贡献，是深刻延展了商品存在与被消费的价值。人对物质利益追求的无限性与人类自身需要的有限性之间的矛盾，决定了产品的实现必须以“制造需要”的途径去解决，广告是这一任务的最好实现者。

现代广告作为消费社会的“启蒙专家”，不断地向消费者展示新的生活方式，输入新的消费理念，通过附加新的形象和符号来改变商品的原始意义和使用概念，并用这种新的形象和符号来作用于人们自身的各种欲望，把人们对于使用价值的追求引导到社会意义上来。迈克·费瑟斯通说：“消费文化的一个重要特征就是，商品、产品和体验可供人们消费、维持、规划和梦想，但是，对一般大众而言，能够消费的范围是不同的。消费绝不仅仅是为满足特定需要的商品使用价值的消费。相反，通过广告、大众传媒和商品展陈技巧，消费文化动摇了原来商品的使用或产品意义的观念，并赋予其新的影像与记号，全面激发人们广泛的感觉联想和欲望。”

在广告的赋值过程中，购物不再是一种纯粹的经济行为，商品本身已经不是目标，而是可用于获取身份、地位、爱情、友谊等目标的手段。鲍德里亚说：“人们从来不消费物的本身(使用价值)——人们总是把物(从广义的角度)用来当作能够突出你的符号，或让你加入视为理想的团体，或参考一个地位更高的团体来摆脱本团体。”这里，消费由于其商品所具有的超越于商品本质之外的意义而具有了建构身份的功能，超价值的欲望消费使得人们不仅获得对物质的无穷占有的快感，更主要的是获得社会尊重和自我实现的替代性满足。广告通过在消费前，预先为消费者确立相应身份的功能，巩固了产品在人们心目中的符号性价值，从而激发了消费者的反复购买。

二、广告与媒体“合谋”，培植消费文化意识形态

在《意识形态与现代文化》一书中，英国社会批判理论家汤普森指出：“今天，我们生活在一个象征形式的广泛流通起着根本的、越来越大的作用的世界中。在所有社会中，象征形式——语言陈述、姿势、行动、艺术作品等的生产与交流是且始终是社会生活的普遍的特点。但是，由于现代社会受早期现代欧洲资本主义发展推动而来，象征形式的流通的性质和范围呈现一种具有质的不同的新现象。

技术手段结合面向资本积累的机构而发展，使得象征形式能以迄今无与伦比的规模生产、再生产和流通起来……当今之世几乎没有什么社会不受到大众传播机构和机制所触及，因此，几乎没有什么社会不向大众媒介象征形式的流通开放。”

消费文化作为一种意识形态，它的盛行离不开大众媒体的推动。广告文化作为消费文化的一个组成部分，它与媒体互为载体，并借助媒体的传播效力而发展壮大。随着当今城市消费社会全面成型，广告文化的功利性与消费文化的物质性达成高度价值契合，理所当然在消费文化中扮演核心角色，同时也刺激消费社会向深层次推进。广告文化一旦入主消费社会的文化语境，消费社会的最终目的——把消费者充分调动起来，对于一切需求实行一种心理上的垄断，从而使消费方面的一致与生产方面的完全控制达到完美统一就指日可待了。

现代社会是大众媒体支配的社会，大众传播系统作为消费文化的最佳孕育载体，正以其前所未有的波及范围充斥着城市的生活空间，建构着人们衣食住行乐的新的消费方式。作为文化输出的大众媒体，已经不仅是人们生活的策源地，而且成了人们生活的一部分。同为消费主义文化发展的催化载体，现代广告与大众传媒因其共同的利益需要在现代社会一拍即合。广告是现代大众传媒生存与发展的血液。正如斯宾塞所说，“大众媒体的构成过程，就是媒体公司生产受众，然后将他们移交给广告商的过程”，在这种商品化的传播过程中，受众成了出售给广告商的商品，媒体则依靠出售受众来赚取利润。与此同时，作为信息发布工具的媒体，又为广告推行消费文化发挥了重要的平台作用。如此，一方面，媒体为广告传播“增热”，另一方面，广告通过媒体架起同消费者沟通的桥梁，重新组建社会关系，进入受众特定的生活模式与消费行为中。

作为“指南”的大众媒体与广告联手，大众媒体的公开性和广泛性与广告传播的诱惑性和煽动性，共同作用于消费者的潜意识，通过选择性地建构并输出“社会知识”、社会影像，在现实世界中创设一个“模拟世界”，在无形中为人们确立了一个在主流意识形态框架内的中心生活方式。透过这些，受众得以通过想象建构他们的生活，使之合并为可资理解的“整体的世界”。

例如，20 世纪 60 年代的美国，经济繁荣，人民生活富足，社会出现严重物质化；20 世纪 60 年代开始，有线电视网络在美国各地迅速普及，各种文化产品通过电视网络广泛地传递到大众面前。而广告在当时美国的社会生活中起到了重要的作用，它作为推动消费的文化力量之一，记录和表现美国社会民众当时的文化心态以及价值观念。安迪・沃霍尔（Andy Warhol）的代表作《坎贝尔的浓汤罐头》（*Campbell Soup Can*）就是反映当时物欲年代的经典作品，且已成为美国的一种消费符号。

安迪・沃霍尔被誉为“20 世纪艺术界最有名的人物”之一，他是波普艺术的倡导者和领袖，此外他还是电影制片人、作家、摇滚乐作曲者、出版商，是纽约社交界、艺术界大红大紫的明星式艺术家。安迪·沃霍尔出生于美国宾夕法尼亚州的匹兹堡，在21岁(1949年)时他离开了出生地到纽约寻找发迹机会，当时颇有发展的美国大众传媒给了他许多启示。1952年，他在纽约以商业广告绘画初获成功，逐渐成为著名的商业广告设计师。1962年，他以作品《坎贝尔的浓汤罐头》和《布利洛肥皂盒》的广告设计一举成名。他的绘画图式几乎千篇一律，他把那些取自大众传媒的图像，如坎贝尔汤罐、可口可乐瓶子、美元钞票、蒙娜丽莎像以及玛丽莲·梦露头像等，作为基本元素在画上重复排立。其作品的内容与美国社会的消费主义、商业主义和名人崇拜紧密相连，是针对消费社会、大众文化和传播媒介的产物。

三、广告构建现代消费观念，享乐主义道德合法化

现代广告以其特有的意识形态——“自由地享受生活”解决了当代大众关于“应该怎样生活”的价值追问，把现代社会的富人和穷人引向了一条共同的道路——尽可能地占有生活的物质基础，生活的最现实的目标就是从对商品的占有中感受“自由的生活”。“享乐有理”是一切广告形象的隐喻，而这一隐喻的意识形态性质，则允许人作为消费者自由地享受现在的生活并为现在生活的“美满”而充分“消费”。人不必为各种娱乐性满足的消费而内疚，而应该理直气壮地相信，自己有权将一切能使生活丰富、愉快的商品消费品都纳入自己的占有范围。于是，享乐主义的道德合法化过程，在广告和广告价值观的宣扬中，终于演变为大众日常活动的基本成分。值得注意的是，与此同时，作为一种社会话语，广告在倡导享乐主义道德合法性的过程中，总是打着“促进社会生产发展”这样一个堂皇招牌，即突出大众商品消费活动的“生产性功能”，强调“一切消费都是指向生产的目的”，由此，人们得到的进一步暗示是：享乐不仅是道德的，而且有利于社会发展。如此，享乐主义的道德合法性更仿佛带上了社会普遍性，成为实现生活“自由”的绝对价值体系。

由此可见，在当代消费社会的大背景下，现代广告的特点就在于，它不但可以制造出人们自然社会生活中所不需要的产品，而且有能力进一步“生产出”消费活动本身，同时“培养”它所需要的“消费者大众”。为了“培养”这种消费者大众，显然必须向他们灌输消费意识，并使这种消费意识随时适应消费文化的发展。现代广告苦心竭力宣传的以享受和身体感官满足为核心的享乐文化，可能会使人们传统价值观念发生扭曲，形成功利至上、利己主义的狭隘价值观，对个人、社会的发展潜藏不安定的因素。

四、现代广告对城市消费文化的误导

现代广告对于城市消费文化的影响，不仅在于它刺激了消费的增长，更在于它本身作为一种文化存在，合理规范了人们的生活，适时协调了社会的发展。但是，人们也要看到，在市场利益的驱动下，广告以提供感官娱乐和身体享受的信息来取悦受众，来迎合“最低的共同文化”或“最低的大众素养”，以消费文化为核心的广告话语不可避免地存在一些负面效应。例如，有些广告宣扬一种对“虚拟意义”的无止境追求，使得广告蛊惑下的人的主体性在丧失，在被动接受中丧失能动创造，在欲望满足中丧失批判情怀，在物质享受中丧失精神追求。人不再是社会的主宰，而沦为商品的奴隶，不是商品为满足人的需要而存在，而是人为了使商品得到消费而存在，对于商品的盲目追求，限制了个人发展的更多可能性。

由于发展中国家的身份，我国还要警惕在现代广告传播过程中西方消费主义文化对我国城市居民日常生活的殖民渗透。所谓的“全球化的消费文化”，其本质是国际资本、跨国公司向发展中国家输入产品，同时借助广告宣扬西方的价值观、政治和文化观念，对发展中国家的传统文化加以“巧妙”改造，构成“去传统”的“文化现代化”主流，从而在东方建构“西方话语中心”的过程。国际广告通过提供所谓的“国际化”“流行性”“品质生活”“尊崇感受”等概念激发人们的想象，并通过持续渲染商品的符号象征意义，影响并最终控制和形塑人们消费主义的欲求、情趣和审美，在此基础上动摇和迁移消费者的传统价值观念和道德约束。事实上，控制了人们的消费“需要”，就等于控制了人们的价值选择，传统的价值观念必然受到严重的冲击。

虽然消费者存在自由选择权，但消费者的消费观念在很大程度上受到大众传媒和广告的合力影响。为了使消费者的消费观念向更加合理有序的方向发展，在媒体方面，首先要做好“把关人”，加强广告的审查力度；其次要通过媒体宣传引导消费文化的健康发展。在广告行业方面，要加强行业自律，要在追求经济利益的同时肩负自身的社会责任，广告应通过恰当的内容和表现方式来引导消费者的消费；广告应引导消费者树立适度、合理、健康的消费观念；广告应在倡导物质文化消费的同时，更多地倡导精神文化消费和生态文化消费；广告还应该通过与媒体的配合，普及消费知识，积极进行消费教育，提高全民消费素质。另外，在政府方面，要加强监管，完善相关法律制度。在广告商方面，在做广告时也应加强自律，不能盲目地为了扩大销售量而要求广告公司制作含有极力宣传和误导大众消费观念的广告。

第九章　现代广告对城市时尚文化的影响

在当代社会，时尚已成为人们生活中必不可少的组成部分。如服饰、饮食、居住、消费、行为、情感、思考方式等，如今的时尚已深入人们的生活且包罗万象，城市居民追求时尚更是蔚然成风。综观世界城市的发展历程，时尚已是国际大城市不可或缺的标志，时尚产业日益成为国际大城市社会生活和经济活动的重要内容，一系列以城市命名的时尚活动已成为这些国际大都市的城市名片，极大地提高了城市的国际地位和软实力。

第一节　当今城市的时尚文化

城市与乡村很大的一个不同点在于城市特别适宜时尚文化的传播。在城市里，人口高密度聚集，相互之间影响明显；时尚传播媒介发达，为传播时尚信息提供了肥沃的土壤；具备较好的经济基础，极利于时尚产品的消费。不落幕的夜生活、频繁的时尚展会、商业街上明净的橱窗展示与丰富多彩的户外时尚广告等，都在不停地激发和涤荡着城市的时尚活力因子。

一、城市时尚文化的表现形式

现代的时尚内涵已不再是一种单纯的个性表达，而更多地体现为个体强烈寻求共鸣的一种从众心理，或者说是一种群体选择的结果，一种追逐潮流的群体意识；在外延上，时尚已从时装、奢侈品等流行事物的专指性文化现象，扩延到了社会群体的行为模式、生活方式、文化审美、价值取向和社会秩序等方面的选择和追求上。正是由于这些对于“时尚”的意识和追求而深刻体现了这个时代的主流特征，构成了现代的文化语境，渗透到城市生活的每个角落，并深远地影响着人们以往固有的认知和行为。

时尚作为城市的一种特有的文化现象，它的表现形式多种多样，但基本可以将其概括为三个层次：

一是物的流行。这种时尚是以衣食住行等方面的物质媒介的流行为基础的，包括时尚服饰、流行发型、时尚家装、流行家居用品、流行旅游胜地等。2010 年的《商业周刊》从社会生活的方方面面展示了美国的各种流行事物，从色彩到食品，从化妆品到度假胜地，可谓包罗万象。如其中指出的：“按照美国一家俱乐部的统计资料，拉布拉多猎犬可谓这个国家最流行的纯种狗”“在过去的一年里，美国人花费了 3 亿多美元购买口红，而无论选择哪种类型的口红，露华浓都是最流行的品牌，这家以售卖指甲油起家的化妆品公司成立于 1932 年，目前其最热销的一款口红名为‘柔银玫瑰’，零售价为每支 7.99 美元”“法国人的骄傲有其理由，因迄今为止，法国是世界上最流行的度假胜地。联合国世界旅游组织的统计数字显示，每五年法国都会比其竞争对手多吸引至少 1 900 万游客”“1982 年面世的耐克空军 1 号是该公司首次引入空气科技生产的一款篮球鞋，在其鞋底部装有气囊缓冲垫。不过这种鞋在球场外也受到热捧，如今几乎每个美国人都喜欢这种鞋”……总结上述报道，可以清晰地发现，无论是养宠物、买口红和指甲油，还是旅游、消费运动鞋，都属于物品消费类的表现与流行，更多城市居民关注的是产品物质功能背后的精神价值与情感体验。

二是行为的流行。这种行为的时尚一般都是以群体行为的形式出现的，往往需要经过精心设计并与活动或人际交往的公共场所发生联系。例如，“快闪行动”是新近在国际城市中流行的一种嬉皮行为，可视为一种短暂的行为艺术，是指一群人在预先约定的地点集合，进行简短活动后迅速解散。“快闪行动”于 2003 年 5 月最先在纽约曼哈顿出现，当时有一个名叫比尔的文化工作者，其纯属为了搞笑，组织召集了 500 余人，在纽约时代广场的玩具反斗城中朝拜一条机械恐龙，5 分钟后众人突然迅速离去，“快闪行动”因此而闻名，后来该行为扩展至欧洲、亚洲等地，目前已成为我国香港、台湾地区最盛行的活动，在我国内地的城市中，也得到一定程度的发展，如北京、上海、西安、苏州、杭州、深圳、呼和浩特等地均出现不同内容的“快闪行动”，一些成功的“快闪行动”还成了当地街头的一道“酷”风景，吸引了不少路人或游客驻足观看，丰富了城市中的流行时尚文化。时尚休闲运动方面，瑜伽、户外运动近些年得到越来越多城市年轻人的热捧。以“骑行”为例，在这里自行车成了一种运动工具，而不是交通工具。上海的“骑众”等论坛，聚集了众多骑行爱好者，并定期组织骑友活动：每周三在紫竹科技园、世纪公园进行绕圈骑行，或定于某天从上海出发骑行至南京等地。随着现今城市市民精神压力的不断增加，追求健康的趣味运动便成为一种独特的时尚行为，更重要的是，便于结交爱好相同的新朋友，这对于一定程度上消除城市中人与人之间的隔膜有积极的影响。

三是观念的流行。它既可能是一种较为深刻的哲学或价值观，也可能是一种不太复杂、寿命也短的思潮，还可能仅仅是某些流行的词汇或语言。例如，在我国城市中，近年来的网络流行字(如囧、槑、烎等)、网络流行语(如“神马都是浮云”“给力”“伤不起，有木有”“hold 住”等)、网络流行文体(如方阵体、淘宝体、李刚体、凡客体、腾讯体、羊羔体等)均受到众多网友的追捧，成为一种特殊的城市时尚文化现象。如今，倘若漫游于无尽的网络中，却不知道时下最流行的网络语，那就是“out”了。关于流行语，文汇新民联合报业集团新闻信息中心发布了《中国2004 年度流行语报告》，继而又出版了我国第一本年度流行语书籍《中国流行语2005 发布榜》，全书囊括了 2004 年中国时政、国际、财经、交通、职场、房产、汽车、健康、出版、教育、旅游、体育、科技、网络通信、演艺等不同领域的流行语，被业界誉为“2004 年的中国新闻档案”。之后的几年里，文汇新民联合报业集团新闻信息中心相继出版了《中国流行语 2006 发布榜》《中国流行语 2007 发布榜》《中国流行语 2008 发布榜》《中国流行语 2009 发布榜》《中国流行语 2010 发布榜》，定期发布中国大陆地区该时段民众最为关心的十大流行语。

再比如，近年来全球刮起了一股“素食风”。据调查，越来越多的意大利人以比萨饼、面食和蔬菜取代了牛排、肉片、鸡腿。意大利这个只有 5 700 多万人口的国家竟有 150 万素食者。在德国的“吃素”热潮中，以豆类制品为主，用麦粉和粟煮成的稀饭被列为热门素食。“美国素食资源协会 2007 年的调查数据显示，美国 1/10 的人口已加入素食人群中，18 岁以上的成年人中，约 470 万是严格的素食主义者。55%的美国人外出用餐时会点全素菜肴。就连克林顿的女儿切尔西，也变成了一个彻头彻尾的素食主义者。”“吃素”已成为时下城市追求时尚的人们一种自我标榜的饮食观念，甚至一些与素食相关的俱乐部、餐饮店也悄然兴起。在我国香港、台湾等地区，素食店大量涌现，大多生意兴隆。在上海也有诸如“吉祥草素食馆、健康家园素食馆、枣子树、新素代、铭圣养生素餐厅、净心轩、大蔬无界、五观堂素食、功德林、人道素菜欢喜斋、597 素餐厅、松月楼、好孃孃净素坊、玉佛寺素菜馆、西林素斋”等众多素食餐厅。当然，现今大多数城市中的素食主义者，不是吃斋念佛的“佛门弟子丹，而是追求时尚、具有文化修养、秉持健康生活理念和拥有一定经济实力的白领一族”。素食表现出了回归自然、回归健康和保护地球生态环境的返璞归真的文化理念。吃素除了能获取天然纯净的均衡营养外，还能额外地体验到摆脱都市的喧嚣和欲望的愉悦。

二、城市时尚文化的主要特征

时尚作为一种社会文化现象，在产生和传播的过程中形成了一些特征，具体表现在以下几个方面。

(一)时代性

人类社会的航船行进在时间的长河中，每个时代有每个时代的特征。因此，产生于一定时期的时尚文化自然也带有时代的特色，不同的时代有着不同的流行时尚。时尚最典型体现在流行服装上。在20世纪60年代，中苏关系的全面交恶，使曾经风行一时的苏联色彩的列宁装、布拉吉几乎在一夜之间销声匿迹。20世纪60年代后期，中国服装被淹没在了一片国防绿的军装里，军服成了这一时期的时尚。到了20世纪70年代，身穿一身蓝色工作服，推着一辆老式“永久牌”自行车的工人形象展示着那个时代的流行时尚。小伙子长发或卷发、穿着喇叭裤和皮鞋、戴着蛤蟆镜……这是20世纪80年代时尚青年的形象。“中国改革开放之初，正是国外流行喇叭裤潮流的尾声。中国抓住了这个国际时尚的尾巴，让喇叭裤紧紧地裹着小青年们滚圆的臀部和骄傲的大腿，从城市到农村迅速流行起来。”虽然此时大多数国人会对穿着低腰短裆、拉链不分男女一律开在正前方、紧裹臀部、裤腿上窄下宽、裤脚成两个大喇叭状的喇叭裤的青年“指指点点”，但是喇叭裤在中国引进西方服饰方面确实起到了开先河的作用。自20世纪80年代以来，我国的服装开始从传统风格跨越到现代风格，牛仔裤、筒裤、踩蹬裤、老板裤、夹克衫、蝙蝠衫、皮大衣、西装、一步裙、超短裙、文化衫、晚礼服……新的流行时尚铺天盖地卷入人们的日常生活中，令人应接不暇。

(二)新颖性和短时性

新颖性是时尚最为显著的特点。时尚的产生基于人们寻求变化的心理和求新的意愿。从时间角度来讲，时尚表现得跟以往不同，跟传统不同，比较“标新”；从空间角度来讲，时尚通常表现得与他人不同，个性化较强，比较“立异”。例如，20世纪80年代的中国城市时尚男女家中，几乎都能找到“燕舞牌收音机”，而且总能听到“我家住在黄土高坡，大风从我家刮过……”“大海呀，大海，生我养我的地方……”这些或咆哮，或抒情的流行歌曲；而现如今，收音机早已被城市男女视为古董级接收机，他们不仅先后淘汰了MP3、MP4这些电子接收设备，而且将崔健、邓丽君等“那个年代”的音乐人与其歌曲推入史册。

就短时性而言，去年流行波西米亚长裙，今年却流行哈伦裤、连体衣、罗马鞋；去年流行亮色系，今年却流行裸色；去年流行波波头，今年却流行梨花头……流行时尚可谓瞬息万变，它迅速兴起、蔓延，却又在相对较短的时间内衰退、消逝。当代著名的流行学专家多田道太郎在讨论20世纪60年代的“迷你裙”和“披头士”现象时指出：“一切现代流行都是如此夸示炫耀着短命的光辉。”随着信息时代的高度发展，信息处理的速度以及应用信息的程度等都以几何级数的方式在增长，面对如此多元的信息来源和如此巨大的信息量，时尚的传播速度和兴衰速度都将变得更快。

同时，随着快速消费日渐成为当下这个时代的表征，为了顺应人们追求时尚的时效性，时尚界以“快、狠、准”为主要特征的“快时尚”迅速兴起，带动和引导着全球的时尚消费潮流。生产商将每年春秋时装周上展示的流行时尚在最短的时间内制作出来并集中在卖场销售，因此体现流行时尚的服饰被快速地出现在主流消费者面前。“数周前刚在巴黎、米兰、伦敦T台上发布的最新流行款式和时尚元素，现在已经来到家门口了。”城市市民快速地追逐和体验着流行时尚，时尚元素与快消品逐渐相互渗透，它们之间的界限也在慢慢淡化。

(三)传播双向性

第一个论述时尚及其传播规律的是法国人加布里尔·塔德。在《模仿律》中，塔德将“下降律”视为时尚传播的主要规律之一，下层阶级明显地具有“模仿上层阶级的倾向”，并且“由于模仿是从示范者的内圈扩展到其外圈这一事实，必然形成了从社会上层到社会下层这样一个依次而下的社会体系”。在过去很长的一段时间里，时尚是以一种自上而下的形式传播的。如在17世纪至18世纪的法国，制衣匠们主要为王室贵族服务，同时也仰仗王室为其扩大影响和提高声誉，因而当时只有王室才能追求时尚。法国大革命之后，英格兰青年查理·沃斯在巴黎的出现，改变了时装界。但是他仍然为王室贵族服务，此时的时尚人群依旧集中在上流社会。

但是，随着社会和经济的发展，追捧时尚的群体逐渐由王公贵族等上流社会向城市的年轻人转变。在巴黎，20世纪60年代之后，青年力量逐渐打破了只有上流社会才能追捧时尚的局面。如今，伴随着信息时代的发展和网络的发达，一些网络流行和时尚元素的产生和传播则是以“自下而上”的方式进行的。例如，自从微博大行其道，时尚微博博主、街拍人士开始修改时尚传播与流行的游戏规则，人们开始用微博快速、自选组合甚至有点混乱的方式，展现他们对于时尚风格穿着的理解，优衣库搭配Chanel，H&M搭配LV，Vintage(复古)混合Punk(朋克)味道，这些成为家常便饭，自从有了先行者的创榛辟莽，后来者更踏着前辈们的路，模仿、解构、重造，展现出缤纷色彩，时尚界少了许多“单行道”，多了不少立体的路。各种源于网络的平民话语逐渐成为网络流行语，被名人、明星说之，被媒体用之。放荡不羁、不伦不类以及“混搭”着装风格的“犀利哥”，被无数网友追捧，也一度成为一些人争相模仿的对象，甚至影响到主流服饰时尚的潮流。一些商家还开发出“犀利哥”风格的品牌男装。

(四)周期性

时尚是任意的、变换的、循环的。时尚尽管短暂易逝，但其生命力并不一定永远终结，流行过的时尚在一定的社会条件及文化心理的支持下又会卷土重来。例如，20世纪80年代风靡一时的“喇叭裤”“波点图案”，正在回归中成为潮流；2010年上映的电影《山楂树之恋》，让“海魂衫”“回力鞋”等服饰再次掀起了复古的热潮；在2015年3月中旬举行的米兰时装周上，设计师再次运用了兽纹设计、繁复的巴洛克式图案及古典主义风格的绣花装饰等复古元素，大玩怀旧风；时尚的家居风格也经历着由繁复到简约、由复古到现代、由简约到繁复、由现代到复古的轮回……

值得注意的是，时尚变迁的这种周期性并不是简单的重复，由于不同的时代赋予了时尚更多的新内涵，因此轮回的只是时尚的载体形式，不同的是时尚的内在意蕴。在城市时尚文化的流行与传播中，广告无疑是一个重要的推动因素，刺激着不断变换的最新潮流信息在最短的时间、以最快的速度在城市时尚人群中蔓延、扩散。

第二节　世界著名都市的时尚文化掠影

都市作为经济更为发达的大型城市，对于时尚文化的传播更具影响力，有些都市本身就是时尚文化的发源地，甚至是某时尚文化的象征。现代广告与世界著名都市时尚文化之间具有双向影响作用，一方面广告传播强化了著名都市的时尚形象与地位，另一方面世界都市为现代广告提供了丰厚的信息内容，由此形成广告与时尚文化之间相互依赖、相互作用的建构关系。在分析现代广告对城市时尚文化的影响之前，首先概览一下国内外著名都市的时尚文化。

一、国际代表性都市的时尚文化

美国媒体分析机构“全球语言监测网”(The Global Language Monitor)发表的年度“世界时尚城市排行榜”，通过分析世界上的报纸、电子媒体、互联网使用的单词和句子的频度来排名。2015年获得第3名的“伦敦”，2016年超过常胜将军“纽约”获得第1名。2016年亚洲共有4座城市进入前15名：其中香港从2015年的第2名下降到第6名，东京从第14名上升到第9名，上海则下降2个名次排名第14。圣保罗、安特卫普、布宜诺斯艾利斯、巴厘岛则成为世界时尚前15名中的新成员。时尚本身就具有多变的特征，世界时尚都市排名有变化自然也是情理之中的事情了。

不同都市的时尚文化特征迥异，在此选取几个代表性的国际大都市，分析一下它们的时尚文化特征、影响因素、时尚群体、主要时尚活动以及传播时尚的主要媒介。

二、国内代表性都市的时尚文化

“2016 中国城市时尚力”排行榜，调研了 20 个主要城市，其中京、沪稳居第 1、第 2 位，排名 3 到 10 位的分别是广州、深圳、南京、成都、杭州、武汉、大连、天津。沈阳和哈尔滨虽未进入前十位，但其优越的商业条件，尤其是奢侈品入驻率排名远高于一些经济发达城市。此次调查显示，虽然经济发展不同，不同城市仍展示了不同的时尚特质与优势。榜单中经济条件相对较弱的成都与武汉，其居民时尚表现大大超前于这两个城市经济和商业发展，且明显高于大连和天津两大都市。沈阳、哈尔滨两大都市商业发展均超前于其经济发展和居民时尚发展水平。在城市发展方面，深圳、大连两大城市则是典型的设计发展引领性城市，两大城市居民对设计的认知和关注度非常高，而且很愿意为设计付费。

调查还表明，居民时尚对城市时尚力总体表现贡献度最高，不但影响城市时尚力的总体水平，还影响城市经济、商业、设计发展。居民时尚每提高 1 分，意味着经济发展提高 0.753 分，商业发展提高 0.642 分，设计发展提高 0.876 分。被访成都居民人均年时尚消费金额 31 271 元，仅次于上海年均 31 383 元；且成都居民的时尚消费支出占家庭收入的 13.3%，高居 20 座城市之首。

“中国城市时尚力”排行榜由时尚集团发布，研究覆盖中国 20 个大中城市、全国 15.1%的人口和 48.6%的社会消费力，汇聚了品牌、设计、广告、媒体、学术等领域内专家，从经济、商业、设计、居民时尚四大维度勾画中国城市时尚全景。

《2016“中国时尚指数”白皮书》，调研了上海、北京、沈阳、南京、成都、天津、青岛、武汉、大连、西安、哈尔滨、重庆、济南、广州、深圳、杭州、福州、长春、长沙、郑州等 20 座城市新富人群的时尚消费行为。白皮书显示，2016 年这 20 大城市总体人均年时尚消费支出近 5 万元，占人均年收入的 57.3%，不同城市之间的时尚消费差别较大。其中，上海以人均年时尚消费支出 86 132 元领衔中国 20 大城市消费力排行榜，并且还在饰品、珠宝、腕表、化妆品、电子产品等多项时尚消费力排行榜上名列第一。北京人均年时尚消费支出为 71 982 元，排名全国第二，时尚消费逐渐趋向于个性化和内敛，更体现出人文性、自主性和创新性。

在上述两份基于不同调研视角的统计排名中，上海、北京总是牢据第一、第二位，作为国内独具特色的都市，在此以其为例，重点分析一下它们所代表的国内城市时尚文化特征。

(一)北京时尚文化一瞥

北京不仅是全国的政治、文化和国际枢纽，更是一座著名的历史文化名城。与西安、洛阳、开封、南京、杭州并称中国六大古都。老北京历史悠久，人文积淀深厚，形成了别具特色的京城风格。尽管现代、气派已给京城增添了无限的摩登气息，老北京的地道京味依然浓厚。

国家时尚创意中心主任邓中原提出：“一个时尚之都应该具备几个特点，第一，时尚产业高端要素的聚集基地；第二，是时尚潮流的引领之地；第三，是时尚活动最丰富的城市；第四，是时尚文化、时尚品位最厚重和最经典的城市；第五，是时尚产业最发达的城市。具有这样的特征，才具备扮演世界时尚之都、世界时尚中心城市的资格和条件。”以这样的标准评判北京，它可以当之无愧地称为中国时尚之都。

著名国学家、资深文化学者赵士林认为，北京可以成为国际一线时尚中心。他指出“北京发展时尚产业是有得天独厚优势的，因为作为一个国际化大都市，它必然要成为时尚的中心。国际化有资源优势，有信息优势，有人才优势，有市场优势，北京还不是一般的国际化大都市，它是一个首都，首善之区。从世界范围内看，很多国际化大都市和首都是重叠的，比如日本东京、意大利罗马、英国伦敦、法国巴黎。凭借政治优势，再加上其他几种优势，北京迅捷地高效率地成为一个文化创意中心，以文化创意带头辐射全国，甚至辐射全世界，所以北京应该成为引领的、前卫的、站在第一线的国际时尚中心。”

北京拥有独特的皇城历史资源，是一种传统与现代结合的时尚文化。以已有600年历史的皇家粮仓——“南新仓”为例，南新仓是明清两代京都贮藏粮米的皇家粮仓之一，它于明永乐七年(1409年)在元代北太仓的基础上始建。南新仓于1984年被公布为北京市文物保护单位，2001年又被列为全国重点文物保护单位。现存9座仓廒，是全国仅有的现存最完整的历史仓廒实物。南新仓位于东四十条的西北角，这一地区是随着郭守敬开浚通惠河、大都城的“市”随之兴旺起来才发展起来的。当时位于东城的钟鼓楼，是当时北京最大的商业区。在京的巨商富豪多居住在东城，许多资金雄厚的店铺和有名的钱庄，也多集中在东四附近，如著名的四大恒钱庄、东恒肇当铺、永安堂、德祥益绸缎庄、双顺便装药店、聚寿堂、瑞珍厚、鲁园春、白魁老号饭庄、景泰茶园等。北京“东富西贵”的说法即源于此地。这里集中了北京近三成以上的文物古迹，遍布整条平安大街的老宅子、老院子散发出的那种厚重的历史的气味，一点点地浸入东四十条的记忆。南新仓历经600年风雨却依然矗立，在历史与现代的时间空隙中继续扮演城市历史记录者的角色。

南新仓在现代城市文化中重获新生，如今这里不仅有秉承皇家财富文脉与京城人文底蕴的、北京唯一拥有古仓文物的甲级写字楼“南新仓国际大厦”，而且在古仓储存、保护、流通三大功能的基础上，被拿来改造为空间巨大、时尚感极强的展示空间，仓内配备空调、音响、投影、沙发、桌椅等，可以满足高档商务聚会、酒会以及产品发布会、论坛等商务活动的需要。南新仓一号仓自开放以来，已成功承办了众多时尚和商务类的活动，如 DNA 基因影像展、国际建筑师沙龙、《参考消息》举办的人文别墅论坛、美国霍夫曼公司古仓内举办的数码产品展示会等。在南新仓身上，人们看到的则是一种文化氛围上的场所感。人们对于文化的本质渴求决定了这种感受只有在具有历史底蕴和文化特性的场所中才能得以彻底实现。

北京的夜生活，也足够独特和时尚。夜北京或闹或静均有去处，既可品咖啡，也可看戏听音乐、泡书吧。即便是酒吧，近年来北京市陆续诞生了后海、朝阳公园、海淀等新生酒吧区，主题各有千秋。后海水边的普通民宅陆续改装成了酒吧、茶馆。相对于三里屯酒吧的快乐与喧闹，后海的酒吧更多地追求优雅安逸的氛围和浓浓的文化气息，成为京城小资、文化人及外国人闲聊和静坐的好去处。喜欢音乐的，可以到保利大剧院看演出，北京人晚上听音乐会很流行，尽管票贵，捧场的人却不少。想静一点儿的北京人还可以去书吧，一本好书捧在手里，书香沁人心扉；也可以去茶吧，高谈阔论，好不自在；当然也可以去健身房，流一身汗，精神更佳。

(二)上海时尚文化一瞥

上海是一座时尚历史悠久的城市。早在 20 世纪二三十年代，上海便已经在欧美文化的冲击下构筑了“洋场”特色的时尚文化架构，“十里洋场”商业繁华、娱乐丰富，引领中国时尚。20 世纪 50 年代至 70 年代，上海一直是中国时尚文化的隐性中心，那时上海产品就是流行、时髦的代名词。改革开放以来，上海更是加快了经济发展的步伐，伴随着社会环境和商业的发展，上海的居民时尚指数逐渐提高，各种设计力量也纷纷入驻上海。

“时尚”反映了一个城市的独特性和价值观，成为城市活力的象征，折射出城市的历史文化底蕴和时代气息。环顾全球，“时尚”是城市现代化的主要标志之一。如今的上海正在朝着国际时尚之都而迈进，构建着具有世界影响力的时尚文化。

随着历史的沉淀和时光的迁移，上海的时尚文化展现出独特的韵味，可以用“魅力、摩登、中西结合、标新立异”来形容。影响上海时尚文化的因素很多，除了前面所提到的悠久历史之外，上海所处的独特的地理位置也影响着其时尚文化的形成和发展。英国植物学家福钧在《中国、印度茶乡之行》(1852 年)中这样写道：“就我所熟悉的地方而论，没有别的市镇具有像上海所有的那样有利条件。上海是中华帝国的大门，广大的土产贸易市场……内地交通运输便利，世界上没有什么地方比得上它……上海港内各式大小船只云集，从事于内地运输。……根据我们所知道的中国地理情况，所有绿茶和大部分的红茶运到上海，无疑比运到广州或任何南方市镇，开支要省得多。华中的广大产丝区也近在咫尺。上海距汉口、苏州、南京等大市镇的地点相近，构成一个有利条件。最后，如果把上海看作我们棉织产品的市场，它非但将与广州相匹敌，而且将成为一个具有更加重要地位的城市。”余秋雨在其散文《上海人》中也这样描述道：“只要稍稍具有现代世界地理眼光的人，都会看中上海……它侧脸向东，面对着一个浩瀚的太平洋，而背后，则是一条横贯九域的万里长江。对于一个自足的中国而言，上海偏踞一隅，不足为道；但对于开放的当代世界而言，它却俯瞰广远、吞吐万汇、处世不凡。”也正是这种开放式的地理位置使得上海进入历史发展的重要转折点，自开埠以来得以迅速发展。

工商业的繁荣也为上海时尚文化的兴起与发展奠定了基础。如“上海制造”曾是中国轻工业数十年的标志，体现着一个时代的特色。当人们回顾新中国的六十载工业时，有两个地标不得不提：东北和上海。老重工业基地东北从经济层面包围了新中国的经济，上海则凭借良好的轻工业基础和国家赋予它使命，在那个物资紧缺的计划经济年代，为全国人民生产名牌日用品，包括零食、牙膏、衣鞋、手表、自行车、缝纫机，甚至可以说：没有上海，就没有那个时代的生活品质和时尚。上海工商业的繁荣发展使得“上海在很长的一段时期内是中国商标产品的基地和中国的名牌之都，这既是上海城市经济实力的重要体现，也是海派时尚文化的沉淀结果”。吴良材眼镜、老凤祥首饰、冠生园食品及旗下的大白兔奶糖、回力鞋、中华牙膏、英雄钢笔、水仙洗衣机、红灯收音机、凯歌收音机、上海收音机、上海手表、宝石花手表、钻石手表、蝴蝶缝纫机、海鸥照相机、永久自行车、凤凰自行车、金星彩电、白猫洗洁精、扇牌洗衣皂、上海药皂、白象电池、百雀羚、美加净、海鸥洗发膏、六神花露水、海螺衬衫、光明啤酒、力波啤酒、三枪内衣……众多上海制造的产品和品牌享誉全国。2015 年上海市商业信息中心所做的“关于上海品牌的调查报告”显示：受访者提到的 66 个品牌中，九成以上是上海老字号品牌，提及率排名前三位的老字号品牌依次为永久自行车、上海手表、中华牙膏，伴随着几代人的成长、曾经强势的老字号品牌深入人心的影响力可见一斑。

需要特别指出的是，自 20 世纪 90 年代后，由于体制改革滞后，上海本土品牌开始走下坡路。“在轻工业老品牌示威的同时，上海产业的重心也发生了转变，除了第三产业，重工业异军突起，如钢铁、汽车、造船。”

当然，上海的时尚文化还受到西方文化的深刻影响，是东西方文化结合的产物。在这里，中西方文化交融、叠加、激荡、沉淀，诠释着上海特有的时尚文化意蕴。中西结合、兼容并蓄的时尚风格在上海随处可见。例如，体现出上海“海纳百川”精神的文化产物“石库门”民居便是中西合璧的作品。石库门是上海最有代表性的民居建筑，早期的石库门产生于 19 世纪 70 年代初，它脱胎于江南民居的住宅形式，一般为三开间或五开间，保持了中国传统建筑以中轴线左右对称布局的特点。1910 年后，老式石库门逐渐被新式石库门取代。新式石库门在内部结构上的最大变化是后面的附屋改坡顶为平顶，上面搭建一间小卧室，即亭子间。此外，新式石库门在外观上与老式石库门也有所不同，例如，新式石库门在总体上采用源于欧洲的联排式布局；受西方建筑风格的影响，新式石库门常用三角形、半圆形、弧形或长方形花饰，类似西方建筑门窗上部的山花楣饰；有些新式石库门还会在门框两边使用西方古典壁柱的样式作为装饰。新式石库门是中西方艺术相结合的精粹呈现，可被视为建筑艺术的时尚“混搭”。上海的旧石库门里弄与新天地，浦西的万国建筑群与浦东陆家嘴建筑……所有的一切都在向世人展示着海派文化中东情西韵的融汇魅力，将上海的典雅之美与时尚创意展现给世人。

如今，越来越多的国内外著名设计师会聚到上海，为上海的时尚文化注入了新鲜活力和无穷创造力。上海正在成为国内时尚人才实现梦想、进军国际时尚界的舞台，正在成为国内外时尚人士和专业人才相互交流、学习的平台。此外，上海市政府也大力支持时尚文化和相关产业的发展。在 2011 年的政府工作报告里，“塑造时尚魅力的国际文化大都市”被纳入上海“十二五”时期发展的主要任务之一。在《上海市国民经济和社会发展第十二个五年规划纲要》第十二章“塑造时尚魅力的国际文化大都市”中讲道：“积极发展文化新业态。聚焦媒体、艺术、工业设计、时尚、休闲娱乐等领域……加快发展服装服饰、黄金珠宝等都市型时尚产业，提升质量，扩大规模，不断提高文化创意产业的影响力和带动力。”

以上这些因素都深刻影响着上海时尚文化的形塑和发展。

第三节　现代广告影响下的城市时尚文化显现

广告在人们的日常生活中无处不在，作为一种文化，早已渗透到社会生活的方方面面，规范着人们的衣着举止、饮食起居乃至文化趣味，从而形成了一定的时尚潮流；同时，广告也传播、普及着时尚文化，推动和促进着时尚文化的发展。另一方面，时尚文化也对现代广告产生着重大影响，是广告创意与广告产业发展的重要参照物和风向标，是广告言说最好的表达方式。总之，现代广告与时尚文化有着不可分割的紧密联系。

一、现代广告传播与时尚文化普及

时尚的传播离不开一定的传播渠道。不同国家、地理区隔、民族、种族、文化圈层、阶层、群体之间的迁移、流动与交流，是旧时信息传播的多种途径。随着现代社会的发展，大众传播媒介逐渐成为传播或负载信息的最主要的物质实体。大众传播媒介在现代社会的普及，也为时尚文化的更快传播与更广扩散提供了可能。其中，广告在对人们的价值观念、意识形态、消费行为等方面的引导，以及新文化的传播和消费、生活观念的塑造中发挥了积极作用。它作为一种具有极其广泛的社会效应的传播载体，自诞生之日起就与时尚的传播结下了不解之缘，成为承载时尚文化最理想的媒介之一。

现代广告传播普及了时尚文化。时尚的最大发布者通常是广告，绝大部分时尚流行信息均可以通过广告传播得到了解，包括该时尚流行的具体内容、普及的范围及社会评价的程度等。因此可以说，广告是时尚文化的信息源，它高频次地向人们报道着、演绎着、评说着时尚，将社会潮流和时尚流变的信息广而告之给人们；时尚也因其融入了广告而获得更具广度和深度的传播和普及。例如，户外广告由于其媒体的特殊性，它与人们的日常工作和生活联系较为紧密，它能适时地传达和表现时尚的消费理念及有关信息。人们在候车或路过时便能从站牌广告或车体广告中非常便捷地获取到新近时尚流行的信息，这时，时尚便得到了非常有效的传播和适时的普及。

广告是社会的镜子，是文化的表征，是一个族群乃至大众的价值观念和行为模式的写照，它的背后有一个庞大的文化支持系统。一定时期的社会文化、风尚决定着同时期广告诉求的内容和主题。现代广告诉求内容和主题的转换，折射出时尚文化不断演变的轨迹。另外，时尚文化在其产生和传播的过程中，形成了很多为其所特有的观念内容和符号系统，这些元素成为现代广告诉求的主要内容和表达的重要手段。时尚元素在广告的策划、创意、内容、形式、制作等环节的全面浸入，使得广告与时尚文化出现了极其鲜明的同质同构现象，从而也反映了时尚文化的价值内容及意义表现形式。

现代广告以大量的、不断重复的、铺天盖地的传播力度，很容易形成时尚流行。广告的最终目标是刺激消费，使厂家、商家和广告商分别获利，广告也可以出于利销的目的创造新的时尚流行。广告人可以创造各种新的欲望(或观念)，并利用各种广告形式把欲望转化成需求，成为消费者所向往和追求的时尚流行，甚至是他(她)们的行为方式、意识形态或文化价值取向。

例如，“雨润冷鲜肉”在进行广告推广时便是通过倡导消费者改变消费观念的方式，引导消费者逐步改变喜食热鲜肉的消费习惯，转而食用冷鲜肉这种更为健康且时尚的饮食方式。因为热鲜肉是指宰杀后未经冷却处理而直接上市销售的鲜肉，刚刚宰杀的肉体温度相对较高，这就为肉体内含有的细菌的大量滋生提供了适宜环境，因此很容易腐烂变质。而冷鲜肉恰恰弥补了这个不足，且肉质鲜美、容易咀嚼和消化、营养的吸收利用率也高，是未来肉类消费的时尚趋势。发达国家早在 20 世纪二三十年代就已经开始推广冷鲜肉，目前冷鲜肉在其国民消费的生鲜肉中已占有九成左右的比重，可见其消费流行的程度有多么高；我国的《全国生猪屠宰行业发展规划纲要》也明确表明要倡导食用冷鲜肉。由于市场上主要的购买群体还没有意识到冷鲜肉的优势以及热鲜肉的弊端，加之长期以来的传统饮食文化和消费习惯导致其现有的消费观念根深蒂固，因此诉求“放心”，转变消费者的消费观念、倡导新型时尚的健康饮食观念便是雨润冷鲜肉广告推广的关键环节。

现代广告对城市中时尚文化的传播起到助推作用。现代广告不同于一般的大众传播和宣传活动，它具有很强的目的性和说服性，公开而广泛、有计划且多频次地向公众传递信息。作为这样一种有着强大传播能力和渗透能力的传播媒介，广告对城市传播时尚文化产生巨大的能动作用。具体表现在：

一方面，现代广告对城市时尚文化具有引导作用。现代广告在倡导时尚、引领潮流方面的功绩是有目共睹的。作为时尚文化的一个要素，现代广告以对时尚的高度敏感经常能在整个社会意识到之前率先将一种潮流表现出来，使自身成为“新生活方式展现新价值观的预告”。此时，广告所起的作用不只是单纯的刺激需要，它更为微妙的任务在于改变人们的习俗，倡导出一种全新的消费时尚与生活时尚。与其他大众传媒相比，广告对新的时尚潮流的引导是最为有力的，这得益于广告对公众的覆盖面、接触率以及强大的同化功能。

另一方面，现代广告在倡导和塑造城市中新的生活方式或价值观念过程中发挥着独特的作用。在很多时候，广告以其独特的传播方式直接助推乃至创造某种新型城市时尚潮流。

现代广告作为一种不断向前发展延伸的载体，也将不断地巩固与延续城市时尚文化。广告借助于大众媒体，通过广告内容、表现形式、风格的不断变化，广告诉求的不断转变，广告目标对象的不断变更与扩展等方式，使得时尚文化得以继续传播与普及，社会时尚潮流不断向前发展，凸显社会的进步和时代的跨越。同时，城市时尚文化作为一种优势文化，借助现代广告成功扩散到乡镇地区，从而推进整个国家的时尚文化发展。

总之，现代广告在一定程度上影响着城市时尚文化的命运。一方面，现代广告传播普及着城市时尚文化，反映着城市时尚文化，制造、推动、传承着城市时尚文化；另一方面，现代广告也可以弱化或消除某一种城市时尚文化的影响，甚至可以将该种时尚文化进行否定和篡改。

二、现代广告与时尚文化的艺术融合

马斯洛曾经写道：“我们关于审美的需要、冲动、愉悦、创造性，以及所有与审美有关的体验，很少能够通过实证进行把握。但是，审美的体验是如此强烈，审美的渴望是如此迫不及待，使得我们不可避免地想要设置一些概念来指称这些

主观事物。”时尚作为一种流行符号常常成为美好事物的同义词。

罗兰·巴特通过对时装时尚的研究指出：“所谓时尚，就是生产商和制造商为了维系和加快服装消费的更替速度而绞尽脑汁的一种策略。时尚同样遵循商品逻辑，对商品的需求永远大于生产，需求越大，时尚在行为方式上越趋同，趋同就是复制，不但是产品的复制而且是生活乃至意识形态的复制。”如金元浦所言，“时尚是时兴(fad)、时髦(fashion)与时狂(craze)的三位一体，流行趋势的即时性、短暂性和动感性，决定了时尚造成的就是速生速朽的‘梦幻’价值，而文化市场则通过时尚的迅速换代来形成一个个消费高潮。”而在消费社会，时尚是可以被生产商和销售商操纵的，其操纵的最有效方式就是广告。如今，广告与时尚文化的结合越来越紧密，无论从广告的创意到表现，还是从内容到形式，无不显示了其与时尚文化的艺术融合。在广告中运用时尚的图像、流行的语言、动听的声音等表现方式，可以构建消费者较强的心理认同，还可以有效地吸引消费者的注意力，唤起购买欲望并促使购买行为的产生。

广告创意，从广义上来说，它包含了广告活动中的一切创造性的思维。狭义而言，它是指广告中有创造力地表达出品牌的销售信息，以迎合或引导消费者的心理，并促成其产生购买行为的思想。在此主要针对狭义的广告创意概念来谈。

从创意的源流来看，广告所体现的是人和自然或周围世界的关系中人的价值的实现问题。从这种文化的哲学层次上讲，广告是科学和艺术的统一。广告必须以现实的商品为依据，而不能凭空杜撰或无中生有；但是，广告又不能作为复印机，因为艺术并不是对一个现实的、实在的单纯复写，它是导向事物和人类生活的客观见解的途径之一。它不是对实在的模仿，而是对实在的发现。在广告的科学性和艺术性之间起桥梁作用的，便是两者的文化纽带——创意。而创意本身又透射和流淌着浓重的文化意蕴。

如今，许多广告创意中都透露出显著的时尚文化气息。在广告的创意中融入各种时尚元素后会体现更强的说服力，并不断传达着一种购买某种产品便可以“紧跟时尚潮流”的精神。例如，在苹果公司 iPad2 的“If You Asked”广告(英文版)中，广告创意人员旨在通过细腻的电视画面配合具有强烈诱惑性、煽动性的文案，使消费者看到广告后对 iPad2 产生强烈的购买欲望。该广告(尤其是广告语)无时无刻不透露着 iPad2 品质的卓越和功能的强大，强烈吸引着追求科技时尚体验的消费者。

在创意上，苹果公司其他产品的系列广告同样秉承着将时尚表现与产品完美结合的思路，使得广告诉求给消费者留下深刻的印象。如 2011 年苹果公司推出的三条有关 iPhone 的电视广告“If you do not have an iPhone(如果你没有 iPhone)”，这三条广告分别从 iPhone 的 iBooks、iPod iTunes 和 App Store 三个角度入手，介绍了 iPhone 的强大功能。且这三条广告最后的广告语都是同样的一句“If you do not have an iPhone，well，you do not have an iPhone”，在我国播出的广告中，这句广告语被翻译成“如果你没有 iPhone，那么你就真的没有 iPhone”。从语言学的角度来看，这句广告语中重复出现了两个“iPhone”，虽然这两个“iPhone”的能指是相同的，但所指是不一样的。第一个“iPhone”是指 iPhone 手机本身，而第二个“iPhone”则是指 iPhone 手机拥有的庞大的应用程序和强大的功能是前沿科技的体现，无限操作体验也是无数追求时尚的人群所向往的。该广告语看似重复，实则通过简单的重复巧妙地将 iPhone 手机和庞大的应用程序和强大的功能以及无限的操作体验之间进行了等同，字里行间充满着骄傲和霸气，体现出广告产品不可取代的优势和地位。再加上衔接流畅的电视画面和轻快音乐等的配合，该系列广告播出之后确实起到了引起消费者强烈兴趣的作用，广告语也深入人心。

时尚元素在雪碧广告中的运用也十分到位。在庞大的碳酸饮料消费市场中，雪碧是个老品牌，如何在老品牌中找到突破点，决定着广告运动能否成功。可口可乐公司和上海奥美广告公司在 2005—2007 年推出的“雪碧清凉世界”系列电视广告(2005 年《直升飞机篇》、2006 年《卡车篇》、2007 年《屋顶篇》)将饮用雪碧定位成“释放的凉爽一刻”，把饮用雪碧的场合与感觉和自由的畅饮体验联系起来，十分聪明地将雪碧的产品特性(无比清爽的柠檬口味)与消费者使用心理相联系(缓解日常生活的压力、拥有轻松自在一刻的渴望)，巧妙地运用时尚元素(明星及代表时尚的年轻人)，以直观的视觉效果戏剧化地表现出畅饮雪碧的感觉。

以雪碧“清凉世界”之《直升飞机篇》(2005 年)为例，电视广告描述了这样的情景：在一幢摩天大楼的停机坪上，陶喆正带领着一群年轻人为新歌拍摄 MTV，然而当空的烈日却让他们难以忍受，正当大家酷热难耐的时候，一瓶冰凉的雪碧带来了戏剧性变化，一阵自由的畅饮过后，原本用于协助拍摄的直升飞机成了陶喆跳水的平台，蒸笼一般的场地变成了一片清凉的泳池，所有人都跃入泳池中尽情地享受清凉，炎热早被抛于脑后。这则极富创意的广告几乎让每个观看的人都产生了马上畅饮一瓶雪碧的冲动。

这一系列富有创意的以城市年轻人为主要受众的电视广告在当年配合一定量的平面广告、焦点广告和网络广告，使雪碧清凉(雪碧＝清凉世界)的品牌形象深深印在消费者尤其是年轻消费者的脑海里，伴随而来的便是雪碧销量的提升，取得了显著的广告效果。因此该系列广告获得 2007 中国艾菲(EFFIE)奖金奖。

2011 年 2 月 20 日，洛杉矶湖人队队员科比·布莱恩特在新闻发布会上，由中国台湾创作型歌手周杰伦与科比合作演唱的雪碧篮球主题曲《天地一斗》在美国加州洛杉矶首发，这首由周杰伦创作、周杰伦和科比合作演唱的歌曲，表达年轻人热爱篮球、在球场上尽情发挥灵感、体验篮球的快乐。由周杰伦和科比联袂演出的雪碧篮球主题广告也于当日同步首映，该广告描述了这样的场景：周杰伦和科比在篮球场上比赛投篮，周杰伦屡次投篮均被科比盖帽，科比轻松将球投进。周杰伦十分沮丧，走到球场旁边拿起一瓶雪碧喝起来，喝后顿时有一种透心凉的感觉涌上心头，这使他清醒许多，想到了借用滑板提高弹跳高度的办法。周杰伦轻松地越过科比的防守将球投进后得意地走开，只留下科比无语的愣神。该广告通过良好的创意将周杰伦、科比两位时尚明星融入故事情节，并运用诙谐的方式将“雪碧：透心凉、炫灵感”的广告语完美结合，达到了非常好的广告效果。

2012 年一则新的雪碧广告在各大电视台播出，此作品是 2011 年周杰伦 & 科比“斗篮球广告”的姊妹篇。这次广告描述的场景由科比擅长的篮球场转战到了周杰伦擅长的舞台现场，周杰伦正在舞台上弹吉他，看到科比后叫他上台一同表演，但科比并不擅长唱歌，遂摆手拒绝。周围人群一直在给科比鼓劲，于是科比灵机一动，拿起一罐雪碧一饮而下，顿时激情澎湃，想到弹吉他的另类方式，后拿起吉他与周杰伦同台表演。

无论是苹果的系列产品广告，还是雪碧的系列广告，无不透出现代广告与城市时尚文化的充分融合，广告传播着城市时尚的文化观念，城市时尚也是广告创意中选择的良好素材。由此，现代广告与城市时尚文化实现“联姻”。

三、从“丝绸女性广告”透视城市时尚变迁

如果不是有机会翻开尘封已久的旧上海广告，谁能想到将近百年之前，中国城市的广告中不仅有身着旗袍、精致卷发的传统女性形象，而且可见西方女子抹胸洋装与长筒丝袜的性感形象。更令人称奇的是，在上海这个兼容并包的国际大都市中，走在时尚前沿的一些中国女性，竟然会以泳衣、丝绸短裤的形象在广告中大胆示人。原来，中国大城市中的传统女性也可以将丝绸服饰穿得如此大胆与性感。

(一)“旧上海”广告：旗袍的温婉与洋装的大胆

20 世纪 20 年代，上海这个开放的国际性大都市城市街头，并立展示着中西两种截然不同的丝绸女性广告形象：以“及膝旗袍”为代表的保守中国女性与以“抹胸洋装”为代表的开放西方女性。旧上海的户外广告牌林林总总，在高低建筑中与闹市街头旁，制造了一种时空交错的幻觉。

旧上海的街头，其巨幅广告的醒目程度，与当今都市霓虹闪烁的高科技广告牌相比，吸引行人注意力的程度毫不逊色。那个年代，广告所处的发布环境比较好，相互之间的干扰度很小。甚至无须使用当今广告人所追求的极具噱头的创意展现，仅仅采用广告界著名的“3B 原则”其中之一，已经取得很好的传播效果，以

“丝绸女性”代表美女形象，成为国内众多商家纷纷青睐的表达元素。

在“固齿灵”牙膏的户外广告中，旗袍卷发女性，占据整个版面的四分之一空间，几乎成为博眼球的第一要素。“白猫花布”的广告中，以旗袍形象示人的丝绸女性，也是版面中的核心与表达重点，这些广告基本只需要一个产品名称，搭配一个醒目的女性形象，就可以简单明确地传达出广告主题，同时间接地展示出那个年代中国女性的社会形象。

有趣的是，贤良、温婉、含蓄的丝绸女性并不能完全代表当时的广告表达，徜徉在旧上海的十字街头，转身之间，就能感受到“丰胸”“美臀”广告画面强烈的视觉冲击。一些国际品牌，大举进入中国市场，不仅带来了它们的先进产品，也原封不动地展示着它们的女性形象、价值观、生活态度与消费理念，挑战着国人的接受能力，进行现代生活的启蒙。“力士香皂”户外广告，几乎占满了一幢楼房侧面的墙壁，女性依然是表达的重点，所不同的是，这则广告的产品代言人是“金发碧眼”的国外女性，虽然也是丝绸服饰，她穿着的是层层褶皱的晚礼服洋装，丝绸的柔滑质地展现无遗，女性的妩媚也尽收眼底。而某品牌的丝袜广告，更是推翻了当时国人对广告中丝绸女性形象的界定，暴露的美腿成为视觉重心，饱满的臀部曲线在松松软软的丝绸睡衣掩映下，给禁欲的中国人打开了无穷的想象力空间。女性也可以以这样开放、大胆的形象伫立街头！

(二)温柔的颠覆：传统丝绸女性角色定位的渐变

借助广告宣传，国际时尚的生活方式很快在上海流行起来，国内商品广告中的丝绸女性形象逐渐发生了惊人的变化，颠覆着人们对传统中国女性形象的认知：温柔抚琴、含羞带笑、野外采花、娇巧贤淑的形象渐渐隐去，在丝绸旗袍的着装没有改变的前提下，旧上海广告中的女子开始柔弱地拿起高尔夫球杆，还可以见到身着中式裙装的女子手持西式“可口可乐”做宣传，另外一些广告中竟然出现身着泳装、丝绸短裤女子骑自行车的形象。

艾尔·里斯与杰克·特劳特提出了“定位理论”，认为定位是在消费者心目中寻找一个独特的差异化、有价值的位置，方可在竞争中赢得优势地位。当商品广告越来越多，传统旗袍女性的单一形象，已经很难为其代言的产品制造消费者认知与理解的差异时，于是，观念尚保守的广告主和广告代理公司，开始在“不变”中尝试着寻找“变”的元素：首先在维持传统丝绸女性形象的基础上，稍稍加入一些特别的视觉识别符号，如高尔夫球杆，表现国际流行的上层消遣生活方式；其次是大胆脱掉外衣，黑头发、黄皮肤的中国女性，勇敢地以泳装的形象上镜，传达出健康的生活理念；再次，在主要面对男性消费群体的香烟广告中，出现了骑在自行车上的丝绸质地短衣裤女性，并且以山脚下的真实自然风光，代替以往的室内风景画背景，这一“走出去”的青春逼人的现代形象，不仅表达出广告的大胆探索与尝试，而且反映了新时期中国传统丝绸女性正逐渐逃离“依附”与“被看”的地位，自由与独立意识开始觉醒。

此外，值得一提的是以“可口可乐”为代表的国际品牌，开始制定“本地化”的推广策略，将其广告中的国外女性形象，变换为更加适合中国本土受众欣赏的美学样本。在这种中西合璧创意思想的碰撞之下，“丝绸旗袍、黑色挽发、红色沙发茶几、可口可乐、透明高脚玻璃杯”等视觉符号，在色彩的鲜明对比中，表达出中国与国际接轨的生活方式已经拉开帷幕。

(三)华丽转身：当代广告中丝绸女性的个性张扬

进入 21 世纪，当代广告中不少城市女性依然对丝绸服饰偏爱有加，也尝试着截然不同的穿衣风格。传统与现代女性，跨越时空共同体验着柔软、光滑、贴身面料给予肌体的满足，所不同的是，当代城市女性更加关注个性的张扬与对身体玲珑曲线的修饰。不同肤色与面孔的中外女性，在丝绸服饰的衬托下，展示着同样的自信、独立、知性与柔美。

当代城市时尚女性追求与国际流行同步的服饰，在时尚风向标的指引下，女性之间早已淡化国籍、肤色之间的差别，寻找最能表现“本真”的自我，广告中丝绸女性形象也因此发生巨大的变化：“被看”的同时也在“看”，广告中的女性，用坚定的目光与观者进行眼神交流，将女性的独立意识表现得淋漓尽致；服饰，是诠释女性我行我素自由理念、思想与主张的外在表现；丝绸柔软的质地，借助设计师的巧妙构思，用来成功表达现代女性坚强的内心。

现代广告不仅用以销售商品，也是表达城市文化、经济发展与价值观念变迁的一个窗口，传统与现代广告中的丝绸女性，以差别迥异的形象示人，将整个中国女性群体的华丽转身表达得淋漓尽致。

第十章　现代广告对城市价值观念的影响

正如美国广告文化史研究学家李尔斯所言："当代广告业与其说是唯物主义的前锋代表，倒不如说是一种努力使人类从物质世界中解脱出来的文化力量。"广告早已从诞生之初单纯的商品促销手段，转变为一种对现代社会影响深远的文化存在方式。尤其在当代中国，广告经过多年的发展，已深深扎根于城市文化之中，影响着人们的价值观、生活方式、伦理道德等方方面面。

第一节　现代广告与城市价值观

在中国，改革开放和社会主义市场经济的全新环境，使现代广告所承载着丰富的文化价值内容，在传达商品信息的同时，也将蕴含在商品价值诉求之中的理念、文明、观点等一并传递给中国的城市受众，并通过文化层面的潜移默化来影响中国民众的产品认知和购买行为。在这一方面，无时不有、无处不在的广告所带来的多元文化冲击胜过所有的信息载体，其与消费商品绑定的文化传播，更是给生活在中国城市之中的购买群体带来了价值观上的一次次洗礼。

一、城市价值观的界定与内涵

有关价值观的定义，国内外学者众说纷纭。克拉克洪(Kluckhohn，1951)认为，价值是一种外显的或内隐的，有关什么是"值得的"看法，它是区分不同个体与群体之间差异的特征，影响人们对行为方式、手段、目的的选择。美国学者罗科奇(Rokeach，1973)将价值观定义为"是人们关于什么是最好的行为的一套持久的信念，或是依重要性程度而排列的一种信念体系"。通俗讲，它是关于什么是重要的、什么是不重要的，什么是值得做的、什么是不值得做的一套信念。塞普尔(Super，1980)认为，价值观是一个人想要达到的目标，此目标或者是一种心理状态，或者是一种相互联系，或者是一种物质条件。霍夫斯特德(Hofsteded，1984)认为，价值观是一种偏爱某种情形胜过其他情形的普遍倾向。Schwartz 等人在 1987 年对价值观的相关研究进行了总结，他们发现在界定价值观的时候有一些共同的描述，主要表现在五个方面：①是一种信念；②是值得的目标状态或行为；③超越特定情境；④指导行为和事件的选择或评价；⑤以相对的重要性程度排序。

国内较具有代表性的观点有：黄希庭(《心理学导论》，人民教育出版社，1991年)认为，价值观是人们用来区分好坏标准并指导行为的心理倾向系统。价值观往往容易被看作仅属于认知的范畴，其实它通常是充满着情感和意志的。价值观为人们自认为正当的行为提供充分的理由，是浸透于整个个性之中支配着人的行为、态度、观点、信念、理想的一种内心尺度。杨宜音1998年在《社会心理领域的价值观研究述要》中指出："从社会心理学的角度看，价值观既是个体的选择倾向，又是个体态度、观念的深层结构，它主宰了个体对外在世界感知和反应的倾向，因此是重要的个体社会心理过程和特征；与此同时，价值观还是群体认同的重要根据——共享的符号系统，因此又是重要的群体社会心理现象。而在社会变迁的背景下，个体和群体的价值观都会表现出很大的变化。所以，它还是关注社会变迁的人文、社会科学家特别重视的社会心理标志。"

以上诸多定义反映出研究者基于不同的角度和理论基础对价值观的理解和界定。虽然有关价值观的定义在陈述上各有不同，但其内容实质在很大程度上都具有一致性。目前，比较普遍的看法是，价值观是指一个人对周围的客观事物(包括人、事、物)的意义、重要性的总评价和总看法。价值观和价值观体系是决定人的行为的心理基础，是人们对社会存在的反映，也是社会成员用来评价行为、事物以及从各种可能的目标中选择自己合意目标的准则。由此可见，价值观是一个人对待事物、进行选择、指导其行为的内在因素。价值观通过人们的行为取向及对事物的评价、态度反映出来，是世界观的核心，是驱使人们行为的内部动力。

城市的发展史不仅是经济社会发展史，也是观念发展史。一座城市不仅是一个钢筋水泥组合而成的物质实体，也是一个文化实体，是人类文明的中心。作为高密度人口聚集地，城市人群因受到地域性文化与历史的影响，加之拥有类同的生活环境，会形成一种整体性价值观，从而体现出这个城市为人处世的独特之处。上海与北京同为中国的大都市，其市民在对很多事物评价时，可能会形成截然相反的观点。以"请客吃饭"为例，上海人讲究实用，不喜欢铺张浪费，相互之间也不会争抢买单，体现了南方人际交往的观念；而北京人多会认为，不多点几个菜难以显示主人好客的热情，不抢着付钱也会影响"哥们儿"之间的情谊，这种观点则体现了典型的北方人际交往的价值观。

因此，城市价值观可以理解为，是城市市民对城市范围内的客观事物(包括人、事、物)的意义、重要性的总评价和总看法，决定着城市市民评判是非、善恶、美丑、爱憎等的标准，为全体或大多数城市市民所认同并乐于接受的群体意识和价值取向，是决定城市市民态度和行为的思想基础和心理机制。不同城市的人所处的自然环境和社会环境，包括市民的社会地位和物质生活条件等不同，决定了具有各自不同的城市价值观。城市价值观体现着城市人的共同价值取向与精神内涵，对于一个城市的发展具有根本性的导引意义。构建和塑造良好的城市价值观，有助于提升城市综合实力，塑造良好的城市形象。

二、城市价值观的主要特点

美国人类学家克拉克洪经多年研究后，认为不同文化的价值观普遍包括以下五个方面：人的本性、人与自然的关系、时间观、活动取向、人类关系。与中国城市的特定环境相结合，基本可以将城市价值观涵盖的主要内容概括为：城市人对人与自然关系的理解，是天人合一还是天人相分；城市人际关系，是群体取向还是个人主义取向；动与静，是求动还是求静；做人与做事；人之天性观，是“性本善”取向还是“性本恶”取向；时间取向，倾向于现在、过去还是未来；以及社会地位观念。城市作为一个相对封闭的大型群体，其市民对以上内容的选择会有一个共同或相近的倾向性，这种价值观体现在具体的生活中，从而影响了城市人群对待自己与环境的思想和行为方式。

城市价值观将价值观的范围限定在城市人群中，这部分人群的价值观念除了最基本的特点外，还会因城市经济发达、消费主义盛行，以及城市文化与外来文化的交融演变等因素的影响，体现出其他的鲜明特性。

首先，城市价值观不可避免地掺杂着利益因素，城市人的生存压力和商业化环境促使其个人的经济利益、权利利益等被提高到更重要的地位，个人利益判断成为其决定行为方式时的一个衡量标准。

其次，城市价值观注重独立性大于集体性，这主要源于城市居住方式的不同以及城市交通距离的阻隔，使城市人更倾向于自己依靠自己，为自己生活，想办法自己寻找快乐。但是这同时产生了城市人的孤独无助感，使其在行为方式上经常处于两难的状态。

再次，城市价值观更加注重社会关系的培养，工作与竞争的需要促使城市人对社会关系格外看重，进而对如何认识、交往不同的人群，给他人留下深刻而良好的印象等方面特别关注。虽然这种社会关系与朋友情谊等无关，却是城市人价值判断的重要组成部分。

另外，城市价值观存在于人性善恶的中间立场，习惯于用规则束缚他人，却不希望被束缚，严格的时间观念、紧张的工作状态和较大的生活压力往往使人有被约束的感觉，因此更加向往自由。

最后，城市价值观对社会地位与阶层更加看重。不同于乡村的血缘关系纽带，城市人与人之间关系的维系，更多是“物以类聚、人以群分”的随意组合，不同的地位与所处社会阶层成为人们交往选择时的重要依据。

城市价值观这些突出的特点源于商业经济对价值观的影响。在商业社会，人类的需求与追求都发生了深刻的变化，这是商业社会对价值观的重塑和改造，而广告文化正是伴随商业社会而来的洪流之一，是塑造城市价值观不可或缺的主导力量。

三、广告传播的城市价值观

美国评论家波特在分析现代广告功能已不仅限于经济领域时曾说：“广告对社会的影响，目前已发展到可以与拥有悠久传统的教会和学校相匹敌。广告支撑了各种媒体的发展，在大众兴趣的形成上也起到了很大的作用，可以说，广告已成为当代重要的社会组成部分。”关于广告所体现的价值观，有两种观点：一种认为广告中的价值观使得广告更有趣，也更有创造性，它体现了文化的某些方面和消费者的某些需求；另一种认为广告只反映和表现了现有的文化价值观或行为。广告是一面“扭曲了的镜子”，因为它只反映了对广告有用的价值观，只是有选择地反映了某些价值观而忽略了其他的价值观。对于第二种观点有人进行反驳，认为价值观必须与其所属文化相一致，而且任何文化都是价值观的一个大拼盘。每一种文化中的各个价值观的重要性是不同的，使得文化具有了这样或那样的特点。因此，所有的价值观在广告中得到体现是不可能的，也是不现实的。

总之，不管人们持什么样的态度，广告的确反映了人们的价值观，也传播了各种价值观，从而对城市社会产生极大的影响。在众多审美文化研究中，广告已成为当代话语研究的一个重要内容。广告话语的文化意义使广告在空间和时间上得以迁延并影响着城市人群的日常生活方式。

“当人们四处刊登广告推销自己的货物时，在很广的范围内会不知不觉地产生些什么结果，例如，一个富含象征意味的世界就此诞生，某些文化价值观得到了广泛赞同，而其他的则被排挤甚至消失。”正如李尔斯所言，广告的创作者作为信息的“把关人”，他们对广告创意信息的选择、使用的语言方式、诉求的内容与表现方法等会借助画面、声音、语言等多种符号形成一套综合的编码体系，这种或隐或显的信息传播冲击、挑战着城市人原有的价值观。例如有关成功人士，经过现代广告多年来不懈地宣传或暗示，已经由兢兢业业的埋头苦干者形象，转变为豪宅、名车、奢侈品等使用者形象，从而刷新了人们对“成功”定义的理解。

即便广告的文案、插图设计、色彩构成、音响效果等尽量保持客观的表达，各种符号组合而成的语境，还是会构成或褒或贬的价值导向，从而影响城市人的态度。为了追求情感认同，引发共鸣，或为产生戏剧性效果，或为构造产品差异刺激产生购买行为，广告往往更喜欢充满主观色彩的表达，当城市人群反复在电视广告中听到“人生就像一场旅行，不必在意目的地，在乎的是沿途的风景和看风景的心情”时，即使不是烟民，不会购买利群香烟，是否也会因广告语触动了心弦，而对人生的追求有所改变？

广告就是这样，传播着、影响着、塑造着城市人对生活的态度、交往的观念、消费的理解甚至生存意义的种种看法，虽然这种强大的力量早已远远超出广告单纯的销售动机与仅仅追求盈利的经济目的。

第二节 广告影响下城市价值观的变迁

“过去200年中，在资本主义西方以及越来越多的其他地区中，广告早已获得了强大的图像意义。而这种象征又不单单是静态的：在一个个商业广告中，文字与图片有机结合起来，使这些绚烂夺目又富含教育意义的动人故事不但能够激发出无尽的幻想，有效地宣扬道德观；而且将古人所憧憬的富庶之梦重新解析，并使其融入当今的商品世界中。到了20世纪末，这些‘丰裕的寓言’——尤其是那些国际企业出资资助的广告——恐怕已经成为最具活力、最刺激感官的文化价值观的代表。”如麦克卢汉所言，当今世界早已成为一个“地球村”，广告对社会的影响，绝不仅仅出现在西方国家。进入20世纪80年代后，中国的广告业伴随改革开放与经济快速发展，城市的价值观与生活方式随之发生翻天覆地的改变。

一、从劳动光荣到消费至上

2010年，一直走中低端路线的“雕牌洗衣粉”，大打情感牌，推出“下岗女工篇”电视广告，引发城市市民的广泛关注。广告以当时中国热点社会话题“下岗再就业”为背景，成功地将产品作为道具，在辛苦妈妈与懂事女儿的演绎下打动很多受众，此次广告不仅宣传了产品，而且直指城市下岗工人的内心，促使他们思考，应该如何面对20世纪90年代末中国工厂突如其来的震荡？广告用一闪而过的镜头给出一个积极的态度：接受现实、勇于面对、积极寻找新的就业机会。这则广告的社会效应，已经远远超越了单纯卖商品的功利性目标，贴近主旋律的宣传，再次强化了“劳动光荣”的中国传统价值观。

20世纪八九十年代，中国城市播放的广告中有太多的镜头在表现“劳动之美”，比如那条怀旧的“南方黑芝麻糊”广告，借助一句清脆的叫卖声、孩子视角展现的自制芝麻糊的醇香以及挑着扁担穿街走巷的背影，突出了中国妇女勤劳、善良、心灵手巧的形象。在那个物质没有实现极大丰富的年代，生产而不是消费，体现了很多城市人的价值追求。辛勤工作才能换来快乐生活，“劳模”“标兵”称号与满屋子里张贴的奖状，远远胜过买了一件新衣服带来的心理满足感，物质贫乏但精神富足，消费的欲望被深深地埋藏在知觉阈限的范围之外。

近年来，广告的创作风向发生巨大改变。当代中国城市中，人们被这些广告包围着：信用卡的广告中，大力宣扬提前透支消费的理念；奢侈品的广告中，着力渲染抽象符号的潜在价值；欧莱雅的广告语是“你值得拥有”，城市里每个女人似乎都应该买化妆品犒赏自己，因为你配得上！SWATCH(斯沃琪)手表的广告宣传中发问“人为什么只有一块手表?”人们思考后应该去购买不同的款式、色彩来搭配服饰。于是，城市里流传着一个自嘲的名词——“月光族”，消费的欲望从来没有当今城市释放得这般强烈！

二、从含蓄内敛到个性张扬

中国人素来不喜张扬的情感表达，自古推崇克制、隐忍、含蓄、保守，以新奇、另类、夸张为主要表现方式的广告，在中国城市的独特环境里生存、发展，克服了重重困难。以中国第一个由明星参与代言的广告为例，李默然对着电视镜头说“干我们这行，生活没有规律……有了胃病就用三九胃泰”，现在看来，这句广告语还算平和，前面的文案叙述的都是事实，不过在最后出现了产品名称，但1989年最早播放时，竟然出现难以预料的后果，“三九胃泰”立刻火遍大江南北，但李默然一下子被舆论推到风口浪尖上，虽然接拍这个广告是为了戏剧家协会的戏剧节拉赞助，李默然只得到一个价值700元的随身听，但那时的观众根本不能接受荧幕上的“英雄人物”与商业利益挂钩，不能接受艺术与商业的合谋！究其主要原因，是受当时的价值观所限。

20世纪80年代的中国城市人，只会把爱深深藏在心底，在当时已算最为煽情的广告，也只是用很委婉的词语表达，例如“威力洗衣机”的电视广告，虽然文案着眼点是乡村，产品卖给的却是城市人，因为自来水管尚未普及使用的村庄，是不具备消费洗衣机产品的基本条件的。“妈妈，我又梦见了村边的小溪，梦见了奶奶，梦见了你，妈妈，我给你捎去一样好东西!”那时人们送礼物，甚至都不好意思提及产品的名称。而30年后，中国城市刊播的各种广告，早已颠覆了初期的含蓄风格，大张旗鼓地送礼吆喝声，打破了羞涩的传统，例如“不行，爷爷、奶奶都得喝！妈妈，快送脑白金来!”“今年过节不收礼，收礼只收脑白金”，脑白金的广告虽然饱受争议，但连年直线上升的销售业绩，暗示着城市人在抗拒中已经接受了“大胆送礼”的价值观念。

如今，中国的城市受众，不仅接受了另类的广告，而且以“80后”“90后”为主体的年轻一代，还要主动参与广告的创作，以表达自己的价值判断和张扬不羁的个性。“凡客体”几乎一夜之间在城市中突然走红，就是一个很好的例证。这原本只是一个再寻常不过的常规广告，被挂在很多城市公交车站牌上。其中，韩寒、王珞丹作为“凡客诚品”（VANCL）的形象代言人，以“80后”的个性、调侃口吻，为VANCL代言宣传。然而，这则广告却出乎创作者的意料，以城市网民“再创作”的形式疯狂传播，甚至在“百度百科”中，已将其收录为专有词汇“凡客体指的是凡客广告文案宣传的文体，该广告意在戏谑主流文化、彰显该品牌的个性形象”。可以预料，20世纪80年代之后出生的人，成为城市社会的中坚力量后，中国传统的主流价值观将可能会一再被更新，跨文化交流带来了太多的观念碰撞，广告会成为一个重要的影响因素，指导城市年轻人做出怎样的选择。

三、从生理需求到自我实现

马斯洛的需求层次理论，将人们的需求分为五个等级，自下而上分别是生理需求、安全需求、爱和归属需求、尊重需求、自我实现。回首中国的现代广告，可以看出需求的逐步升级，这也体现出改革开放以来，城市人价值观的变迁。

现代早期的广告中，经常谈到与吃相关的生活态度，例如，“吃饭没点肉，全家讨气怄……”“吃天方，味最香”“喝了娃哈哈，吃饭就是香”，这些广告就事论事地指导人们应该或者可以吃什么，可见主要停留在生理需求层面的满足。

之后，城市人群接触到的广告发生了明显转变。大量的广告专业译著被翻译、介绍到国内，中国广告人接受了西方传来的成功经验，将“USP理论”“定位理论”与“品牌形象理论”用于创作实践中，纷纷调整了创意表现策略，以求更加深入消费者内心，实现品牌认同。城市家庭的电视里，开始播放各种清新的广告。例如，光明牛奶的系列卡通广告，通过有趣的动画形式，将“百分之百好牛，产百分之百好奶”的产品利益点体现得淋漓尽致，赢得很多人的好评，这是对安全需求的满足。

从“飘柔”洗发水到“潘婷”洗发水，宝洁公司紧紧抓住消费者深层次的需求，推出各种感性广告。“飘柔，就是这样自信”，通过演绎一段因自信而成功的励志故事，将产品的功能性利益与目标受众的心因里价值结合起来。泰国拍的“潘婷”洗发水广告，讲述的是一个从小聋哑的女孩，怀揣着音乐的梦想长大，却经常遭受姐姐的不屑与打击。正当她对自身的价值产生怀疑的时候，一个流浪艺人告诉她：“音乐，只要你闭上眼睛，就能看见。”聋哑女孩和姐姐两人同时入围音乐节，由于嫉妒和害怕，姐姐在比赛前雇人摔坏了妹妹的小提琴，打伤了一直在教导妹妹的流浪艺人。自以为阴谋得逞，但是妹妹最后仍然出现在比赛现场，飞扬的《卡农》从残破的小提琴中破茧而出，同时飞扬的还有小女孩黑色的秀发，产品的功能在此时才悄悄得以展示。渴望尊重与追求自我实现的需求，跃然眼前，广告的观者看完此片，应该会认同“在困境中仍然能保持积极乐观的人，才是一个真正的强者”这样的价值观吧。

四、从精打细算到大众狂欢

20 世纪 80 年代，中国城市关注的重点在于“生产”，储蓄观念远远胜过消费观念，不少家庭忙于积攒原始资本，努力“存钱”“攒粮票”“买国债”，期望早日变身“万元户”。那个年代，家家崇尚勤俭节约，于是催生出生意兴盛的“以旧换新”废品回收行业，只要吆喝声在大街小巷中响起，总会有家庭主妇拿出东西来或卖或换，最常见的是用几个铝皮牙膏盒、一双旧塑料拖鞋等，换个塑料小筐、小盆，几乎没有人嘲笑这种节俭的价值观。因此，20 世纪八九十年代的中国广告，顺应社会潮流，宣传精打细算，于是多出几分理性色彩，例如“新飞广告做得好，不如新飞冰箱好”、雕牌洗衣粉“只买对的，不买贵的”，是这类广告的代表。

进入 21 世纪后，中国许多城市调整了产业模式，第三产业的大力发展，使得“生产观念”渐行渐远，生产的对立面——“消费”，因强大的拉动内需能力、创造就业机会、对 GDP 增长效果显著等功能，闪耀地登上历史舞台。城市家庭从“万元户”上升到“小康生活”这种变化，体现了人们生活水平提高后，消费享乐观念的转变。尤其是近几年，中国都市突然进入“大众狂欢”的时代，以“光棍节”为例，这个中国大学校园中凭空制造出来的无厘头节日，竟然从最初的玩笑发展成为商家眼中的新锐“节日”，因为这个节日又名“光光节”，寓意是：饭吃光、酒喝光、钱花光，因此，餐饮、娱乐、商场等商家均在这天赚得盆满钵溢，如今，这个节日已经从单身群体扩散到更多人群，这与 2009 年淘宝发起的“双十一活动”直接相关。

“天猫商城”在 2016“双十一购物狂欢节”，创造了全网总销售额 1 000 亿元的销售记录。不少城市年轻人的价值观与生活方式，在 11 月 11 日这天因“天猫商城”发生了极大改变：通宵熬夜、疯狂抢购、消费狂欢。因为是在线支付而无须使用现金，人们对于当天所消费的金额，几乎处于麻木状态，一闪而逝的数字，消除了贪婪物欲背后的罪恶感；因为是商家血本促销、商品先到先得，被“贪便宜”与紧迫感冲昏头脑的物质男女，基本来不及思考，就要果断下单，不然“错过了这一天，就要再等一年”；广大网民们还要面对“凑单”的诱惑，提前领到的优惠券用还是不用，不使用仿佛感觉是煮熟的鸭子飞了，用就要在这家店里继续扫货，缺乏理智的消费者，很可能会买到原本不需要的商品，从而支付更高的费用。参与到这场消费盛宴中的城市年轻人，价值观早已在疯狂的行为中发生改变。

值得一提的是，“狂欢”还波及老年人，当 72 岁的老人穿上或修身款或斗篷款的女装外套，内搭粉嫩打底衫和裙子，下身还穿着白色或红色的丝袜，以手拎时尚包、头戴假卷发的形象示人，淘宝网的“双十一盛宴”变得更加热闹、有趣。因推出“女装外公 style”，这家淘宝店光棍节当天的销量是之前两三个月的总和。光顾这家店的消费者，究竟是被衣服还是被独特的形象打动了呢？人们再次见证了广告背后惊人的力量。

第三节　现代广告在城市形象塑造中的作用

在现代城市中，广告无处不在。广告出现在城市的高楼大厦上、繁华的商业街上、公交车身上、体育场的大型屏幕上、停车场的计时器上……甚至出现在城市大众的身上。霓虹灯、喷绘、海报、触摸屏等诸多形式的广告层层堆积，不仅制造了城市的蒙太奇效果，而且体现了这个城市的价值观念，展示了独特的城市形象。正如有人通过每户家庭丢弃的垃圾来判断他们的品位一样，人们可以借助不同城市中刊播的各种广告来比较城市之间的文化差异。

一、城市形象：城市价值观的集中体现

城市形象是指人们对城市的总体印象和综合感知，它包括人们对城市评价标准中的自然、人文和经济三者所形成的综合性的特定共识。城市形象是城市总体的特征和风格，它既是一种客观的社会存在，也是一种主观的社会评价。城市形象是一座城市强有力的无形资产，是城市核心竞争力的重要资源性要素，也是城市价值观的集中体现。例如，杭州与成都同为旅游胜地，崇尚休闲生活，但两个城市之间的文化有显著的差异：成都的人们热衷于“以牌会友”，有人开玩笑说，这个城市的上空永远飘荡着麻将的声音，人们生活节奏缓慢、知足常乐；杭州人则更加积极进取一些，物质欲望也更高，城市中随处可见奢侈品专卖店，明净的橱窗、身着国际著名品牌的模特造型……都在随时提醒和诱惑着人们享受“成功”生活。于是，为了积攒享乐资本，年轻人永远是行色匆匆，许多杭州人即便来休息，也多去茶馆、农家乐，典型的不消费不快乐。

随着经济的不断发展，城市形象的好坏已成为影响城市进步的重要因素。良好的城市形象是城市经济建设与社会发展的助推器，是在经济发展竞争和城市地位急剧变化中实现可持续发展的要件。如今，城市形象建设是城市现代化进程中所面临的新问题，是城市发展战略的重要组成部分，受到各市政领导的高度重视。城市形象建设是城市现代化过程中继生产建设、公共设施建设之后迎来的城市发展的更高阶段。城市形象的建设有利于市民生活幸福指数的提高和城市的可持续发展；有利于提炼城市精神，树立起鲜明的城市特征和风格，增强城市识别性，提升城市的核心竞争力；有利于提高人口素质，吸引以人才和资金为代表的技术要素和资金要素，促进城市的现代化和国际化。

城市形象包括诸多组成要素，一般分为外在部分和内在部分。外在部分是城市形象中最直观的表现，通常指的是城市中的布局、道路、边界、区域、节点、标志物、建筑物、基础设施等，是人们感知和体验城市的基础。内在部分则是一个城市内涵和特质的综合体现，需要长期发展和积累，主要包括城市的文化渊源、社会秩序、精神面貌、文化素养、价值观念、特色等。

广告，尤其是户外广告，早已成为城市的一道人工景观。城市广告主的构成、广告所传播的信息内容与呈现方式、广告使用的媒体与设计水准，会自然形成一种整体形象，体现了这个城市的经济发达程度、消费能力、文化传统等内容。日本建筑学者芦原义信在其名著《街道的美学》中，把建筑本来的外观形态称为“第一轮廓线”，把户外广告物及其附加物称为“第二轮廓线”，两道景观能否和谐地融合在一起，从而很好地反映这个都市的价值观念，继而展示城市形象，是一个城市规划者、建设者或管理者思考的重点。

二、上海的户外广告与城市形象

在上海的现代化城市发展历史中，广告是这个城市的一个标志性的形象之一。这不仅仅是因为夜上海的街景主要由橱窗和霓虹灯广告所装点，也因为在20世纪的不同历史时期，如反映20世纪30年代的小说或者电影，反映20世纪50年代的经典叙事“霓虹灯下的哨兵”等都得到过充分的展现。20世纪八九十年代，改革开放给上海带来空前的活力，全市性的“泛光工程”更将广告凸显出来。与此同时，随着电视的普及，上海借助于电视广告，不但推销了本地丰富的商品，也把自己的辉煌城市形象展示在世人面前。

上海这座不平凡的城市，有着得天独厚的地缘空间、复杂多元的移民人口、雄厚强势的经济实力、荟萃万国的建筑风格、别具特色的民宅户居，以及灵活多变的海派文化等，这些因素共同筑成上海独特的“海纳百川、追求卓越”的城市形象。“海纳百川”是上海自开埠以来其经济、文化、社会发展的缩影，契合了上海最重要的文化特征；“追求卓越”更是上海长期积淀下来的精神品质，造就了其领先全国的经济发展与文化影响优势。

(一)上海户外广告的发展

户外广告是城市形象的重要组成部分，上海城市形象中的户外广告形态可谓多姿多彩。1979年2月，上海市广告装潢公司在南京西路成都路口率先恢复发布路牌广告；1984年，上海市恢复公交车辆广告，并在20路等公交车上发布少量广告；1987年起上海开放夜市，主要商业街区恢复安装霓虹灯。路牌广告、公交车辆广告、霓虹灯广告等户外广告形态得到恢复。

2010年《上海市户外广告设施管理办法》给出了户外广告的定义："户外广告指利用建筑物、构筑物、场地设置的霓虹灯、展示牌、电子显示装置、灯箱、实物造型以及其他形式的向户外空间发布广告的设施。"随着科技的发展，新材料、新技术在户外广告领域的应用，如图形模拟、喷印、玻璃光纤等制作技术，不仅提高了户外告的制作速度，也提高了户外广告作品的品质。同时，电子显示屏、户外电视墙、LED、LCD等新型户外广告媒介出现和发展，在当前户外广告上的市场地位也日益突出。除了静态的、平面的户外广告，上海动态的、立体的、互动的户外广告近年来发展得也很快。此外，随着上海城建设施的发展，户外广告不断向街道、交通设施、社区公共设施延伸，与受众更加贴近。

通过技术引进和开发，更多、更新奇的户外媒介在上海不断涌现，如户外互动广告媒介，通过故事性创意、环境性创意、体验性创意、参与性创意等多种形式，吸引受众置身于广告体验中，拉近和受众的距离，使其得到一种综合的感官体验，加强广告的长时效果，进而使受众留下更深刻的印象，并能增强精准投放与测评的效果。

(二)上海户外广告的作用

在城市形象的建设中，上海户外广告发挥着重要作用。如上海户外广告最成熟、最密集的区域是"两座机场、四个商圈、五条道路"，即浦东机场、虹桥机场，淮海中路商圈、人民广场商圈、铁路新客站商圈、外滩—陆家嘴商圈，滨江大道、南京路、延安西路、淮海中路、中山北路。正是这些多姿多彩、布局合理的户外广告为上海的白天增添了热情和活力，为上海的夜晚添加了柔情和魅力，使上海的都市形象更加丰满、动人。在上海作为国际大都市形象构建中，户外广告以其独特的功能和魅力为上海增添了现代气派、艺术气质和文化氛围，凸显了上海"海纳百川、追求卓越"的个性城市形象。

在花旗大厦西侧的LED超大广告屏，总高为139.6米，宽为43.2米，总面积为6 030.72平方米，是目前世界上最大的楼宇LED彩显幕墙系统工程。由于该屏位于陆家嘴金融中心，正对黄浦江和外滩，再加上超大的面积、超强的视觉冲击力和变幻丰富多彩等特点，使其受关注度极高、视觉渲染力极大，曾多次参加政府公益演出和展示任务，如"蓝天下的挚爱""西班牙文化节"等。2010年上海世博会是上海提升城市形象的又一良好契机。在世博会前后，该屏播放了超大型墙面世博365天倒计时牌；播放世博会宣传片和超大型外滩墙面的世博LOGO，在各国元首、政要及高层领导来访时还播放了巨幅欢迎标语等。此屏通过对滨江、外滩等景点的覆盖宣传，2016年吸引了更多的中外游客和友人驻足观看，从而塑造了上海的独特城市形象，扩大了上海在国际上的知名度与美誉度。

"景观"(Landscape)一词最早可追溯到希伯来文的《旧约全书》，它当时用来描写所罗门皇城(耶路撒冷)的美丽景色，此时"景观"的含义是视觉美学意义上的概念，等同于汉语中的“风景”“景致”“景色”。在《韦氏高阶英语词典》第三版中，“景观”一词有多种含义：“描述一个自然景色的画面”“一个视野范围内所见的、包括所有物体在内的领域”“通过景观建筑或景观园林的手段提高景观的品质”。而在地理学中，景观是指地球表面各种地理现象的综合体。地理现象有两大类：一类是自然现象；一类是人文现象。景观一般也分成两类，即自然景观和人文景观。人文景观也称为文化景观(culturall and scape)，是居住于该地的某文化集团为满足其需要，利用自然界所提供的材料，在自然景观的基础上，叠加上自己所创造的文化产品。城市是人类所创造的一种文化景观，具有丰富的内涵。城市景观是在城市的历史发展过程中，由文化积累而逐渐形成并不断发展的一种视觉艺术，它是一个具有复杂结构的多层次系统，是由城市中的街道、广场、建筑物、园林绿化等形成的外观及气氛。

对于现代城市的景观来说，广告的潜在价值是不容忽视的。广告是一种具有强烈的意识渗透目的、追求利益(主要是经济利益)的艺术，它或以与众不同的形式，或以充斥耳目的数量，或以动人心扉的感召力，吸引人们的注意力。城市户外广告同样具备上述广告的特质。因此，作为体现城市形象和景观的重要因素，户外广告在城市空间中扮演的角色也越来越重要。户外广告是城市景观的重要组成部分，是城市景观的一个重要聚焦点和视觉延伸，能够充分体现城市景观特征和人文内涵，体现一个城市特有的风格与定位。

从动态角度来看，户外广告和建筑、自然物、人群活动等其他具有较高变化频率的层次，共同构成了城市景观系统中富有生命活力的一面，使城市景观有了像自然风景一样的岁月更迭、四季轮换；从空间角度来看，户外广告又可以被看作城市的服饰，它既与城市建筑发生联系，又相对独立。每当夜幕降临之后，户外广告的整体形象就更加突出，完全承担了城市的夜间景观，像美国的拉斯维加斯、日本东京的新宿……总之，户外广告作为最古老的信息传播媒介，现已成为城市环境设施的重要组成部分，是城市的景观、城市的皮肤、城市的脉搏，是城市商业活力的亮点。

户外广告构筑了城市的景观形象。例如，上海最热闹繁华的商业大街——南京路，堪称上海最具代表性的马路之一，被誉为“中华商业第一街”。东起外滩，西至延安西路，全长5.5千米。十里南京路上的不锈钢灯箱广告、一体化电杆灯箱广告、高层建筑的屋顶、墙体上的大型、巨型广告等，装饰着城市的三维空间。每当夜幕降临，各式各样的户外广告，通过巨大的面积、一定的数量、鲜明的色彩和多样的媒体，展示在南京路繁华的街道上，与南京东路步行街上的市百一店(原“大新公司”)、华联商厦(原“永安公司”)、上海时装公司(原“先施公司”)和第一食品商店(原“新新公司”)以及南京西路上的国际饭店、上海美术馆、上海展览中心、静安寺等建筑交相辉映；五光十色的霓虹灯把十里长街织成一片眼花缭乱、目不暇接的灯海，令人叹为观止。南京路的十里霓虹，已经形成了上海城市观中一道耀眼的风景线。另外，优秀的、富有创意的户外广告作品本身就可以成为都市的一处独特景观，吸引着人们驻足观赏。如上海南京路的“可口可乐”及徐家汇美罗城的“阿迪达斯”户外广告，就成为轰动一时的都市景观。

城市景观建设离不开户外广告。户外广告作为城市外观的装饰品，不仅与城市建筑、基础设施等相配合，共同建构城市景观，由于其涉及空间美学、视觉艺术、新材料新科技的应用等多个方面，再加上表现形式和表现手法、媒体创新以及新科技、新工艺和新材料的综合运用，户外广告也营造出一种新的城市形象，并日益成为城市中一道不可缺少的、和谐的人文景观。

(三)上海的户外广告与城市精神体现

优秀的户外广告不仅是城市景观的重要组成部分，是城市美化亮化的主要手段，还有效地体现和丰富着城市精神。所谓城市精神，就是指一个城市通过其市民行为方式、生活方式、城市景观体现出来的共同的价值观念，是植根于城市历史、体现城市现实、昭示着城市未来的精神风貌。城市精神是引导城市发展的价值取向，是城市形象建设的导向与核心。城市精神是一个城市的灵魂，对一个城市的发展至关重要，城市，你若把它视为一种精神，就会尊敬它，保护它，珍惜它；你若把它仅仅视为一种物质，就会无度地使用它，任意改造它，随心所欲地破坏它。

“上海精神”的内核是文化开放性、多元性、混合性和积极的创新态度。《上海市文化创意产业发展“十二五”规划》也明确指出，上海具有东西方文化交融、国际化程度高的特点。海派文化、现代文化、传统文化等交织在一起，形成“海纳百川，兼容并蓄”的城市精神。上海社会科学院历史研究所所长熊月之将当代上海的城市精神概括为五点：海纳百川、与时俱进、敢为人先、诚信儒雅、遵纪守法。

户外广告对上海城市内在精神的构筑包括两个方面的内容：一是户外广告体现了上海城市精神；二是户外广告丰富着上海城市精神。另一方面，上海城市精神规范着户外广告的发展，两者相互作用，相互影响。

1. 户外广告体现了上海城市精神

(1)“海纳百川”。上海南京路、淮海路国内外各种品牌的户外广告星罗棋布，从传统的牌匾、招牌、橱窗、竖旗、霓虹灯、灯箱到现代的大型LED显示屏、广告车。国内外各种品牌、高中低不同价位的商品在各种户外媒体形式上充分展现，应有尽有、共存共生，这充分体现了上海“海纳百川”的城市精神。

(2)“与时俱进”。上海户外广告无论从形式上、内容表现上，以及监督管理上，都顺应时代的发展，不断创新和调整，高度符合上海“与时俱进”的城市精神。

(3)“敢为人先”。1979 年 2 月，上海的一些道路出现了 40 余块户外商业广告牌，上海最早恢复户外商业广告。而且，上海借鉴和直接引用了很多国外先进的户外广告媒体形式，可以说，户外广告每一次新技术、新材料、新形式的出现，上海都尽可能最快地运用。这些无不体现了上海“敢为人先”的城市精神。

(4)“诚信儒雅”。上海户外广告相关法规明确规定“户外广告内容必须真实”“不得以任何形式欺骗用户和消费者”，体现了“诚信”的精神。近年来，上海各界对户外广告的经济效益与社会效益、户外广告发展和城市规划、户外广告设置与人们公共空间等一系列问题给予更多关注，更加讲究户外广告与上海城市文化的和谐发展，体现了“儒雅”的上海城市精神。

(5)“遵纪守法”。上海对户外广告的监管在国内处于领先水平，从户外广告的地方性立法不断修订和完善、设置规划和规范到监督调整都逐步朝着法制化方向发展，上海户外广告行业组织在本行业规范发展中也起着日益重要的作用。而且“遵纪守法”是上海户外公益广告的一大主题。

2. 户外广告丰富着上海城市精神

城市精神不是一成不变的，而是不断发展的。户外广告在一定程度上丰富着上海的城市精神。上海大街小巷上星罗棋布的户外广告，在市民居住、工作、娱乐、休闲等生活环境中不断地扩张，以最直接的方式传递广告信息，用极具诱惑力的图片、文字、音效、立体造型等不断刺激大众，并潜移默化地影响着上海市民的生活方式、思维习惯和价值取向。户外广告是流行时尚文化的展示者，开辟着新的生活风尚和消费领域。户外广告销售生活方式和各种新奇的观念，大到社会总体潮流和人生价值趋向，小到日常行为的细节和消费趣味，都可以囊括。因此，从某种程度上讲，户外广告丰富甚至重构着上海城市精神。

户外广告体现、丰富着上海城市精神，上海城市精神也制约着户外广告的生存和发展，两者的关系甚为密切。那些背离上海城市精神的户外广告不仅难以被受众所接受，还会被人们看作视觉垃圾，引起受众的反感或抵制，严重者甚至要面临被有关管理部门整顿、撤销，甚至清理。只有与上海城市精神相契合的户外广告才能被广大受众接受，实现户外广告的经济价值和社会效益，对城市形象产生积极的作用。

(四)上海户外广告与城市协调发展

户外广告是城市的重要人文景观，是城市景观的特殊构成要素，是城市美化亮化的主要手段，是城市精神建设和创新力的重要标志，但是，户外广告如果设置或运用不当，它不仅不会美化环境，相反还会引起视觉污染，破坏城市景观。

不讲究内容的创意和创新、制作粗糙的户外广告有失美观；不符合设置规划或技术规范的墙体广告、门头牌匾、悬挂灯箱、LED灯箱以及安装在交通、市政、电力设施上的耳旗、灯箱等，不仅扰民、容易造成交通安全隐患，而且影响市容市貌的建设和城市环境的和谐有序。

以LED广告(即利用发光二极管拼成的广告字样或者图片)为例，其显示屏(即是一种通过控制半导体发光二极管的显示方式，来显示文字、影像的显示屏幕，它主要包括图文显示屏与全彩显示屏)具备高亮度的特性，夜晚大面积的强光会给整个城市带来一定程度的视觉污染问题。此外，有些LED户外广告肆无忌惮地破坏城市建筑立面，掩盖了城市的本来面貌，损坏到了城市景观，破坏了城市的整体环境和城市形象。令人欣慰的是，近年来，上海各界日益认识到户外广告对上海国际大都市形象建设的重要意义，管理部门不仅多次对上海户外广告进行整顿，还通过地方立法的形式进一步加强对户外广告的管理规范。2004年上海市人民政府发布《上海市户外广告设施管理办法》；2010年12月30日上海市政府发布《上海市户外广告设施管理办法》，并公开征求市民和有关单位的意见，主管部门变更为市绿化和市容管理局，进一步强调了“户外广告是城市形象的重要构成要素”。

除了政府和相关部门的管理及监管，广告公司在户外广告设置过程中，也要综合考虑各方面因素，主要包括户外广告设计本身的形状、尺寸、结构、材料、表现手法和方式、媒体和位置的选择；在讲究广告诉求的同时，要兼顾与建筑视觉、城市风格、周围环境的关系，要与它们相辅相成，以达到形、色、质的统一，这就要求在设计时对户外广告所处建筑空间环境及公共设施形态和气氛有综合的良好把握。通过全面体会和用心设计，户外广告才能以崭新的面貌，更积极地参与城市环境美化，与城市中的建筑、基础设施和公共环境艺术之间形成有效的互动关系，更好地利用建筑空间及设施，以灵活多样的表现形式为城市环境增添光彩。

三、城市形象广告的独特魅力

在当今全球化与市场化的大背景下，随着我国城市化的发展，一种专门的城市形象广告得以产生，它反映着城市的变革，并对某个城市宣传和形象的塑造具有更加直接的作用和效果。城市形象广告是打造城市品牌、宣传城市形象的一部分，是对城市的综合实力、自然风光、人文风貌、个性特色的宣传展示与传播推广。

城市形象是城市巨大的无形资产，良好的城市形象是区域经济建设和社会发展的助推器，是城市核心竞争力的重要资源性要素，有利于提高城市的知名度，提升城市品位，激发城市发展潜力。由于城市形象广告传播是最为直接、最有时效和最具影响的推广手段，因而被众多城市的管理者们青睐和使用。

2007年，由上海市政府新闻办策划制作，上海文化广播影视集团、东上海国际文化影视集团协助出品的上海市城市形象广告——《上海协奏曲》向公众亮相。该形象片自策划到制作完成历时一年半，先后进行了创意招标和制作招标，在京沪广告和电视界的10家机构和公司提出的11个创意脚本中，经过专家评审，最终才选定了入围脚本，制作而成了长达7分9秒的城市形象广告，其中担纲主角的是享誉全球的著名青年钢琴家郎朗。"据市政府新闻办介绍，近年来上海所拍摄过的三部城市形象宣传片，长度均在1分钟左右。这次推出长度超过7分钟的《上海协奏曲》，意在为新上海的新形象勾画一幅全面的、综合的白描图景。"

"尽管这是一部宣传片，但拍摄过程的严谨，不亚于一部小电影的制作。该片不仅全部采用电影胶片拍摄，制作方还借鉴国外制作方式，建立了总监制、监制和主创团队的推进模式，并用国际流行的音乐和画面叙事的方式，将反映上海城市建设新貌、海派文化特色和市民和谐生活的众多镜头，有机地组合成不同的篇章。"宣传片中，既有老人迎着朝阳推开大门的瞬间，也有孩子上学途中的嬉笑；既有年轻人绿地流连、闻花识香的沉醉，也有退休老伯手拿鸟笼，漫步小径的悠闲；炸臭豆腐、下象棋等独具上海特色的里弄风情也在片中一一铺展开来。"在《上海协奏曲》里，汇集了近百个镜头，从经济发展、城市建设、市民生活等上海城市形象的方方面面撷取了最富有代表性的画面片段。经济数字不断刷新，商务楼宇鳞次栉比，姚明的投篮见证上海的高度；上班族脚步不停歇，自动化设备高速运转，刘翔的飞奔昭示上海的速度；多个大型会议举行，'世博号'腾空而起，则彰显上海的力度。由沪上知名作曲家安栋为该片谱写的主题曲，磅礴流畅，画面变换和音乐串联相得益彰，奏出了一曲大气的'城市协奏曲'。"

《上海协奏曲》播出后不仅获得了市民的喜爱，而且受到了众多国际友人的赞赏。例如，在日本"上海周"上，作为日本上海电视周的开幕片，《上海协奏曲》一经播出便得到了各界人士的关注。一位日本友人表示："宣传片画面优美、旋律流畅，让我对上海有了更深入、更亲切的认识。"此外，该片还先后在圣彼得堡"上海周"、世界杯短池游泳赛和女足世界杯期间用于宣传上海的城市形象；在第二届世界城市论坛、世界博物馆大会筹备会议上，该片也被选作大会的介绍片。可以说，《上海协奏曲》作为城市形象广告的代表作，为将充满生机和活力的上海形象推广和介绍给世界各国人民做出了积极的贡献；同时，该片让人耳目一新，推动着我国其他城市在城市形象广告凸显同质化问题的今天，能够重新思考城市形象的传播策略。

参考文献

References

[1] 朱立元．美学[M]．北京：高等教育出版社，2006.

[2] 罗刚，王中忱．消费文化读本[M]．北京：中国社会科学出版社，2003.

[3] 周宪．崎岖的思路[M]．武汉：湖北教育出版社，2000.

[4] 刘清平．时尚美学[M]．上海：复旦大学出版社，2008.

[5] 赵曙光，史宇鹏．媒介经济学[M]．北京：清华大学出版社，2007.

[6] 包亚明．现代性与都市文化理论[M]．上海：上海社会科学院出版社，2008.

[7] 孙逊，杨剑龙．都市、帝国与先知(第2辑)[M]．上海：上海三联书店，2006.

[8] 汪民安，陈永国，马海良．城市文化读本[M]．北京：北京大学出版社，2008.

[9] 文春英．外国广告发展史[M]．北京：中国传媒大学出版社，2006.

[10] 姚曦，蒋亦冰．简明世界广告史[M]．北京：高等教育出版社，2006.

[11] 杨海军，王成文．世界商业广告史[M]．开封：河南大学出版社，2006.

[12] 陈培爱．中外广告史新编[M]．北京：高等教育出版社，2009.

[13] 黄勇．中外广告简史[M]．成都：四川大学出版社，2003.

[14] 赵育冀．现代广告学[M]．北京：中国商业出版社，1987.

[15] 何修猛．现代广告学[M]．上海：复旦大学出版社，2005.

[16] 潘泽宏．公益广告导论[M]．北京：中国广播电视出版社，2001.

[17] 孙守安．广告文化学[M]．沈阳：东北大学出版社，2008.

[18] 刘泓．广告社会学[M]．武汉：武汉大学出版社，2006.

[19] 由国庆．再见老广告[M]．天津：百花文艺出版社，2003.

[20] 武斌，韩春燕．中国流行文化三十年[M]．北京：九州出版社，2009.

[21] 左旭初．中国近代商标简史[M]．上海：学林出版社，2003.

[22] 钟正武．湖南广告产业的现状与发展[J]．湖南城市学院学报，2012(06).

[23] 钟正武．广告设计教学中加强伦理教育的方法与措施研究[J]．新教育时代，2015(22).

[24] 钟正武．新媒体时代广告在企业形象建设中合理运营[J]．湖南城市学院学报，2015，36(4)：37—39.

[25] 钟正武，李远．中小城市户外品牌广告与市容优化措施研究[J]．品牌，2015(7)：25.